PAPIER FRESSERCHEN
MTM-VERLAG
DIE BÜCHER MIT DEM DRACHEN

Impressum:

Besuchen Sie uns auf www.papierfresserchen.de

Herausgeber: Martina Meier – Cat creativ – im Auftrag von:

Mühlstraße 10, D- 88055 Langenargen, Deutschland
info@papierfresserchen.de

Cover gestaltet mit Illustrationen von © Elena Schweitzer
Adobe Stock lizenziert

Illustration S. 110: © Natascha Honegger aus dem Buch „Die Amulett-magier"; S. 125 + S. 181 © Heike Georgi,

Druck: Bookpress / Polen.

Lektorat: Cat creativ - www.cat-creativ.at

1. Auflage 2023
ISBN: 978-3-99051-131-2 - Taschenbuch
ISBN: 978-3-99051-132-9 - E-Book

Martina Meier (Hrsg.)

Wo die wilden Geister wohnen

Schaurig-schöne Geschichten für Kinder
Band 6

Inhaltsverzeichnis

Noch mehr Geistergeschichten

Wir lehren euch das Fürchten! Ja, denn wir wissen ganz genau, wo die wilden Geister wohnen ... In inzwischen sechs Bänden der gleichnamigen Buchreihe. Und wir können von diesen fürchterlichen, gruseligen, unheimlichen Geschichten nicht genug bekommen. Seit heute ist deshalb die Ausschreibung zum 7. Band der Reihe online. Wir freuen uns auf eure Einsendungen. Infos findet ihr, wie immer, auf unserer Internetseite.

Das Haus des Grauens

Paul prügelte gegen die Streben des schmiedeeisernen Gartentors. Mit einem Knall flog der rechte Flügel auf. Ein Echo folgte. Der Nachhall verflachte. Binnen Sekundenbruchteilen erstarb er völlig. Und Paul trat ein.

Es bereitete ihm Mühe, auf den Zeigern der Swatch 23.08 Uhr zu entziffern. Eine Kneipentour mit Kameraden seiner damaligen Realschulklasse war vorausgegangen. Spirituosen in sämtlichen Variationen hatten seinen Blick verschoben. Er torkelte. Und pfiff. Genauer: Heiser, wie er war, scheiterte der Versuch zu pfeifen bereits im Ansatz. An Pauls Jeans stieg eine milchige Brühe auf. Naive Beobachter hätten annehmen können, seine Waden wären es gewesen, die den Nebel produzierten.

Zweige der knorrigen Eiche seitlich des Pflasterpfades knarrten. Pauls Rücken schirmte ein Haselnussstrauch, während er, bei der Terrasse angekommen, auf die kürzlich gestrichene Fassade starrte. Sachter Wind verströmte das Aroma ihres Anstrichs. Pastellgelb. Efeu rankte neuerlich am Sockel des Mauerwerks. Nie würde Paul imstande sein, die Triebe auszurotten. Katzen jaulten im Zuge ihrer üblichen Fehden. Ein Blaulicht wühlte durch die Dunkelheit.

Paul kramte den Schlüssel aus seiner Hosentasche, steckte ihn ins Schloss der Terrassentür. Spürbarer Widerstand in der Drehung, doch er brach nicht. Glück gehabt. Paul ging hinein. Beiläufig registrierte er den gelösten Dichtungsgummi links unten. In den Ritzen der Fliesen, er befand sich jetzt im Wohnzimmer, bröckelte Silikon. Hinter dem Kunstdruck, eine mit Palmen gespickte Promenade das Motiv, raschelte es vernehmlich.

Setzten jene Details Vorzeichen für den Verlauf der Nacht? Oder wollte Pauls Fantasie ihre außergewöhnliche Regsamkeit aus reinem Selbstzweck demonstrieren?

Die Heizung gluckerte. Von einer funzeligen Bogenlampe wurde die Stuhlgarnitur in der Essecke beleuchtet. Gierten die Schattengebilde, Paul zu verschlingen? Von Ehefrau Magda war der Mief verkokelten Käses des am Nachmittag überbackenen Schinkengratins zurückgeblieben. Räume von drei Metern Deckenhöhe, die Paul sogar in voller Streckung nicht erreichte, hier waren sie Standard.

Döste Magda schon? Soeben hörte Paul sie schnauben, in absehbarer Zeit würde sie schnarchen. Die Zuversicht auf eine vom Tiefschlaf beseelte Magda lud ihn ein, seine Mokassins gleich an den Füßen zu behalten, ungeachtet des Gestanks von umgekipptem Wasser, der ihnen anhaftete, treppauf zu gehen.

Zuweilen fingerte er nach dem Geländer, beizeiten klimperte dort sein Ehering, Relikt einer ehedem so intakten Beziehung. Paul war mittlerweile halbwegs nüchtern. Man möge ihm nachsehen, dass er unweit von Magdas Schlafzimmer nach einer Mücke haute, weil sie sein Ohr umschwirrte und sirrte. Eine derartige Hinrichtung bedurfte wohl keines zusätzlichen Alibis. Infolge des Attentats klebte Blut an Pauls Tweed-Hemd, das von fast nahtloser Finsternis umfangen wurde. Angespornt von einem ihm selbst diffusen Eroberungsdurst fuhr er fort, die weißen, von beigen Streifen durchwirkten Marmorstufen zu erklimmen.

Im obersten Geschoss angelangt, zitterte er dann doch, schlotterten seine Knie, fühlte er sich ohne sonderliche Anstrengung bis in die Eingeweide ermattet. Paul fasste den Mut des Verzweifelten: Er quetschte den Griff der Feuerschutztür, presste ihn so lange in die Tiefe, bis sie aufflog.

Das Gebälk rumorte. Es gab kein Zurück. Der Dachstuhl vereinnahmte Paul wie ein Verdauungstrakt, dessen Windungen er begehen musste. Nicht weniger verwinkelt waren die Gassen dieses Irrgartens unter dem First.

Die Überfahrt von Korsika nach Sardinien. Viel zu winzige Boote schaukelten auf dem offenen Meer, als seien die Wellen Propheten einer Tragödie. Jene längst verloren geglaubte Urlaubsempfindung flammte in Paul auf, mischte sich in die Betrachtung des Daches, das zum westlichen Giebel hin Lücken aufwies. Ziegel fehlten.

Ohne Taschenlampe tastete Paul durch den Parcours aus kreuz und quer herumstehenden, teils aufgestapelten, oftmals unbeschrifteten Kartons. Arme angehoben, in Verlängerung der Schultern gehalten, erweckte er den Anschein eines jüngst Erblindeten. Prompt schlug Paul mit seiner Stirn an einen Sparren. Fortan gab er auf, zu gehen, und fing an, zu robben. Manchmal fiepten Mäuse, auch Fledermäuse hatten sich unterm Dach einquartiert.

Der kriechende Paul streifte das Netz einer Hängematte. Postwendend erreichte ihn die Abenteuerlaune seiner Kinderjahre, das Stimmungsbild, als sie noch im Garten unter Zwetschgenbäumen hing, die Atmosphäre Huckleberry Finns. Immer bloß den las Paul, wenn er in der Hängematte rastete, nie etwas anderes.

An staubigen Aufbewahrungsboxen und muffigen Dokumentenordern krabbelte er vorüber. Styroporplatten quietschten unter der Last seines Körpers. Befremdete Magdas Verfolgungshysterie Paul normalerweise, so war er es, der nun aufsprang und seine Fingernägel in die Handflächen bohrte. Sommerliche Temperaturen herrschten, die unter Dachstühlen charakteristische Hitze.

Und was tat Paul? Er fror!

Stapfte im Treppenhaus ein baldiger Ankömmling, Stufe um Stufe, zu ihm, Paul Gerner, hinauf?

Paul, ein Tollpatsch vor dem Herrn, knickte zu allem Überfluss jetzt noch um. Auf der Kante einer provisorisch angebrachten Spanplatte. Kaum hatte sein Schmerz nachgelassen, hörte er jemanden summen. Im Speicher? Draußen? Durfte Paul seinen ihn häufig täuschenden Ohren wirklich trauen?

Christbaumkugeln glänzten, Lametta funkelte. Verschlissene Elektrogeräte wurden begraben unter der Büste einer Reanimationspuppe. Den schmalen Rücken ausgedienter Videokassetten waren Titel abzulesen, die der Autor nicht jugendfrei umschreiben kann und daher unerwähnt lassen möchte. Die vorangegangenen Beispiele sollen lediglich belegen, welche Wunderwerke unsere Augen sind. Ihr Anpassungstalent, selbst an widrigste Lichtverhältnisse, ist herausragend.

Paul lauschte. Er musste den Eindringling orten.

In den Hohlräumen kratzte ein ... Marder? War da irgendwo versteckt eine ... kolossale Person? Kolossal? Das nicht. Eine leichtfüßige Abfolge von Schritten hin zu Paul wurde wahrnehmbar. Zaghaft wurde die Klinke gedrückt. Das Licht im Treppenhaus war angeknipst und flutete herein. Der anfänglich schmale Spalt spreizte sich zu einem Trapez aus Helligkeit.

„Ach, Samuel, du bist es ..."

Pauls Augen scannten jedes Partikel der beschienenen Fläche. Und siehe da: Seit 35 Jahren verschollen, tauchte sie aus dem Nichts auf. Unter einen Schemel lag sie verborgen, die einst geangelte Flaschenpost. Ein Erbstück seines Urgroßvaters, der gewarnt hatte, so jedenfalls besagt es die Überlieferung, der Fund aus dem Heideweiher dürfe niemals geöffnet werden.

„Der Tag ist gekommen. Zieh du den Korken, Samuel, bitte."

„Du bist blass."

„Zieh den Korken, damit wäre mir geholfen."

„Mist, die Flasche ist stramm versiegelt."

„Tja, Junge, der Korken ist gequollen."

„Uff ...", sagte Samuel und der Korken hopste davon.

Man mag nicht meinen, wie noch die trägsten Zeitgenossen in Todesangst zu Sprintern mutieren. Samuel donnerte die Tür in den Rahmen, sperrte ab. Nie weniger als drei Stufen je Schritt nahmen Vater und Sohn während ihres Sturzflugs hinab ins Wohnzimmer.

„Ein Maul wollte meinen Kragen schnappen. Verdammt, was ist hier los?"

„Samuel, hast du den Strudel gesehen?"

„In der Spirale kreisten Fische."

„Ganz zuletzt ist das Wasser gefroren, in der Rotation vereist. Fossilien erkannte ich da, versteinerte Fische hab' ich gesehen."

„Nie wieder kriegt man mich unters Gebälk, Dad." Samuel stockte, schüttelte den Kopf, redete weiter: „Denkst du im Keller auch? Denkst du, da hausen auch diese ... URWESEN?"

„Fortan würde ich mich auf gar nichts mehr verlassen."

Oliver Fahn *wurde am 21.03.1980 in Pfaffenhofen an der Ilm im Herzen Oberbayerns geboren. Der Heilerziehungspfleger lebt bis heute zusammen mit seiner Frau und seinen beiden Söhnen in der Kreisstadt. Fahn veröffentlicht regelmäßig Beiträge in Kulturmagazinen und verfasst Texte für Anthologien.*

Brille

Nebelschwaden verschleiern den Himmel und legen einen dubiosen Dunst vor den Mond und seinen kalten Schein. Wann immer Brille zwischen zwei staksigen Schritten hinauf in die Düsternis starrt, kann er nichts als Schwärze erkennen. Schon seit einigen Minuten ist das Blitzgefunkel der Gestirne Geschichte. Genauso wie Brilles ruhiger Herzschlag.

Eigentlich hört Brille auf den Namen Auri, doch seit seiner Einschulung vor mittlerweile drei Jahren scheint das niemanden mehr zu interessieren. Schon von Tag eins an haben seine Klassenkameraden ihn nach dem grünen Rahmengestell getauft, das auf seinem Nasenbein ruht und ihm das scharfe Sehen ermöglicht. Auch jetzt hört er ihr fieses Gelächter und ihre gemeinen Sprüche in seinen Ohren widerhallen, dabei umhüllt ihn eine einsame Stille, die nur durch ein gelegentliches Windpfeifen durchbrochen wird.

Ursprünglich sind sie zu fünft losgezogen. Anlässlich Johnnys Geburtstag sollten sie sich als eines von sechs Teams so schnell wie möglich durch die Wirrungen des örtlichen Maislabyrinths bis zu dessen innersten Punkt hin durchschlagen und dort im Falle eines Gewinns den mit Schokokugeln gefüllten goldenen Pokal abstauben. Wieso Brille überhaupt eingeladen wurde, ist ihm schleierhaft – wahrscheinlich hatten Johnnys Eltern ihrem Sohn ins Gewissen geredet. Es wäre schließlich gemein, die gesamte Klasse einzuladen und dabei nur eine einzige Person auszuschließen.

Jedenfalls steht Brille nun einsam und alleine vor einer Gabelung des Maislabyrinths, fröstelt und kann seine Mitstreiter im beständig tiefer steigenden Nebel nirgendwo mehr ausmachen. Wahrscheinlich ist diesen noch nicht einmal aufgefallen, dass sie Brille verloren haben. Oder sie haben ihn sogar freiwillig zurückgelassen.

Mit einem tiefen Seufzer schiebt der kleine Junge seine Sehhilfe zurecht, dreht seinen Kopf von einer Seite zur anderen und starrt in die vernebelte Dunkelheit. Rechts oder links? Welche Abzweigung soll er nur nehmen? In seinen Augen sehen beide Wege gleich aus. Gleich *gruselig*. Ein eisiger Schauer rieselt über Brilles

Rücken. Am liebsten würde er um Hilfe rufen oder einfach zurück zum Parkplatz laufen, aber dann würden die anderen am Montag in der Schule nur noch mehr über ihn lachen, als sie es ohnehin schon tun. Es hilft also nichts. Weiter voran. Entschlossen strafft Brille seine Schultern. *Ene, Mene, Mu ...*

Just in dem Moment, in dem der kleine Junge sein Bein in Richtung der rechten Abzweigung reckt, gefriert ihm das Blut in den Adern. Nicht wegen der Kälte oder der Dunkelheit, sondern wegen dem, was sich plötzlich in der Luft auftut: Mit einem Mal beginnt der Nebel in der Schwärze zu tanzen, neue Formen zu bilden und sich schließlich in einer schemenhaften Schauergestalt zu manifestieren. Erst auf den zweiten Blick erkennt Brille die Umrisse eines wenige Zentimeter über dem Erdboden schwebenden Skeletts, durchsichtig und mit furchterregend grün glühenden Lichtern an der Stelle seiner Augenhöhlen. In einer ruckartigen Bewegung öffnet und schließt es seinen hageren Kiefer, seine spitzen Zähne klackern, dann streckt es seine Fingerknochen nach ihm aus und ...

Mit einem erstickten Schrei stolpert Brille rückwärts, taumelt und wäre beinahe hingefallen. Sein Herz rast, als wäre der Teufel hinter ihm her. Die hohen Wände des Labyrinths scheinen immer und immer näher zu kommen, die Luft aus seinen Lungenflügeln zu pressen und ihn für alle Zeiten mit diesem geisterhaften Skelett einzusperren. Panisch schnappt Brille nach Luft. Sein Kopf ist wie leer gefegt. Als wäre er ferngesteuert, bewegen sich seine Beine voran. Sie rennen, die linke Abzweigung entlang. Weg von dem Skelett und seinen gruselig grünen Augen, hinein in die Schwärze und das immer dichter werdende Nebelchaos.

Der Wind bringt die hohen Maisgewächse zum Rascheln, während Brille ohne jeglichen Sinn und Verstand durch die Wirrungen des Labyrinths sprintet. Er rast in den nächsten Pfad hinein, wieder baut sich schattiges grünes Licht vor ihm auf. Schlitternd und mit rudernden Armen kehrt er um, hastet in die entgegengesetzte Richtung, rennt und rennt, bis seine Seiten schmerzhaft stechen und er jeden Zeit- und Orientierungssinn verloren hat. Immer und immer wieder taucht das grüne Licht vor ihm auf und veranlasst ihn dazu, seine Richtung zu ändern. Manchmal kann er in den Schattenrissen sogar die Silhouette des Skelettes ausmachen, spürt dessen kalten Atemhauch in seinem Nacken oder hört schauriges Klackern in seinen Ohren widerhallen. Mittlerweile ist der Nebel so tief gesunken, dass Brille kaum noch seine eigene Hand vor Augen sehen kann.

Umso überrumpelter ist er, als er um die nächste Ecke biegt und plötzlich ins Zentrum grellen Scheinwerferlichts stolpert. Dessen unbändige Leuchtkraft nimmt Brille kurzerhand die Sicht, sein Atem geht nur noch stoßweise und seine Schritte werden langsamer. Schützend schattet er seine Augen mit schweißnasser Hand ab. Der kleine Junge ist kreidebleich im Gesicht, sein Körper zittert schrecklich und ist vor Angst und Adrenalin förmlich unter Strom gesetzt. Es dauert ein paar gehetzte Wimpernschläge, bis Brille realisiert, wo er sich befindet: in der Mitte des Labyrinths. Beim Siegerpodest. Wo Johnnys Eltern ihm lächelnd zujubeln, mit dem Pokal in ihren Händen.

Es dauert noch fast eine halbe Stunde, bis alle anderen Teams am Zielort eingetroffen sind. Brille wird gefeiert wie ein Held, weil er sein Team auf eigene Faust zum Sieg geführt hat. Zum ersten Mal in all den Jahren nennen seine Mitschüler ihn bei seinem richtigen Namen. Sie nennen ihn Auri. Und auch in der Schule wird er von nun nicht mehr wie ein Außenseiter behandelt.

Auri ist glücklich. Die Breite seines Lächelns kennt keine Grenzen. Während die anderen Kinder ihn bejubeln, reckt er den goldenen Pokal kraftvoll in die Höhe.

Zwischen umherflirrenden Nebelschwaden zieht ein geisterhafter Schatten durch das Maislabyrinth. Grünes Schimmern leuchtet in der Dunkelheit auf. Ein Wimpernschlag später – und es ist wieder verschwunden.

Auch wenn Auri es nie realisieren wird, hat das Geisterskelett ihn nicht bedroht, sondern ihm zum Sieg verholfen. Weil es weiß, wie es ist, einsam zu sein. Und weil es all den traurigen Außenseitern dieser Welt nur das Beste wünscht.

***Jace Moran** wurde 2003 in München geboren. Das Schreiben stellt für sie gleichermaßen Bedürfnis wie Berufung dar; eine Möglichkeit, der Realität zu entfliehen und die Welt in den eigenen Farben erstrahlen zu lassen. Fantasie ist für die Psychologiestudentin realer als die Wirklichkeit. Vielleicht liebt sie es deshalb so sehr, Welten zu erschaffen und für eine Weile in diesen zu leben. Auf Social-Media ist Jace Moran als „dunkelwelten" aktiv.*

Der Schwarzfahrer

9.15 Uhr in einem dieser typischen Wohnviertel am Rande der Großstadt. Der fünfundzwanzigjährige Schtraut bestieg den roten Stadtbus ins Zentrum der Metropole, wo er dieses und jenes zu erledigen hatte.

Mit ihm bestiegen zwei weitere Fahrgäste das, bis auf den Busfahrer, ansonsten leere Fahrzeug, lösten die für die Fahrt erforderlichen Fahrscheine, was Schtraut nicht für nötig hielt. So fuhr der Bus ab.

Schtraut blickte die vorbeihuschenden Hausfassaden entlang, hing müde seinen zerstreuten Gedanken nach. Der Bus hielt Haltestelle um Haltestelle, füllte sich mit weiteren Fahrgästen. Der Geräuschpegel im Bus schwoll an, Gespräche, aufgeregtes Kichern dreier Jugendlicher hinter ihm, Kindergeschrei vor ihm, Schtraut achtete nicht weiter darauf, soweit dies überhaupt möglich war, blickte gedankenversunken aus dem Fenster.

Die Stadt verdichtete sich baulich. Aus dem reinen Wohnviertel entwickelte sich die eigentliche City mit den Gemischtbauten. Im Erdgeschoss Geschäfte aller Art oder Gastronomie, darüber Büros und Arztpraxen, darüber die Wohnungen, alles zusammen wohl vier, fünf, sechs Stockwerke hoch.

Schtraut musste gähnen und bemerkte plötzlich, dass er mit seinem Hinterteil an der Sitzbank festzukleben schien. Kaugummi? Igitt! Er versuchte, hin und her zu rutschen, sich etwas zu erheben. Es half nichts. Er schien wie mit der Sitzbank verwurzelt, schien wie an ihr festgeschraubt. Ein Scherz? Oder hing er an einem Nagel fest? Schtrauts Befreiungsversuche intensivierten sich. Vergeblich. Im Gegenteil. Jetzt schienen auch noch seine Beine wie an die Sitzbank geklebt.

Schweiß sammelte sich in Schtrauts Gesicht. War es bereits Angstschweiß? Der Lärm ringsherum, Stimmen, Lachen, Kreischen und er war von der Hüfte abwärts wie festgenagelt an seiner Sitzbank, die Beine steif, unbeweglich.

Panik überfiel ihn begleitet von Schwindelgefühl. Die Dinge um ihn herum schienen nicht mehr in seiner Welt stattzufinden. Sollte er um Hilfe rufen? „Ich klebe an meiner Sitzbank fest! Fahrer, würden Sie mal kurz anhalten?!“

Man würde ihn für verrückt erklären, ihn auslachen. „Ja, ja, die Drogen. Die einen meinen, sie könnten damit fliegen, und der glaubt, er klebt an seiner Bank fest.“

Haltestelle um Haltestelle näherte sich der Bus dem Stadtzentrum. Fahrgäste stiegen ein und aus. Gedränge im Gang, Hektik, Enge. Schtraut nahm es nur noch wie unwirklich wahr. Durchgeschwitzt saß er auf seiner Bank, ratlos, verzweifelt. Handelte es sich um eine Lähmung? Sollte er auf sich aufmerksam machen? Sollte er abwarten? Waren etwa Geister im Spiel? Klar! Es waren nicht nur normale Menschen zugestiegen, sondern auch böse Geister, die ihre Späße mit ihm trieben. Was für Geister sollten das denn sein? Fahrgäste, die vor zweihundert Jahren mit einer Postkutsche auf dieser Route tödlich verunglückt waren? Aber was konnte er denn für das damalige Unglück? Sollten die Geister doch die städtischen Verkehrsbetriebe dafür traktieren, aber nicht ihn! Oder handelte es sich um die Rache eines kürzlich verstorbenen Fahrscheinkontrolleurs?

Dann hatte der Bus das Stadtzentrum erreicht. Die meisten Fahrgäste stiegen aus, nur wenige zu.

Schtraut versuchte, sich erneut zu erheben. Die Lähmung – oder was immer das war – breitete sich weiter über seinen Körper aus, hatte jetzt auch seinen Oberkörper zur Erstarrung gebracht. In höchster Panik wollte Schtraut nun doch den Fahrer anrufen, anschreien. Entsetzt musste er feststellen, dass er auch seinen Mund nicht mehr öffnen konnte, auch der blieb wie gelähmt fest verschlossen.

Der Bus setzte sich wieder in Bewegung, verließ Haltestelle um Haltestelle das Stadtzentrum Richtung der anderen Stadtseite.

Schtraut war jetzt vollkommen erstarrt. Von den Beinen bis zum Rücken wie an seine Sitzbank geklebt, geschraubt, was auch immer. Den Kopf vermochte er noch leicht zu bewegen und seine Augen.

„Endstation!“, verkündete der Fahrer durch die Sprechfunkanlage.

Die wenigen verbliebenen Fahrgäste stiegen aus. Dafür betraten zwei kräftige Männer das Fahrzeug, lösten Schtrauts Sitzbank vom

Boden und trugen diese samt Schtraut hinaus, während zwei andere Männer eine neue Bank montierten. Man stellte Schtraut, der jetzt nur noch seine Augen bewegen konnte, in einen Kleintransporter. Nach vielleicht zehn Minuten Fahrt stoppte der Wagen und Schtraut wurde auf seiner Bank entladen. Seine panischen, um Hilfe schreienden Augen streiften über ein Abbruchgelände. Man trug ihn in eine Art Lagerhalle.

Schtraut traute seinen Augen nicht. Dort standen bereits an die zwanzig weitere Bänke busüblich in Reih und Glied – und mit Fahrgästen darauf sitzend, alle erstarrt wie er. Doch einige ... Ihre Haut war bereits grau, die anderer sogar schwarz.

Man stellte Schtraut hinten in die Reihe, dann erstarrten auch seine Augen und blickten weit aufgerissen, angsterfüllt, fragend, so wie die Augen aller Abgestellten, den davonschlürfenden und sich amüsiert unterhaltenden Männern hinterher.

Doch waren es überhaupt Männer, überhaupt Menschen? Die Konturen ihrer Körper verblassten, verschwammen und verwehten zuletzt, lösten sich auf.

„Ich werde schnell noch einen Fahrschein lösen! Werde ich ab sofort immer machen! Ehrlich", schrien Schtrauts flehende, bettelnde Gedanken den beiden verschwundenen Erscheinungen hinterher.

Gerald Marten, *Jahrgang. 1955, lebt in Oldenburg in Holstein. Veröffentlicht seit 2001 Kurzgeschichten, Kurzprosa und Gedichte verschiedenster Inhalte in Anthologien und Zeitschriften.*

Spuk im Wohnzimmer

In der Standuhr raschelte es.

„Was ist das für ein Geräusch? Wir haben den Fernseher doch ausgeschaltet?“, fragte Luca.

„Das sind bestimmt Geister, genau wie in dem Gruselfilm vorhin“, flüsterte sein kleiner Bruder Ben.

In dem Moment fing die Standuhr an zu schlagen. Genau zwölfmal.

„G...G...Geisterstunde!“, stotterte Ben.

„Quatsch, Geister gibt’s doch gar nicht!“, sagte Luca bestimmt. Er war viel zu cool, um Angst zu haben. „Und auch keine anderen Monster.“

„Hihi“, erschallte da ein schrilles Kichern. „Wenn du dich da mal nicht täuscht, du Seegurke!“

Und im gleichen Moment knallte eine Vase auf den Fußboden und ging kaputt. Den beiden Jungs rutschte das Herz in die Hose.

Zwei Tage waren Luca und Ben nun schon bei ihrem Opa zu Besuch. Das war wie immer sehr aufregend für beide, denn Opa hatte ein großes Haus mit vielen Zimmern, in denen es spannende Dinge zu entdecken gab. Besonders seit Opa vor Kurzem einen ganzen Schiffscontainer mit dem Erbe seines Bruders Erwin bekommen hatte. Der war als Seemann auf allen Weltmeeren gefahren und er hatte viele Dinge aus aller Herren Länder mitgebracht. Unter anderem die große Standuhr, in der es vorhin geraschelt hatte. Jetzt fiel Luca wieder ein, was Opa über die Uhr gesagt hatte. Sie würde aus einem alten Schloss stammen. Sollte das etwa ein Spukschloss gewesen sein?

„Ach was, das kann nicht sein!“, rief Luca aus. „Da will uns nur jemand erschrecken. Opa, bist du das?“

„Da hol mich doch ein Riesenhai. Ich soll dein Opa sein?“, donnerte die unheimliche Stimme. „Das hättest du wohl gerne. Du sollst mich kennenlernen, du Landplage!“ Wie aus dem Nichts tauchte ein Handschuh vor Luca auf und klatsche dem verdutzten Jungen ins Gesicht.

Schreiend rannten die Brüder aus dem Zimmer.

Natürlich hatten die beiden Jungen sofort ihren Opa informiert. Der konnte gar nicht glauben, was seine Enkel ihm da erzählten. „Das habt ihr doch nur geträumt, Jungs. Das kommt davon, wenn ihr euch immer diese fürchterlichen Horrorfilme anseht", hatte Opa gesagt, als sie alle drei zurück zum Wohnzimmer gingen. Als sie das Zimmer betreten wollten, herrschte dort absolute Dunkelheit.

„Hallo?", fragte Opa vorsichtig in den Raum. „Ist hier jemand?"

Da brach auf einmal ein ohrenbetäubender Lärm los. Eine von Opas Schallplatten mit Marschmusik dröhnte mit voller Lautstärke und alle bekamen einen gehörigen Schreck. Opa knallte sofort die Tür zu. Und das war keine Sekunde zu früh, denn von drinnen begann wütendes Geschrei:

„Bei den Höllenwinden der sieben Weltmeere, was macht ihr Tabakspfeifen bei mir an Bord? Seht zu, dass ihr abmustert, aber plötzlich!"

„Weg hier, Jungs. Das ist mir zu unheimlich!", gab Opa den Rückzugsbefehl.

Wenig später saßen die drei in der Küche und beratschlagten, was zu tun wäre.

„Was kann das bloß sein?", fragte Ben, der noch immer kreidebleich vor Schreck war.

„Bestimmt ein Spuk!", sagte Luca.

„Ja", meinte Opa grübelnd. „Aber offensichtlich ein Seemannsspuk." Fragend sahen ihn seine beiden Enkel an. „Dieser Geist benutzt lauter Begriffe aus der Seefahrt. Ob das etwas mit dem Nachlass von Erwin zu tun hat? Der war schließlich Kapitän."

Nachdenklich zwirbelte Opa an seinem Bart. Dann hatte er einen Geistesblitz. „Kommt, Kinder! Ich habe eine Idee. Luca, hol dein Skateboard. Wir stellen dem Geist eine Falle!"

Kurz darauf schlichen sich die drei zurück zum Wohnzimmer.

„Psst, leise", flüsterte Opa, dann machte er die Tür vorsichtig auf und gab Lucas Skateboard einen Schups. Langsam rollte es in den Raum.

Sofort brummte die grimmige Stimme wieder los: „Welcher Süßwassermatrose wagt es, mich zu stören?" Ein leises Stampfen wie von kleinen Füßen war zu hören. Etwas kam offensichtlich näher. Plötzlich verklangen die Schritte.

„Oh“, klang die Stimme jetzt ein wenig überrascht aus dem Wohnzimmer. „Was ist denn das? Das ist ja ... ein Segelschiff. Das sieht ja aus ... wie mein alter Dreimaster.“ Die Stimme klang auf einmal ganz verzückt.

„Aber ... was soll denn das? Lass mich los, du Unglücksschiff!“ Jetzt klang die Stimme wieder zornig.

Schnell machte Opa Licht im Wohnzimmer. Dann kippte ihm die Kinnlade runter. Das Schiffsmodell, das Opa auf dem Skateboard ins Zimmer gerollt hatte, flog plötzlich wie von Geisterhand gelenkt durch den Raum. Immer wieder konnte man: „Loslassen!“, hören. Opa rannte zielstrebig hinter dem fliegenden Schiff her. Dann warf er sich mit einem großen Sack auf das Modell, stülpte ihn darüber und band ihn zu.

„Was ist denn jetzt los? Wo bin ich? Wer hat mich hier eingesperrt? Lasst mich sofort raus!“, kam es aus dem Sack.

„Ruhe da drin!“, befahl Opa energisch. „Halt still und sei friedlich, sonst kommst du da nie wieder raus!“

Eine Weile meckerte das gefangene Wesen noch, dann beruhigte es sich allmählich. Schließlich nahm Luca all seinen Mut zusammen und sprach den Sack an: „Hallo, kannst du mich verstehen?“

„Natürlich kann ich dich verstehen, du Vollkornpirat“, giftete es aus dem Sack zurück.

„Wer bist du denn überhaupt?“

„Ich bin Bodobert Windjammer. Und ich werde allmählich sauer hier drin. Lasst mich raus!“

Nachdem Opa sich mit seinen Enkeln beraten hatte, kamen sie zu dem Entschluss, das Wagnis einzugehen. Opa machte den Sack auf und ging einen Schritt zurück. Der Sack glitt zu Boden und zum Vorschein kam wieder das Schiffsmodell, das in der Luft schwebte.

„Wie kann das sein?“, fragte Ben verblüfft.

„Bist du unsichtbar?“, sprach Luca in Richtung des Schiffes.

„Ja, aber nur, wenn ich will“, kam die Antwort.

„Wie wäre es, wenn du dich uns mal zeigen würdest?“, machte Opa einen Vorschlag.

„Na gut. Aber nur, wenn ihr mich von dem Schiff befreit.“

„Das war Opas Idee“, sagte Ben schnell. „Er hat das Schiff mit Leim eingeschmiert, um dich zu fangen.“

„Jetzt habt ihr mich ja. Dann könnt ihr den Leim ja wieder abmachen“, kam es beleidigt zurück.

Und im selben Augenblick materialisierte sich eine kleine Gestalt, die das Modell in den Händen hielt.

„Na so was,", meinte Opa. „Ein kleiner Seemann." Vor ihm stand eine kleine Gestalt mit Vollbart, Seemannsmantel und Kapitänsmütze.

„Von wegen Seemann. Ich bin ein Klabautermann!", erwiderte das Männchen stolz. „Der Schrecken der sieben Weltmeere!"

„So schrecklich siehst du gar nicht aus", bemerkte Ben. „Eigentlich sogar ganz niedlich."

Grimmig starrte der Klabautermann mit zusammengekniffenen Augen in Bens Richtung. „Pass bloß auf, was du sagst, du kleine Makrele ..."

„Schluss mit dem Gezicke!", sagte Opa energisch. „Ich befreie dich erst mal von dem Schiff und dann erzählst du uns, was du hier machst."

Nachdem Opa den Klabautermann gründlich von dem Kleber befreit hatte, begann Bodobert zu berichten. Seit vielen Jahren hatte er auf einem Segelschiff namens *Monsun* gelebt und war auf diesem zusammen mit Kapitän Erwin um die Welt gesegelt. Die Jahre vergingen und irgendwann war Erwin zu alt für die Seefahrt gewesen. „So haben wir schließlich unsere letzte Fahrt angetreten und sind nach Hamburg gesegelt. Käpt'n Erwin war jetzt Rentner und die *Monsun* unser Hausboot, auf dem wir wohnten. Bis Erwin sich eines Tages nicht mehr gerührt hat. Irgendwann wurde er abgeholt und ich war alleine. Als dann das Schiff verkauft wurde, wurden Erwins Sachen in einen Schiffscontainer gebracht. Ich hatte mich in der Standuhr versteckt, damit mich niemand entdeckt. Nach einer langen Reise wurde alles hier ausgeladen", berichtete Bodobert.

Das war also der Grund für die unheimlichen Vorkommnisse in Opas Wohnzimmer. Bodobert wohnte fortan bei Opa, wo er nach Herzenslust herumspuken konnte, wenn ihm danach war. Luca und Ben besuchten ihn noch oft.

***Thorsten Franck** hat während des Lockdowns 2021 in der Coronapandemie eher aus Langeweile an einem Kurzgeschichtenwettbewerb des NDR teilgenommen. Nachdem seine Geschichte unter rund 1.600 Einsendungen auf den zweiten Platz gewählt und in einem Buch veröffentlicht wurde, schreibt er. Info: www.spitzenmusik.de.*

Halloween

„Luis, kommst du in diesem Jahr mit, Leute erschrecken?", fragt Luisa ihren Bruder.

Sofort ist Luis Feuer und Flamme. Die Mutti fertigt aus alten Bettlaken schnell Gespensterkostüme für die beiden. Sie wollen mit ihren Freunden von Haus zu Haus und von Tür zu Tür ziehen, klingeln, die Leute erschrecken, ihr Sprüchlein: „Süßes, sonst gibt's Saures", aufsagen, hoffentlich Süßigkeiten einsammeln und dann weiterziehen zur nächsten Tür.

Außer Luis und Luisa ist noch Carl gekommen, der als Skelett kaum zu erkennen ist, Verena, die sich als Spinne verkleidet hat, und Melanie, die sich mit ihrem Kostüm in einen Käfer verwandelte. Jennifer wäre auch gern mit den fünfen mitgelaufen.

„Aber Jennifer darf nicht mitgehen", hatte Luisa bestimmt. Gegen die hatte sie nämlich die Klassensprecherwahl verloren und sie war noch immer eingeschnappt darüber, dass die Klassenmehrheit Jennifer gewählt hatte.

Nach Einbruch der Dämmerung begannen die Kinder ihren Halloween-Spaziergang am ersten Haus der Straße auf der rechten Seite. Sie stellten sich alle gemeinsam vor die Tür. Dann drückte Carl ganz mutig seinen Daumen auf den Klingelknopf neben der Haustür. Nach kurzer Zeit öffnete sich die Tür und Herr Krause lugte durch einen Türspalt.

Sofort riefen die Kinder im Chor ihren Spruch: „Süßes, sonst gibt's Saures."

Herr Krause öffnete nun die Tür vollständig und steckte jedem Kind etwas in seinen Beutel, den es bei sich trug. Die Kinder bedankten sich artig nacheinander, Herr Krause schloss die Tür und die Kinder machten sich auf den Weg zum Haus gegenüber.

„Da erschrecken wir den Türöffner richtig", schlug Carl vor. „Wir werden, wenn jemand die Tür öffnet, einen tiefen Brummton brummen."

„Au ja", stimmte ihm die Erschreckerbande zu.

Gesagt, getan.

Diesmal durfte Verena klingeln. Es tat sich nichts. Dann klopfte sie mit der linken Faust, während sie mit dem Zeigefinger der rechten Hand den Klingelknopf drückte.

Da öffnete sich die Tür. Die schrecklichen fünf begannen mit ihrem Brummton und brummten so lange, bis ihnen die Luft ausging. Dann nannten sie im Chor ihre Forderung nach Süßem und schauten erwartungsvoll Frau Breitband, die dort wohnte, an. Und wirklich, sie bekamen alle etwas in ihren Beutel gesteckt. So ging es auch am nächsten Haus. Sie hatten Glück, denn bisher brauchten sie noch keinen Streich zu spielen, also noch nichts Saures verteilen.

Dann kamen sie an das dritte Haus auf der linken Seite, das Haus, in dem Jennifer, die ja nicht mitkommen durfte, wohnte. Dort wollten sie nicht brummen, sondern sie hatten sich etwas anderes vorgenommen. In dem Augenblick, wo sich die Tür öffnete, wollten sie ganz furchtbar kreischen. Diesmal war Luisa diejenige, die klingeln und klopfen sollte. Unter dem Vordach stellten sie sich dicht zusammen. Luisa klingelte und klopfte gleichzeitig.

Erst einmal geschah nichts. Luisa klingelte noch mal. Dann öffnete Jennifer die Tür. Und was passierte nun?

Die fünf Kinder vor der Tür kreischten. Gleichzeitig kreischte auch Jennifer zurück. Sie hatte sich ebenfalls als Gespenst verkleidet und sah ganz fürchterlich aus. Darüber, dass auch Jennifer als Gespenst verkleidet so laut kreischte, wie sie nur konnte, erschraken sich die fünf Halloween-Geister. Das war ein Geschrei! Jennifer knallte die Haustür zu. *Wumm!!*

Und nun passierte etwas, was die fünf Halloween-Geister nie mehr vergessen werden. Der Papa von Jennifer hatte über dem Eingangsbereich ein Netz aus Kunststoff aufgehängt und darin eine große Kunststoffspinne befestigt. Die Kinder hatten in der Dunkelheit das Netz noch gar nicht bemerkt. Jetzt aber löste sich das Netz samt Spinne aus seiner Halterung und fiel auf die kreischenden Kinder. Die zappelten und versuchten, sich zu befreien, was natürlich dazu führte, dass sie sich immer mehr im künstlichen Spinnennetz verhedderten.

Dann sauste auch noch der am Vordach befestigte große, ausgehöhlte Kürbis mit einem satten *Platsch* auf die Erde. Für einen kurzen, aber wirklich nur ganz kurzen Augenblick, herrschte totale Stille. Dann aber schafften es die Kinder, das Netz abzuschütteln, und unter ganz außerordentlichem Schreien und Kreischen rannten sie, so schnell sie konnten, vom Grundstück auf die Straße. Sie hätten sich gewünscht, so schnell in der Schule beim Sport rennen zu können. Dann hätten sie dafür bestimmt die Note sehr gut bekommen. Hier aber war kein Lehrer anwesend und es ging ja auch nicht darum, eine gute Note zu bekommen, sondern auf dem schnellsten Weg den Ort des Grauens zu verlassen.

Drinnen im Haus hatte Jennifer die Gardine am Fenster ein wenig zur Seite gezogen und mit einem Auge herausgelugt. Sie sah die erschreckten Halloween-Geister und freute sich.

„Von wegen“, sagte sie sich leise, „mich nicht mitnehmen wollen auf die Geistertour. Im nächsten Jahr werden sie sich das bestimmt überlegen und bitten und betteln, dass ich mitkomme.“

Die fünf Halloween-Geister waren so aufgeregt, dass sie gar nicht mehr fähig waren, an den anderen Haustüren in der Straße zu klingeln und um Süßes zu bitten. So kreidebleich, wie sie jetzt waren, beschlossen sie, für dieses Jahr ihre Halloween-Erschrecker-Tour abzubrechen und nach Hause zu gehen.

Am nächsten Tag in der Schule war das Erlebnis vor Jennifers Tür das Thema des Tages. Noch vor der ersten Stunde hatte Luisa verkündet, dass Jennifer im nächsten Jahr wieder im Erschreckerteam mitgehen dürfe. So etwas wie gestern wollten sie auf keinen Fall noch einmal erleben. Das war einfach zu viel Grusel!

Charlie Hagist *wurde 1947 in Berlin-Steglitz geboren. Nach Grund- und Oberschule absolvierte er eine Ausbildung zum Bankkaufmann. Während seiner Tätigkeit in der Personalabteilung des Hauses bildete er sich zusätzlich zum Personalfachkaufmann (IHK) weiter. Ehrenamtlich war er als Richter am Amtsgericht Berlin-Tiergarten, am Sozialgericht Berlin und danach am Landessozialgericht Berlin tätig. Charlie Hagist ist verheiratet, hat einen Sohn.*

Das Mitternachtshotel

„Ich habe Angst", murmelte Ella vor sich hin. Das kleine Mädchen zitterte und hielt sich die Hände vor ihr Gesicht. Ihre zwei Jahre ältere Schwester Luna legte ihr einen Arm um die Schulter.

„Liebling, es ist nur ein Unwetter. Im Auto passiert uns nichts", flüsterte ihre Mutter und fuhr um die Kurve.

Helles Licht, ein Blitz, erschien neben dem Auto.

„Mama!", brüllten nun beide Mädchen.

Ihre Mutter verzog das Gesicht und blickte den Vater an. „Vielleicht finden wir ein Hotel in der Nähe. Wir schaffen es nicht mehr zurück nach Hause", meinte er. Sofort stimmten seine Töchter ihm zu.

Die Mutter seufzte, ehe auch sie einwilligte. „Dann such mal nach einem Hotel im Internet", sagte sie zu ihrem Mann. Ein weiterer Blitz erschien. Der Sturm hatte sich außerdem verschlimmert.

„Ich habe kein Netz", jammerte der Vater. Doch da fuhren sie plötzlich an einem kleinen, blauen Holzschild vorbei. Darauf standen die Worte *Das Mitternachtshotel*.

„Da", rief Luna, „ist ein Hotel!"

„Besser als nichts", erwiderte ihr Vater und ihre Mutter fuhr in die nächste Nebenstraße.

Ella zitterte immer noch am ganzen Körper, ihre Schwester versuchte sie zu beruhigen. „Ganz ruhig, Ella. Wir haben es fast geschafft", flüsterte sie.

Bald erreichten sie das Hotel, wobei es im ersten Moment eher einem dunklen Schloss ähnelte. Nur winzige, bedeckte Fenster. Ein kleines Licht erschien im untersten Stock. Der Rest des Schlosses war pechschwarz.

„Mir gefällt es hier nicht", murmelte Ella. Sie fand, dass es zu sehr einem Gruselschloss ähnelte. Erst letzte Woche hatte ihre Schwester ihr eine Geschichte erzählt. In dem Schloss gab es Gespenster, die in der Nacht kamen. Und jetzt war es bereits später Abend.

„Es ist nicht optimal, aber wir schaffen es nicht mehr nach Hause", erklärte der Vater und stieg aus dem Auto aus. Ein weiterer

Blitz schlug ein, nicht weit von ihnen entfernt. Schnell riss er Ellas Tür auf, schnallte sie ab und trug sie hastig zum Eingang. Luna und ihre Mutter folgten ihnen rasch. Da öffnete der Vater bereits die Tür und betrat den Eingangsbereich. Verstaubte Kronleuchter, Schwerter an den Wänden. Es sah tatsächlich aus wie ein altes Schloss.

„Kann ich Ihnen weiterhelfen?", fragte plötzlich eine Frau. Ella erschrak, als diese wie aus dem Nichts vor ihnen stand. Sie trug ein dunkelgrünes Gewand und hatte sich die grauen Haare zu einem Pferdeschwanz gebunden. Sie lächelte nicht.

„Wir bräuchten ein Zimmer. Bei diesem Unwetter haben wir es nicht nach Hause geschafft", erklärte der Vater.

Die Frau nickte und begleitete sie zur Rezeption. Dahinter befand sich ein Regal. Vermutlich waren dort normalerweise die Schlüssel befestigt. Doch es war kein einziger übrig geblieben.

„Nun ja ... Obwohl ...", murmelte die Frau vor sich hin, ehe sie einen goldbraunen Schlüssel aus ihrer rechten Schublade zog. „Zimmer 99 ist noch frei", sagte sie nun und drückte der Mutter rasch den Schlüssel in die Hand. Die Eltern bedankten sich und führten ihre Kinder anschließend eine Treppe hinauf. Der Vater deutete auf ein blaues Schild.

„Zimmer 80-100 sind im dritten Stock", las er vor. Also gingen sie unzählige Treppenstufen hinauf, ehe sie ihr Stockwerk erreichten. Luna und Ella zählten mit, als sie nach ihrem Zimmer suchten. *Zimmer 99* stand auf der letzten Tür.

„Und was ist mit Zimmer 100?", fragte Luna verwirrt. Doch ihren Vater schien das nicht zu interessieren. Er sperrte schnell auf und ließ sie herein.

„Vermutlich war es ein altes Schild", erwiderte er nur.

Die Familie betrat das Zimmer und stellte fest, dass es wie ein vollkommen normales Hotelzimmer aussah. Graue Vorhänge, zwei Doppelbetten, ein paar Bilder, eine Uhr und ein kleines Bad. Die Fahrt hatte sie müde gemacht, also dauerte es nicht lange, bis sie schließlich einschliefen.

Die Nacht war still. Das Einzige, was sie hörten, war das Ticken einer Uhr. Doch dann war da ein lautes Knallen, als hätte jemand etwas umgeworfen. Ella riss sofort die Augen auf, ihre Schwester ebenfalls.

„Das Geräusch kam aus der Wand. Aber da ist doch überhaupt

kein Zimmer“, stellte Luna ängstlich fest. Sie versuchten, ihre Eltern zu wecken, doch ohne Erfolg.

„Da ist nichts. Geht wieder ins Bett“, murmelte die Mutter verschlafen, schaute nicht einmal auf.

Luna sah ihre Schwester besorgt an. „Und jetzt? Was ... Ah!“, erschrak sie, als ein weiterer Knall ertönte.

Ella umarmte sie nun ganz fest. „Und wenn es wie in deinen Geschichten ist? Und ...“, fragte sie, „wenn es hier spukt?“

Luna riss die Augen auf. Der Gedanke war ihr auch schon gekommen, sie hatte sich nur nicht getraut, ihn auszusprechen. Nun atmete sie einmal tief durch. „Wir müssen jetzt tapfer sein“, flüsterte sie ihrer Schwester ins Ohr.

„Uhhhhhhh“, hörten sie plötzlich ein Geräusch und es kam wieder aus der Wand, an der sie schliefen.

Ella und Luna richteten sich auf. Sanft legten sie ihre Ohren an die Wand, um nichts zu verpassen. Sie hörten ein Zischen, danach ein leises Pfeifen. Luna stellte sich auf die Zehenspitzen. Das Geräusch wurde lauter je ... Sie blickte das Gemälde über ihrem Bett an. „Ella“, flüsterte sie, „da ist etwas hinter dem Bild.“

Ihre Schwester ging ein paar Schritte zurück und hielt sich die Augen zu. Luna nahm ihren ganzen Mut zusammen und zog an dem Bild. Und dann sah sie es. Ein Loch in der Wand. Ein Zimmer, das keine Tür hatte. Graue Vorhänge, ein Bett. Und etwas Weißes, Silbernes, das durch die Luft zischte. Ihr Herz rutschte ihr in die Hose. Sie zwang sich, nicht loszuschreien. Immerhin wollte sie nicht die Aufmerksamkeit des Gespenstes gewinnen. Also lief ihr vor Angst nur eine Träne über die Wange. Sie setzte das Gemälde wieder an die richtige Stelle, ehe sie ihr Gesicht in ihrem Kissen vergrub.

„Luna, was ist da?“, fragte Ella hastig.

Ihre Schwester schien zu weinen. „Ein Gespenst“, keuchte sie, die Stimme versagte.

Nun begann auch Ella zu weinen. Doch sie konnte dies, im Gegensatz zu ihrer Schwester, nicht leise. Sie brüllte los. Und im nächsten Moment ging das Licht in ihrem Zimmer an. Nun schrie auch Luna los. Was war das hier nur für ein Hotel?

Ihre Eltern rissen die Augen auf. „Was ist denn hier los?“, fragten sie wie aus einem Munde.

„Es spukt“, weinte Ella nun noch etwas lauter.

Ihre Mutter stand auf und setzte sich zu ihren Töchtern. „Hört mal zu, so etwas wie in Lunas Geschichten ... das gibt es nicht", erklärte sie ihnen.

Doch im nächsten Moment sollten sie alle überrascht werden. Es klopfte an der Tür. Und dann, als sie nicht innerhalb von Sekunden aufsperrten, klopfte es erneut. Ihre Mutter stand auf.

„Nein, Mama!", riefen die Mädchen, Tränen liefen über ihre Wangen. Doch ihre Mutter sperrte die Tür auf. Langsam öffnete sie diese und erkannte ... die Frau von der Rezeption.

„Es brennt im Hotel. Ich muss Sie alle bitten, sofort zu gehen", sagte sie, ihre Miene verzog sich nicht.

Also nahmen alle schnell ihre Sachen und rannten zurück zu ihrem Auto. Seltsamerweise folgte ihnen niemand. Kein anderer Gast lief aus dem Hotel. Sie waren alleine. Gab es denn überhaupt kein Feuer? Doch das Unwetter hatte aufgehört und sie konnten nach Hause fahren.

***Lea Grasmück** ist eine 19-jährige Nachwuchsautorin aus Rheinland-Pfalz, die 2023 ihr Abitur absolvierte. Seit sie fünf Jahre alt ist, schreibt sie ihre eigenen Geschichten und träumt davon, diese irgendwann zu veröffentlichen. Ihre Lieblingsgenres sind „Romance" und „Fantasy." Bei ihrem Lieblingsbuch handelt es sich um „Harry Potter." Wenn sie ihre Freizeit nicht mit lesen, schreiben oder backen verbringt, dann spielt sie Ukulele oder lernt Gebärdensprache.*

Das Monster im Kleiderschrank

Ein lautes, ohrenbetäubendes Geräusch durchbrach die Stille der Nacht. Alea wachte schreckhaft auf und starrte in die Dunkelheit hinein, die nur durch des Mondes Schein durchbrochen wurde. „Was war das?" Alea sah sich verängstigt in ihrem Zimmer um. Ein starkes Gewitter wütete. Der Regen peitschte gegen das gekippte Fenster neben ihrem Bett, woraufhin Blitz und Donner sich im Wechsel meldeten. Gleichzeitig pfiff der Wind ums Haus.

Ein kalter Schauer überkam die kleine Alea. Sie hatte Angst. Instinktiv zog sie blitzschnell die Beine an ihren Körper heran und verkroch sich noch tiefer unter ihre Bettdecke. Sie griff zu ihrem Kuscheltier namens Motte und schmiegte es eng an sich. Das gab ihr nun Sicherheit, um sich noch mal in ihrem Zimmer vorsichtig umzuschauen.

Es wurde kurz hell und wieder krachte es ohrenbetäubend laut. Plötzlich erblickte Alea eine angsteinflößende Silhouette an der Wand. Alea stieß einen Schrei aus, der vom Grollen des Donners übertönt wurde. Jemandes Schatten spiegelte sich dort.

Alea erschrak. „Wer oder was ist diese unheimliche Gestalt bloß?", dachte sie. Das kleine Mädchen lief kreidebleich an und blickte wie erstarrt auf die Silhouette an der Wand.

Plötzlich wütete der tosende Wind so stark, dass der weiße, lange Vorhang ins Zimmer hineinwehte und umhergeschleudert wurde. Aleas Schreibtischstuhl stand neben ihrem Bettchen am Schreibtisch unterhalb des Fensters. Der Stuhl fiel mitsamt den darauf liegenden Kleidungsstücken einfach um. Erneut erschrak sie fürchterlich. Jedoch war nun der unheimliche Schatten an der Wand nicht mehr da. Ihre Angst war dennoch sehr groß, weil solche Naturgewalten einfach unheimlich sind und Angst einflößen.

Der Sturm flachte einfach nicht ab. Es flogen die Bücher vom Schreibtisch. Zettel flogen in ihrem Zimmer umher. Alles, was nicht niet- und nagelfest war, wirbelte wild im Zimmer herum. Alea hatte zwar Angst vor dem Gewitter, jedoch musste sie versuchen, den sicheren Hafen zu verlassen, um das Fenster zu schließen. Deshalb nahm sie all ihren Mut zusammen und krabbelte aus ihrem Bett. Sie ging nur ein paar Schritte in Richtung Fenster rüber, stellte den Stuhl auf und krabbelte auf den Schreibtisch. Mit aller Kraft gegen die brachiale Gewalt des Sturmes ankämpfend, konnte sie das Fenster schließlich schließen. In Windeseile flitzte sie zurück ins Bett.

Stille war nun eingekehrt. Das Gewitter und der Sturm waren ausgesperrt. Die kleine Alea begann sich gerade zu entspannen, als sie ein kratzendes Scharren wahrnahm. Sie hielt den Atem an und versuchte sich nicht zu bewegen.

Es war mucksmäuschenstill.

Das Geräusch, das sie vernommen hatte, war aus der dunklen Ecke gekommen, in der ihr Kleiderschrank stand. Und tatsächlich, kurze Zeit darauf knarrte es erneut. Das Blut in ihren Adern gefror. Wie gebannt starrte sie auf den Kleiderschrank. Auf einmal hörte sie ein Rascheln und Scharren. Ein eiskalter Schauer lief Alea langsam den Rücken herunter. Diese Geräusche waren ihr fremd. Wer oder was konnte das wohl sein? Nie zuvor hatte sie so etwas Angsteinflößendes gehört. Sie spürte ihr Herz pulsieren, während ihre Hände schwitzig wurden. Sie mummelte sich erneut komplett in der Decke ein ... und lauschte wieder. Und da, jetzt war ein Laut zu hören. Ganz leise, aber wahrnehmbar. Diese Geräusche kamen tatsächlich aus dem Kleiderschrank.

„Himmelherrgott, Mama, hilf mir“, dachte Alea bei sich und erstarrte vor Angst. All ihren Mut nahm sie zusammen und fragte: „Hallo? Wer ist denn da? Ist da wer?“

Niemand antwortete. Stattdessen waren wieder seltsame Geräusche zu hören. Alea befreite sich von der Decke, schlich auf leisen Füßen zum Schreibtisch rüber, bewaffnete sich mit ihrer Stiftedose, zielte auf den Schrank, holte aus und warf den Gegenstand an die Tür des Kleiderschranks. Sie schrie: „Hau ab, du olles Monster! Ich hab keine Angst vor dir! Verschwinde! Hörst du? Verschwinden sollst du! Raus aus meinem Kleiderschrank!“

In diesem Moment ging die Kleiderschranktür noch ein Stück weiter auf. Alea fiel fast in Ohnmacht vor lauter Angst. Zitternd stand sie da und wusste nicht, was sie tun sollte. Das Geräusch wurde intensiver und plötzlich huschte ein Schatten aus dem Kleiderschrank und kam auf sie zu. Der Schatten machte ein schnurrendes Geräusch. Alea hielt die Augen fest verschlossen.

Plötzlich hörte sie ein zartes „Miau“ und spürte etwas Weiches um ihre Beine herumschwänzeln. Alea öffnete die Augen. Erleichterung machte sich breit.

„Minka, du hast mir einen Schrecken eingejagt! Was hast du denn nur im Kleiderschrank verloren?“ Alea nahm ihre Katze, krabbelte mit ihr ins Bett und schlief beruhigt ein. Man hörte nun wieder den Wind ums Haus heulen, während die dicken Regentropfen auf die Fensterscheibe prasselten ...

Kathinka Reusswig *ist geboren und aufgewachsen in Hessen. Studierte an der Johann-Wolfgang-Goethe Universität. Sie hat Spaß am Schreiben und bereits an mehreren Ausschreibungen erfolgreich teilgenommen.*

Das Gutshaus am Brocken

Seit einer Woche wohnen wir in einem Schloss. Eigentlich ist es kein richtiges Schloss, eher ein Gutshof – oder besser gesagt, die Ruine von einem Gutshof. Dorthin sind wir umgezogen, weil Papa abgehauen ist. „Damit ihr nicht ständig an ihn denken müsst", hat Mama gesagt.

Wir, das sind Emilia, meine kleine Schwester, und ich. Vorher haben wir in einer Großstadt gelebt, in Braunschweig. Das war nicht so toll. Ich hatte kein eigenes Zimmer, sondern musste alles mit Emilia teilen, die so klein ist, dass sie alles kaputtmacht, was ich baue, sogar mein Feuerwehrauto aus Lego. Kaum ist Emilia im Zimmer, fällt alles auseinander. Dann sieht Emilia mich mit ihren grünen Augen an und ich weiß, dass sie es nicht mit Absicht gemacht hat. Das passiert ihr einfach.

Nach Opas Tod stand der Gutshof lange leer. Wohnen wollte dort keiner, außer Opa, ich meine, bevor er tot war. Aber das zählt nicht. Opa war durcheinander im Kopf. Ins Heim wollte er trotzdem nicht, obwohl er ohne Oma schon lange nicht mehr klar kam, sagt Mama. Jedenfalls habe ich jetzt ein eigenes Zimmer. Überhaupt: Platz haben wir reichlich. Der Gutshof ist riesig. Außer dem Haupthaus, das ganz verwinkelt ist, Mama sagt, total verbaut, gibt es mehrere Ställe und eine Scheune, alle leer, und überall tolle Verstecke. Ich glaube nicht, dass ich schon alle kenne. Deshalb gehe ich mit Emilia auf Entdeckungsreise. Sobald Mama zur Arbeit ist, ziehen wir los. Das macht Spaß.

Heute Morgen sind Emilia und ich zwei Treppen hinaufgestiegen, die wir noch nicht kannten. Die waren so schmal, dass wir hintereinandergehen mussten. Wir gingen einen Flur voller Gerümpel entlang, und als ich schon dachte, da kommt nichts mehr, öffnete sich rechts eine Nische und von dort führte eine Stiege steil nach oben. Alles war dunkel und im nächsten Augenblick stieß ich mir den Kopf an einer Holztür, die schwer und ganz schwarz war. Dahinter lag ein runder Raum, der so staubig war, dass ich husten musste von all dem Staub, den ich beim Türöffnen aufgewirbelt hatte. Ansonsten war er leer – bis auf einen Schreibtisch mit verschnörkelten Beinen und einem Ohrensessel. Und an der Seite stand ein schmales Regal voller Bücher. Das sah ich mir als Erstes an, Bücher mag ich, und deshalb achtete ich nicht auf Emilia und schreckte erst aus meinen Gedanken auf, als ein Luftzug mich umdrehen ließ. Emilia war auf den Schreibtisch geklettert und hatte ein kleines Fenster geöffnet, das ich ganz übersehen hatte, so schmutzig war es.

Ich ging zu ihr und folgte ihrem Blick. Vor mir lag der Brocken, Mama sagt, der höchste Berg der Gegend, und ich fand, dass der ganz gewöhnlich aussah, gar nicht wie ein richtiger Berg, eher wie ein Hügel, und obendrauf stand ein Haus und ein langer, rot-weiß gestreifter Mast stand dahinter oder ragte aus dem Dach, genau konnte ich das nicht erkennen, nur dass es irgendwie komisch aussah. Und während ich darüber nachdachte, was daran spannend sein sollte, merkte ich, dass Emilia sich auf die Lehne vom Ohrensessel gesetzt hatte und gebannt an mir vorbei aus dem Fenster schaute. Und wie sie so starrte, wurde ich neugierig und setzte mich neben sie in den Sessel und schaute auch aus dem Fenster.

Ich schrecke hoch, springe auf. Draußen ist es dunkel. Der Brocken steht als schwarzer Schatten vor dem nachtblauen Himmel. Emilia sitzt nicht auf der Sessellehne, sondern steht mitten im Raum, in der Hand einen Besen, ein völlig zerzaustes Ding, das ich vorher gar nicht bemerkt habe. Ein Luftzug weht durch das offene Fenster herein, wird immer stärker, wirbelt durchs Zimmer, und bevor ich kapiere, was los ist, schwingt Emilia sich auf den Besen und fliegt hinaus in die Nacht. Ihre Gestalt steigt auf in den Himmel und entschwebt Richtung Brocken.

Auf einmal steht Mama im Zimmer. Sie kommt zu mir und nimmt mich in den Arm. „Ich wusste, dass das irgendwann passiert. Aber ich dachte, sie hätte noch Zeit." Als ich sie nur ansehe, sagt sie: „Opa konnte hier stundenlang sitzen und hinauf zum Brocken starren, sogar noch, als Oma schon tot war."

„Also ist das Opas Zimmer?", frage ich.

Sie schüttelt den Kopf. „So würde ich das nicht nennen. Heute ist der 30. April, Walpurgisnacht, die Nacht der Hexen. Da ziehen sie los, hinauf zum Blocksberg, zum Brocken, zum Hexentanz." Sanft streicht Mama mir über das Haar. „Die Leute verstehen das nicht.

Emilia ist eine Hexe. Das habe ich gleich gesehen. Sie hat Omas Augen."

„Du auch?"

Mama schüttelt den Kopf. „Manchmal überspringt die Gabe eine Generation."

„Kommt Emilia wieder?"

„Wenn die Sonne aufgeht."

„Darf ich hier auf sie warten?"

„Willst du?"

Ich nicke heftig.

Mama drückt mich ganz fest. „Mein Großer. Dann hat Emilia richtig gewählt." Auf einmal blickt sie mich streng an. „Du bist ganz wichtig. Emilia ist noch klein. Ohne die Verbindung zu dir findet sie morgen früh das Fenster nicht wieder. Sie kann dann nicht zurück und geht uns für immer verloren."

„Bleibst du bei mir?"

„Nein. Ich würde euch stören." Mama sieht mir tief in die Augen. „Pass heute Nacht gut auf Emilia auf." Sie lässt mich los und geht aus dem Zimmer.

Ich rutsche in Opas Ohrensessel und starre zum Brocken, der sich schwarz vor dem Fenster erhebt. Dann sehe ich es. Den Schein eines Feuers und drumherum wirbelnde Gestalten mit wehenden Haaren. Eine davon ist Emilia. Ich winke ihr zu und bin mir sicher: Sie sieht mich, sie ist eine Hexe – und ich bin ihr Bruder.

Wolfgang ten Brink *ist verheiratet und hat drei Kinder. Nach seiner Zeit bei Siemens in München und Frankfurt am Main lebt er heute in Norddeutschland und unterrichtet an einem Gymnasium. Er hat bisher neun Texte in Anthologien und Literaturzeitschriften veröffentlicht und schreibt an einer Drachengeschichte für Kinder von zehn bis zwölf Jahren.*

Hugos Abenteuer

Hugo lebte schon lange in einem kleinen, vollgestopften Laden. Täglich kamen einige Menschen in den Laden und kauften etwas. Aber Hugo wurde nicht gekauft. So ging das noch einige Zeit weiter. Immer kamen Leute, kauften etwas und gingen wieder.

An diesem Tag würde sich das ändern, aber das wusste Hugo noch nicht.

Die Glocke über der Tür klingelte. Eine Familie kam herein. Ein kleines Mädchen, eine Frau und ein großer Junge schauten sich neugierig um. Sie schlenderten durch das Geschäft und guckten sich einiges an. Offenbar waren sie auf der Suche nach einem Geschenk. Hugo reckte sich, damit er besser gesehen werden konnte. Aber die Familie nahm nur ein kleines Spiel und ging damit zur Kasse. Als die Frau gerade ihr Portemonnaie herausnahm, streckte sich Hugo fast so weit, dass er beinahe aus dem Regal gepurzelt wäre. In diesem Moment fiel der Blick des Jungen endlich auf Hugo.

„Der Junge schaut mich an, endlich", dachte Hugo. „Wenn er mich haben möchte, dann komme ich aus diesem Regal heraus und erlebe Abenteuer."

„Mama, sieh mal, die Katze, ist die nicht schön?", flüsterte der Junge in diesem Moment.

Aber was darauf folgte, hatte Hugo schon viele Male gehört.

„Du hast doch schon so viele Stofftiere ...!" Die Mutter schüttelte den Kopf.

„Bitte, bitte, ich mag Katzen doch so gerne", bettelte der Junge. „Bald habe ich Geburtstag und eine echte Katze darf ich nicht haben", schob er hinterher.

„Wenn der Junge wüsste, wie echt ich bin." Hugo neigte den Kopf, um noch niedlicher auszusehen. Da streckte der Junge die Hand nach ihm aus und fing an, ihn zu streicheln.

„So fies sieht die Mutter nicht aus. Vielleicht habe ich doch eine Chance", dachte Hugo.

„Na gut", seufzte die Mutter. „Aber es wird ein Geburtstagsgeschenk und wir lassen die Katze gleich einpacken", fügte sie noch hinzu.

Mit einem schnellen Griff holte der Junge Hugo aus dem Regal und setzte ihn auf den Kassiertisch. Die Mutter der Kinder bezahlte und plötzlich wurde es um Hugo herum ziemlich dunkel. Es raschelte. Verängstigt schloss Hugo seine Augen. Ein leichtes Schaukeln und die Stimmen der beiden Kinder beruhigten ihn, sodass er einschlief.

Als er aufwachte, wusste er weder, wo er sich befand, noch wie lange er geschlafen hatte. Er wusste nur, dass er ein Geräusch gehört hatte. Er hörte es noch einmal. Es war ein seltsames Knarzen direkt über ihm. Auch mit geöffneten Augen konnte Hugo nichts erkennen.

Wohin war er geraten? Lebte er überhaupt noch? Hugo kniff sich in die Hinterpfote. Er lebte eindeutig, denn das tat weh. Ob er sich befreien konnte? Vielleicht konnte er sich strecken und dadurch aus diesem Gefängnis kommen? Mit aller Kraft streckte Hugo sich und merkte im gleichen Augenblick, dass es keinen Sinn hatte. Er saß fest in einer dunklen, engen Verpackung.

„Ich könnte mich zur Seite drehen", dachte Hugo und probierte es gleich aus. In diesem Moment gab der Boden unter ihm nach, er fiel und fiel und fiel. „Ich werde sterben", war Hugos letzter Gedanke, bevor er das Bewusstsein verlor. Völlige Dunkelheit umgab ihn für Stunden und er spürte nichts mehr.

Als er wieder erwachte, war es immer noch dunkel. Aber er hörte eine Stimme, es war die des Jungen. Vorsichtig wurde er angehoben und getragen. Kurz darauf hörte Hugo ein Rascheln und sah ein schwaches Licht. Das Gesicht des Jungen beugte sich über ihn.

„Hallo, kleiner Kater", flüsterte er ihm zu und nahm ihn aus dem schrecklichen Gefängnis heraus. „Ich werde dich heimlich verstecken und bei mir behalten, damit dir nichts mehr passiert."

Hugo spürte ein weiches Kissen unter sich und die Wärme einer Decke. Der Junge nahm ihn in den Arm und deckte ihn zu.

Sonst wird dich meine Mutter finden", flüsterte der Junge. Auch jetzt wurde es dunkel, aber es war eine gute Dunkelheit.

Christian Witting, *6. Jahrgang der Alexander-Coppel-Gesamtschule.*

Die verlassene Silbermine

„Bist du dir sicher, dass wir das tun sollten?“, flüsterte Bene ängstlich und sah zu dem kräftigen Jungen an seiner Seite.

„Ja, warum denn nicht?“, fragte Jannik leise und blickte zum Eingang der alten Silbermine.

„Es ist mitten in der Nacht!“, schnaubte Bene verhalten. Wie konnte Jannik ihn nur davon abhalten, mit ihm in diese Mine zu klettern, ohne wie ein Angsthase dazustehen? Er zerbrach sich sein Gehirn, aber eine Lösung fand er nicht.

„Ach was!“, wehrte Jannik unwirsch ab. „Der Morgen graut doch schon und ich will unbedingt wissen, ob da noch etwas zu sehen ist. Ich finde alte und verlassene Orte spannend. Dort wartet bestimmt ein großes Abenteuer auf uns.“

„Sie sind unheimlich.“

Der Kräftigere sah Bene an und grinste verschlagen. „Wenn du dir jetzt schon die Hosen vollmachst, solltest du lieber hierbleiben. Ich schaffe das auch allein. Den Spaß lasse ich mir nicht verderben.“

Einen Moment schloss der Jüngere die Lider. Dann straffte er seine Schulter, drückte den Rücken durch und sah Jannik mit festem Blick an. „Nein, ich komme mit.“

„Dann los.“

Die beiden Jungen sahen sich noch einmal genau um. Sie wollten nicht erwischt werden. Die Erwachsenen waren komisch, wenn es um die Mine ging. Schließlich erzählten sie ständig, welch grausame Dinge dort geschehen waren und wie viele Menschen in der Mine ihren Tod gefunden hatten. Doch für Jannik war dies kein Grund, sein Vorhaben abzubrechen. Ganz im Gegenteil. All diese Geschichten machten es noch viel spannender und seine Neugierde war geweckt.

Da sie niemanden sahen, betraten sie die Mine. Das schwere Eisengitter war einen Spalt weit geöffnet, gerade so schmal, dass die zwei Jungen durchpassten. Ein muffiger Geruch und abgestandene Luft schlug ihnen entgegen, je weiter sie in den Gang vordrangen. Bene bekam eine Gänsehaut. Es wurde immer dunkler. Zum Glück hatten sie an eine Taschenlampe gedacht, sodass sie nun auch etwas sahen, als sie die Geräte einschalteten.

„Ist das dreckig hier unten", entfuhr es Bene, als er an die Wand kam und sein Pullover braune Flecken hatte.

„Was erwartest du?", fragte Jannik. „Hier hat keiner sauber gemacht."

„Sollte man vielleicht mal. Dann spuckt es hier auch nicht."

Der Ältere lachte. „Hier spuckt es doch nicht. Das sind Geschichten, welche die Menschen erfunden haben, um sich ein bisschen zu gruseln. Die Leute stehen auf so was."

„Ich weiß nicht ..." Bene war die eigenartige Stimmung beim Betreten der Mine direkt aufgefallen. Es war still hier. Sehr still. So stellte er sich ein Grab vor und diese Vorstellung machte ihm Angst. Einige Tage zuvor hatte er heimlich einen Film geschaut, in dem ein Mensch lebendig begraben wurde. Seitdem schlief er schlecht und hatte Albträume. Und jetzt waren sie in einer verlassenen Silbermine. Seine Gedanken wanderten ständig zu diesem Film. Er war so froh, wenn sie wieder draußen wären.

Immer tiefer drangen sie in die Mine vor. Alte Loren und Schienen, Schaufeln und viel mehr Werkzeuge fanden sie in den Gängen verstreut.

„Wie das wohl war, hier unten zu arbeiten?", überlegte Jannik laut.

„Wahrscheinlich nicht so toll", bemerkte Bene und achtete sehr genau darauf, wo er hintrat.

„Denke ich auch."

Wieder schwiegen sie und gingen weiter in den Stollen. Plötzlich schrie Jannik auf.

„Was hast du?", fragte Bene panisch und sah sich hektisch um. Irgendwas stimmte nicht. Sein älterer Freund war kein Angsthase. Er hatte ihn noch nie schreien hören.

„Ich weiß nicht. Es wurde so kalt. So unendlich kalt!", erklärte er mit hoher Stimme.

„Wie kalt?", fragte Bene, da er nur Bahnhof verstand.

„Geh mal dahin. Dann merkst du es."

Vorsichtig trat Bene zu seinem Freund, der zwei, vielleicht drei Meter von ihm entfernt stand. Er tat einen Schritt nach dem anderen und plötzlich konnte er es auch spüren. Wie eine eisige Wand umfing ihn die Luft, legte sich um seine Haut. Ihn überkam ein

Schauer. „Ihh!“, schrie er und sprang schnell vor. Direkt wurde es wieder wärmer.

„Echt gruselig!“, keuchte Jannik. „So was habe ich noch nie erlebt.“

„Lass uns zurückgehen. Wir haben genug gesehen.“

„Ach was!“, wandte der Ältere wieder ein. „Es war eine Stelle. Von so was lasse ich mich nicht abhalten. Komm weiter. Da ist noch so viel mehr zu entdecken.“

Unsicher trat Bene auf ihn zu. Er wollte nach Hause, raus aus dieser Mine. Doch er wollte nicht schon wieder so ängstlich wirken. Jannik zog ihn eh ständig damit auf.

„Du solltest auf deinen Freund hören, junger Mann!“, ertönte plötzlich eine scharfe Stimme vor ihnen.

Beide Jungen zuckten zusammen und sahen sich panisch an. Sie dachten, sie waren allein!

„Wer ist da?“, fragte Jannik ängstlich. Bene zitterten die Knie.

Die Stimme hörte sich nicht nett an. Zudem klang sie wie von einem Erwachsenen. Das würde Ärger geben.

Der Schein der Taschenlampe fiel auf einen älteren Mann, der aus einem der Stollen heraustrat. Er hatte einen Cowboy-Hut auf dem Kopf, den er tief ins Gesicht gezogen hatte. Seine Kleidung bestand aus abgewetzten Jeans und einem Holzfällerhemd. An seinen Füßen trug er Stiefel, an deren Fersen Sporen angebracht waren. Er sah aus wie aus einer anderen Zeit entsprungen.

„Shane Trooper“, stellte er sich vor. „Ich bin der Besitzer dieser Mine. Was haben zwei kleine Jungen hier unten zu suchen?“

„Wir ... wir waren neugierig“, sagte Jannik kleinlaut. „Die Mine ist schon ewig verlassen und wir dachten ...“

„Nur weil die Mine verlassen ist, habt ihr nicht einfach hier einzudringen, junger Mann!“, fuhr ihm Trooper über den Mund. „Hier unten ist es gefährlich. Ihr werdet euch jetzt sofort auf den Rückweg machen. Ohne Umwege. Haben wir uns verstanden?“

Einen Moment druckste Jannik herum. Doch dann ergriff Bene das Wort. „Ja, Herr Trooper. Wir gehen.“

„Gut. Dann ab mit euch und lasst euch nie wieder hier blicken! Das ist kein Spielplatz für kleine Kinder“, knurrte der Alte und trat einen Schritt auf die beiden Jungen zu, als sie noch immer erstarrt an Ort und Stelle standen. Voller Panik drehten sich die Kinder um und rannten den Weg, den sie gekommen waren, wieder zurück.

Völlig außer Atem quetschten sie sich durch das verrostete Tor und blieben einen Meter dahinter schwer atmend stehen.

Der Morgen war angebrochen. Die Sonne erklomm langsam den Horizont. Noch einmal drehte Jannik sich zur Mine und auf seinem Gesicht zeichnete sich ein verdatterter Ausdruck.

„Was hast du?“, fragte Bene atemlos.

„Schau mal auf das Tor.“

Vorsichtig trat der Jüngere näher. „Jannik. Das Tor ist zu. Es ist geschlossen. Keine Lücke mehr und das Schloss ist nicht aufgebrochen wie zuvor. Es ist fest verschlossen.“

„Eben. Irgendwas geht hier nicht mit rechten Dingen zu.“

Die beiden eilten nach Hause. Zum Glück schliefen Benes Eltern noch, sodass er unbemerkt ins Haus zurückkonnte. Leise schlich er in sein Zimmer und fuhr seinen PC hoch.

Seine Neugier war geweckt. Er wollte unbedingt alles zu der Mine wissen, dass er finden konnte. Irgendwas war komisch dort.

Schnell wurde er fündig. Er las die ersten Zeilen auf dem Bildschirm und sein Mund öffnete sich immer weiter.

Shane Trooper, der erste Besitzer der Silbermine, kam 1789 unter mysteriösen Umständen ums Leben. Seine Leiche wurde nie gefunden. Jahre später versuchte sein Sohn, die Mine noch einmal in Betrieb zu nehmen, doch es gelang ihm nicht. In der Mine sollen schon zu Zeiten von Shane Trooper ungewöhnliche und nicht erklärbare Ereignisse vor sich gegangen sein. Seit 1834 ist die Mine verschlossen und man hat das Vorhaben aufgegeben, das dort vorhandene Silber abzubauen. Seitdem wird der Mantel des Schweigens über dieses Kapitel Geschichte gelegt ...

Beccy Charlatan *wurde 1982 in Wuppertal geboren und wuchs dort auf. Mittlerweile hat es sie mit ihrem Lebensgefährten etwas weiter an den Rhein verschlagen, ins schöne Düsseldorf. Schon von Kindesbeinen an schrieb sie gern, geht der Liebe zu den Buchstaben jedoch erst seit circa vier Jahren nach. Sie schreibt unter anderem im Bereich Fantasy und Kindergeschichten. Im Jahr 2021 sind die ersten drei Kurzgeschichten in einer Anthologie erschienen.*

Rache

„Wir sind jetzt weg!", rief Mrs Parker.

Ein paar Sekunden später liefen vier Kinder die Treppe herunter. Sie waren Geschwister und wohnten mit ihren Eltern in einer riesigen Villa.

„Viel Spaß, Mum!", verabschiedete sich Mattheo, der Älteste der Geschwister. „

Dir natürlich auch, Dad!", fügte Jana hinzu. Sie war 13 und kam nach Mattheo.

Die Eltern von Mattheo, Jana, Luis und Mia wollten für dieses Wochenende nach Paris fahren, um ihren Hochzeitstag zu feiern. Als sie die Koffer im Auto verstaut hatten, umarmten sie noch mal ihre Kinder und fuhren los. Als Luis sicher sein konnte, dass seine Eltern weg waren, sprang er auf das große Sofa und triumphierte.

„Nur weil Mum und Dad weg sind, heißt das nicht, dass du machen kannst, was du willst. Ich bin jetzt für euch verantwortlich!", sagte Mattheo.

„Das ist unfair! Mum und Dad sind so oft weg und immer hast du das Sagen!", beschwerte sich Luis.

„Ich bin halt der Ältere", rief Mattheo und grinste.

Am Abend ging Mattheo mit seinem Laptop zu Jana. „Wusstest du, dass Herr Flinke, der Mann, dem die Villa vor uns gehört hat, genau heute am 20. November 20 vor 100 Jahren verstorben ist?", fragte Mattheo gespannt.

„Nein, das wusste ich nicht. Wen interessiert das?", sagte sie genervt.

„Nach seinem Tod stand die Villa leer. Niemand wollte hier einziehen. Es gab ein Gerücht, das besagte, dass diese Villa verflucht ist", erzählte Mattheo aufgeregt.

„Das klingt sehr spannend, aber ..."

„Dann renovierten wir die Villa", unterbrach Mattheo sie, „und zogen schließlich hier ein."

„Das ist doch bloß ein Gerücht!", erwiderte Jana. „Erzähl mir so etwas nicht! Das ist völliger Unsinn!", beschwerte sie sich.

„Wie du meinst“, entgegnete Mattheo mit einer mysteriösen Stimme.

Wenig später saßen alle vier auf der großen Couch im Wohnzimmer und aßen zusammen Pizza. Dabei schauten sie ihren Lieblingsfilm. Luis stellte sein Glas, dass randvoll mit Apfelschorle gefüllt war, auf dem Schrank hinter sich ab. Als er nach ein paar Bissen Pizza von der Apfelschorle trinken wollte, guckte er entsetzt hinter sich. „Hey, wisst ihr, wo meine Apfelschorle ist?“, erkundigte er sich.

„Nee, tut mir leid“, antwortete Mia.

„Aber wo ist denn mein Glas?“, hakte Luis nach. „Es stand hier auf dem Schrank“, fügte er hinzu.

„Keine Ahnung, hier drüben steht es nicht“, stellte Mattheo fest.

„Das kann doch nicht einfach verschwinden!“, meckerte Luis. „Hol dir doch einfach ein neues Glas, wir werden es schon finden“, schlug Mattheo vor.

Dann schauten sie den Film weiter und aßen ihre Pizza.

Nach einer ganzen Weile musste Jana laut gähnen. „Bist du etwa schon müde?“, fragte Luis verblüfft.

„Du etwa nicht? Wir haben immerhin gleich Viertel nach zehn.“

„Nee, ich bin gar nicht müde“, versicherte er.

„Ich gehe mal in mein Zimmer“, verabschiedete sich Jana und ging die Treppe hoch.

„Und, was gucken wir jetzt?“, erkundigte sich Mia.

„Gar nichts mehr. Wir müssen ins Bett!“, sagte Mattheo bestimmt.

„Komm schon, Mattheo! Wir haben doch Wochenende!“, bettelte Mia.

„Na gut. Aber unter einer Bedingung!“, forderte Mattheo.

„Und die wäre?“, drängelte Luis.

„Kein Wort zu Mum und Dad!“, befahl Mattheo.

„Geht klar!“, willigten Mia und Luis ein.

„Gib mir mal die Fernbedienung für den Fernseher“, befahl Mia.

„Ich wäre ja für ...“ fing Luis an.

Doch da unterbrach ihn ein schriller Schrei. Die Geschwister wussten sofort, dass es ihre Schwester Jana war, denn kein anderes der Geschwisterkinder konnte so laut kreischen. Also sprinteten die drei die Treppe hinauf und sausten auf die Zimmertür ihrer Schwester zu, die bereits offenstand.

„Was ist passiert?“, rief Mia entsetzt.

„Schaut in mein Kleiderzimmer, dann wisst ihr, wieso ich mich so erschrocken habe“, sagte Jana und deutete auf die offene Tür hinter sich. „Meine Jeans und Pullover liegen kreuz und quer verstreut auf dem Fußboden. Alles ist verknickt. Aber das schlimmste kommt noch!“, schluckte sie. „Mein Regal mit allen Schuhen ist einfach umgekippt. Ich bin froh, dass meine neuen Sneaker nicht im Regal standen!“

„Ist dein Schrank umgestürzt, als du in deinem Zimmer warst oder lag alles vorher schon hier?“, hinterfragte Mattheo.

„Er ist genau in dem Moment umgekippt, als ich mir gerade die Haare mit einem Scrunchie zubinden wollte“, antwortete Jana.

„Aber dieses Regal kann doch nicht einfach so umkippen, es ist schließlich sehr gut befestigt. Ich habe Dad dabei geholfen, als wir hier eingezogen sind“, versicherte Luis.

„Ja, da kann ich mich dran erinnern“, stellte Mia fest.

„Und was willst du mir jetzt damit sagen?“, fragte Jana.

„Dass da schon jemand ordentlich dran war, damit das umkippt“, erklärte Luis.

„Du meinst also, dass jemand in meinem Zimmer war?“, rief Jana aufgeregt.

„Aber hier ist ja niemand außer uns. Dafür gibt es bestimmt eine logische Erklärung!“, beruhigte Mia sie.

„Stimmt!“, sagten Luis und Mattheo wie aus einem Mund. Die Jungs liefen die Treppe hinunter und machten es sich wieder auf der Couch vor dem Fernseher gemütlich.

„Ich werde das Chaos morgen aufräumen, jetzt mache ich lieber etwas Ruhiges“, entschied sich Jana.

„Gute Idee!“, sagte Mia.

„Danke! Sollen wir vielleicht etwas zusammen machen?“, bot Jana an.

„Ja, wir könnten Freundschaftsbänder flechten“, schlug Mia vor. Jana nickte zustimmend und die Mädchen gingen in Mias Zimmer. Mias Zimmer war mit Fußballpostern und Urkunden ihres Fußballvereins dekoriert, die ihrer Mannschaft verliehen worden waren. Mia bot Jana den Schreibtischstuhl an, diese flitzte aber noch einmal in ihr Zimmer zurück, um die Kiste mit Wolle und Garn zu holen. Als sie wiederkehrte, traf sie eine weinende Mia an. „Was ist passiert?“, fragte Jana bestürzt.

„Ich kann den Pokal meiner Mannschaft nicht finden. Ich wollte ihn dir eben zeigen. Aber jetzt …“, schluchzte Mia.

„Ist er verschwunden?“, flüsterte Jana und sah sich ängstlich um.

„Ja, und jeder von uns darf ihn nur eine Woche lang ausleihen. Das ist eine Katastrophe“, jammerte Mia.

„Schnell, lass uns zu den Jungs gehen!“, sagte Jana.

Kurze Zeit später saßen die Parker-Geschwister auf der Couch im Wohnzimmer und beratschlagten, wie sie nun weiter vorgehen sollten. „Das ist doch komisch. Als Erstes verschwindet Luis' Glas, dann kippt der Schuhschrank um und alles ist durcheinander. Und jetzt verschwindet auch noch der Pokal!“, fasste Mia zusammen.

„Weißt du noch, Jana? Ich habe dir doch von Herrn Flinke erzählt“, erwähnte Mattheo. „Vielleicht ist es sein Geist, der 100 Jahre später Rache nimmt, weil wir hier eingezogen sind.“

Plötzlich ertönte ein lauter Knall und die Geschwister zuckten zusammen. „Was war das denn?“, rief Luis entsetzt. Erschrocken schlichen die vier in die Küche, um zu sehen, was passiert war. Die Besteckschublade war aus dem Schrank herausgerissen und das Besteck auf dem Boden der Küche verteilt.

Mia begann zu weinen. „Ich habe Angst! Was passiert hier? Wir haben doch nichts Schlimmes getan“, jammerte sie.

„Doch, das habt ihr!“, sagte eine bekannte Stimme. Die Kinder fuhren herum. Hinter ihnen standen ihre Eltern.

„Mum! Dad!“, rief Luis.

„Was macht ihr hier?“, fragte Mattheo verdutzt.

„Wir wollten uns dafür revanchieren, dass ihr uns letztes Halloween so erschreckt habt!“

„Das ist euch gelungen!“, seufzte Mia erleichtert.

Die Eltern erklärten den Kindern, dass sie die Reise nur vorgetäuscht hatten, um ihnen einen Streich zu spielen.

„Und ich hatte wirklich angefangen, an einen Rachegeist zu glauben!“, kicherte Jana.

„Das war ein Riesenschreck!“, meinte Mattheo erleichtert. Weit weg hörte man ihr Gelächter in der dunklen Nacht.

***Pia Marschallik,** 6. Jahrgang der Alexander-Coppel-Gesamtschule.*

Je gruseliger der Abend

Der einunddreißigste Oktober:
Herein schon bricht die Dunkelheit.
Was für manch Ält'ren nur Zinnober,
ist für die Jüng'ren hohe Zeit.

Nun zieh'n sie wieder durch die Gassen,
geschminkt, verkleidet und maskiert,
sich erst mal nicht mehr bänd'gen lassen,
zu Schreckgestalten transformiert.

Die Monster, Hexen und Vampire,
die tragen heute ihr Begehr
von Haus zu Haus, an jede Türe,
bekommen viel und wollen mehr.

Und seh'n's gelassen auch und nüchtern
die Leute in den Häusern meist,
so lässt doch gern man ein sich schüchtern,
wenn's *Süßes oder Saures!* heißt.

Wer möcht' verärgern schon die Horden,
beherzt durch jungen Übermut.
's sind Opfer viele schon geworden,
denn's Spielverderben tut nicht gut.

's blüht eine ihrer besten Zeiten
den heut' mal bösen Kindern d'rum.
Und Säcke voller Süßigkeiten
sie schleppen bald mit sich herum.

Es hat gelohnt sich, ohne Zweifel,
für Monster, Hexe und Vampir
samt ihrem Anführer, dem Teufel,
die höllisch gruseligen vier.

Doch einer ihnen nichts will geben.
Es ist der Mann im letzten Haus.
Für diesen gibt's dann Saures eben.
Weh dem, der das gesucht sich aus!

Die vier sind darauf vorbereitet
und freu'n sich auf den üblen Streich,
zu welchem doch noch sie verleitet,
und schreiten woll'n zur Tat sogleich,

die rohen Eier schon in Händen,
zu schmeißen sie mit voller Wucht.
Doch eh's begonnen, hat's zu enden.
Was ist da plötzlich los? Verflucht!

Ein schriller Schrei durchfährt das Dunkel.
Es trifft sie eisig kalter Stoß.
Und unheildrohendes Gemunkel
erwächst zu schaurigem Getos'.

In zittrig hingeworf'nem Scheine
steht vor den vier'n ein Knochenmann,
der klapprig schüttelt die Gebeine,
wie's Lebender gewiss nicht kann.

In leere Augenhöhl'n sie starren.
Sein Totenschädel höhnisch grinst,
aus dem, als wollte man sie narren,
heraus ein zweites Wesen linst.

Und währ'nd sie grad' noch reglos harrten,
gebannt, erschrocken, konsterniert,
so jagt sie nun aus fremdem Garten
der Geist, der jäh sie attackiert.

Was da auf sie nun losgelassen
mit kreischender und heul'nder Wut,
ist ein Gespenst, ist nicht zu fassen
und sicher nichts aus Fleisch und Blut.

Entsetzt sie durch die Gassen hetzen.
Gar Todesangst wird schon verspürt.
Sie straucheln, stürzen, sich verletzen.
Zur Rettung, scheint's, kein Weg mehr führt.

Mit einem Mal steht über ihnen
auch wieder jener Knochenmann.
Und's starrt aus schrecklich finst'ren Mienen
sie grausigste Bedrohung an.

Und währ'nd vor Furcht und Schmerzen winden
sich Teufel, Monster, Hex', Vampir,
die zwei verblassen, lautlos schwinden,
am Leben lassend alle vier.

Erleichterung darf Einzug halten.
Gespenst und Knochenmann sind fort.
'S wär'n wieder sie nun die Gestalten,
die Schrecken zu verbreiten dort.

Doch in die Schmach sie still sich fügen,
gezeichnet schwer von Pein und Graus.
Um sich in Sicherheit zu wiegen,
woll'n nur noch sie ganz schnell nach Haus.

Verloren geben sie die Beute,
die süßer Lohn sollt' ihnen sein.
Das in der höchsten Not Verstreute,
das sammeln andre arglos ein.

Wie soll's heut' Abend weitergehen?
Erspürt denn niemand die Gefahr,
durchdringend dieser Nacht Geschehen?
Wer wird sich trau'n im nächsten Jahr?

__Wolfgang Rödig__ lebt in Mitterfels. Er hat seit 2003 mehr als 500 belletristische Kurztexte in Anthologien, Literaturzeitschriften und Tageszeitungen veröffentlicht.

Der Geist von Schloss Burg

Es war einmal ein Junge. Er hieß Luis. Luis' Familie zog um, weil der Vater eine Stelle als Hausmeister auf Schloss Burg in Solingen bekommen hatte. Er war nicht so begeistert, da er seine Freunde zurücklassen musste. Ihr Haus lag direkt neben der mysteriösen Burg. Luis interessierte sich sehr für diese, denn es sollte in der Burg spuken.

Sie kamen in der Burg an. Als er aus dem Auto stieg, betrachtete er das Haus. Es war ein altes Fachwerkhaus und fast 500 Jahre alt. Früher war es ein Wachturm und gehörte zum Schloss. Jetzt war es ihr neues Zuhause. Er sah den neuen Garten, der recht groß war. Eigentlich fand er alles ganz toll, doch er war sehr aufgeregt, wie es wohl im Haus aussah. Sein Vater öffnete die Tür und sie gingen hinein. Alle schauten sich um.

Traurig ging er die Treppe zu seinem Zimmer hoch. Er öffnete die Tür, die knarrte, und ging in sein Zimmer, von dem er nicht ganz so begeistert war. Sein Zimmer war so altmodisch und kühl, das alte Zimmer war viel cooler und gemütlicher gewesen. Er rief sofort seinen Freund Finn an.

„Hallo, Luis", sagte Finn, „wie geht es dir? Seid ihr schon auf dem Schloss angekommen?"

„Hallo, Finn. Es geht so. Ich sag's dir, am liebsten möchte ich wieder zurück."

„Warum möchtest du wieder zurück?", fragte Finn.

„Das Zimmer ist einfach nur schlecht", sagte Luis.

Seine Mutter rief: „Luis, komm runter, es gibt Abendessen."

„Sorry, lass uns morgen weiterreden, meine Mutter ruft mich", meinte Luis.

„Okay, bis morgen. Tschau", antwortete Finn.

Luis ging die Treppe zum Esszimmer hinunter und setzte sich an den Tisch. Es gab sein Lieblingsessen, Pfannkuchen, darüber freute er sich. Nach dem Abendessen war er sehr müde und ging auf sein Zimmer. Müde schlief er ein.

Mitten in der Nacht wachte er auf, weil er ein Heulen aus der

Burg hörte. Er bekam Angst, war aber zu neugierig und zog sich seine Sachen an, da er dem Heulen nachgehen wollte. Heimlich klaute er den Schlüssel der Burg von seinem Vater und verschwand leise durch sein Zimmerfenster.

Der Weg war sehr angsteinflößend. Ein Käuzchen kreischte und der Wind pfiff durch die Gassen der Burg. Langsam schlich er zum Tor der Burg. Er nahm den Schlüssel und öffnete das Tor, das sehr doll knarrte. Sein Herz schlug schnell und er hatte Gänsehaut. Das Heulen wurde lauter. Luis nahm seinen ganzen Mut zusammen und betrat das Schloss.

Als er weiterging, sagte plötzlich eine dunkle Stimme: „LUUUU-UIIIIIISSS, verschwinde aus meinem Schloss!!!"

Luis schrie und rannte, so schnell er konnte, weg.

Erschrocken wachte er in seinem Bett auf. Alles war nur ein blöder Albtraum.

Max Pfau, *5. Jahrgang der Alexander-Coppel-Gesamtschule.*

Ein neues Zuhause

Möbius langweilte sich zu Tode. Es gab keine Möglichkeit, ein Kind zu ärgern, denn in dem alten Schulgebäude, in dem er mit seiner Familie seit einigen Monaten wohnte, war kein Schulbetrieb.

„Das nennt man Ferien!", erklärte Großvater Ahnengeist. „Die Kinder kommen erst im Herbst wieder!"

Möbius riss seine Augen weit auf. „Das kann doch nicht wahr sein, so lange soll ich warten, bis ich wieder einem Kind einen Streich spielen darf?"

Großvater Ahnengeist lächelte milde.

„Mama, können wir nicht umziehen? Hier ist es fad und heiß ist es auch!", bestürmte Möbius seine Mutter Geistess, als diese auf dem modrigen Dachboden landete.

„Tja, jetzt ist Sommer, wenn wir tatsächlich unsere Zelte woanders aufschlagen wollen, dann sollten wir zuerst einen Familienrat einberufen. Schließlich trifft Großvater Ahnengeist die Entscheidung, wenn wir uns verändern wollen. Aber zu dem Zweck müssen auch handfeste Vorschläge eingebracht werden. Ich werde deinen Vater holen, der schläft im Chemiesaal!" Die Mutter flog davon.

Möbius überlegte, welchen Vorschlag er bringen konnte, leider erfolglos.

Nach Ende der Geisterstunde versammelte sich die Familie, die um ein Mitglied größer geworden war, im Zimmer des Schuldirektors. Möbius hatte eine kleine Schwester bekommen. Weil sie ständig herumflog und nicht still sitzen konnte, tauften die Eltern sie auf Flattaria. Und tatsächlich kreiste sie um die Köpfe der Eltern und pfiff aus vollen Backen Luft auf Mutter Geistess.

„Also!", begann Großvater Ahnengeist. „Ihr wollt ein neues Zuhause! Gibt es Vorschläge oder Anregungen?"

Der Vater meldete sich zu Wort. „Ich habe gesehen, dass unzählige Touristen hier im Ort sind. Sie wandern alle durch die Weinberge und besuchen verschiedene alte Weinkeller. Dort kann man sich eine Jause kaufen und die verschiedenen Weine kosten!"

Großvater Ahnengeist überlegte angestrengt.

„Das ist eine glänzende Idee!", rief Geistess aus und klatschte erfreut in die Hände. Flattaria sauste um ihren Bruder herum und versuchte ihn immer zu kitzeln.

„Hör auf, du Nervensäge!", schimpfte Möbius. „Hör lieber zu, was Vater gerade berichtet!"

Ahnengeist mahnte die Geschwister zur Ruhe. „Meinst du, wir sollten uns einen alten Weinkeller suchen?", fragte er seinen Schwiegersohn.

„Ja, dort unten ist es feucht, modrig und es gibt jede Menge Spinnennetze. Zwischen den Weinfässern kann man es sich gemütlich machen!"

Ahnengeist nickte zustimmend.

„Und die Temperatur ist immer gleich, es wird nicht zu warm und auch nicht zu kalt!", pflichtete Geistess dem Vorschlag ihres Mannes bei.

„Öd! Total öd! Was oder wen sollen wir in einem alten Weinkeller erschrecken?", maulte Möbius grantig.

„Na ja, die Touristen können wir doch erschrecken!", widersprach der Vater.

„Gut, ich werde morgen einen Erkundungsflug tun und einen hübschen Weinkeller für uns aussuchen!", beendete Ahnengeist die Diskussion.

„Ich muss euch sagen, ich bin begeistert!", begann Ahnengeist und wollte gerade weiter von seinem Erkundungsflug berichten, als Möbius und Flattaria in lautes Gelächter ausbrachen. „Was soll das?", fragte der Großvater mit strenger Miene.

„Du hast gesagt, dass du begeistert bist. Was sonst sollte ein Geist sein?", erklärte Möbius noch immer lachend.

„Ach, diese Jugend. Sie legt doch tatsächlich jedes Wort auf die Waagschale!", grummelte der Großvater vor sich hin. Seine Enkel schienen ihm langsam über den Kopf zu wachsen.

„Jetzt erzähl bitte, was dir in dem Weinkeller, den du besucht hast, so besonders gut gefallen hat?", lenkte Geistess das Gespräch wieder auf den bevorstehenden Wohnungswechsel.

„Also! Der Weinkeller, den ich für uns ausgesucht habe, ist sehr geräumig und hat mehrere kleine Nischen am Ende der Kellerröhre. Es befinden sich unzählige Fässer darin, aber auch einige Tische und Bänke und ein kleiner Tresen. Ich habe die Frau des Hauses beobachtet, wie sie gerade belegte Brote gerichtet hat, wenig später sind bereits hungrige Touristen gekommen, haben Platz genommen, gegessen und getrunken. Stellt euch vor, wir schweben ganz zufällig zwischen den Touristen hin und her. Wie gefällt euch das?", beendete Ahnengeist den Bericht mit einer Frage.

„Ich könnte mir vorstellen, dass der Wein den Menschen in den Kopf steigen wird und sie dann glauben, sie würden Geister sehen!", erklärte Geistess.

„Oh, das gefällt mir! Das bedeutet, dass wir nicht unbedingt unsichtbar bleiben müssen!", jubelte Möbius. „Wir müssen uns nicht verstecken, sondern können frei durch die Kellerröhre schweben und die Menschen zur Verzweiflung bringen!"

Ahnengeist nickte und Flattaria schlug einen Purzelbaum.

„Sind wir uns also einig, dass wir das alte Schulgebäude verlassen und in den Weinkeller des Moser-Bauern übersiedeln?", erkundigte sich Ahnengeist am Ende des Gespräches.

Am nächsten Morgen zog die Familie mit Sack und Pack um und richtete sich wohnlich ein.

Der Weinbauer war gerade dabei, die Tischplatten zu säubern und den Keller zu lüften. Verwundert fuhr er sich durch das graue Haar, weil er plötzlich das Gefühl hatte, eine Windhose hätte ihn gestreift, obwohl es sonst windstill war. Als er sich wieder der Reinigung der Tische widmen wollte, stellte er fest, dass sein grüner Putzschwamm verschwunden war. Er war aber ganz sicher, dass er ihn auf einem der Tische liegen ließ, während er die breite Kellertüre geöffnet hatte. Der grasgrüne Schwamm konnte doch nicht plötzlich verschwunden sein?

Als er ein Stück weiter in das Innere des Kellers schlurfte, hätte ihn beinahe der Schlag getroffen. Am Ende der Kellerröhre tanzte der Schwamm plötzlich durch die Luft. Wie konnte denn das passieren? Der Moser-Bauer ribbelte mit dem linken Zeigefinger seine Augen in der Hoffnung, falsch gesehen zu haben. Aber nein, da führte das Schwammtuch einen wilden Tanz auf und hüpfte vom Boden zur Decke und umgekehrt. Fluchtartig verließ der Mann den Keller, bestieg hastig seinen vor der Tür stehenden Traktor und wollte die Zündung einschalten. Wo hatte er nur den Schlüssel hingelegt? Er begann in den Hosentaschen zu kramen, als sich plötzlich die Scheibenwischer am Traktorfenster einschalteten und über das trockene Glas ratterten. „Verdammt", schrie der Weinbauer. Angstschweiß rann ihm über Stirn und Wangen.

Flattaria hatte es sich mittlerweile auf dem Lenkrad bequem gemacht und beobachte Mosers entsetztes Gesicht.

Jetzt erschienen auch noch die ersten Gäste, sodass der Moser-Bauer seiner Tätigkeit als Gastgeber nachkommen musste. Rasch stieg er wieder vom Traktor und nahm die Bestellungen der Touristen entgegen. Vergessen waren Schwammtuch und Scheibenwischer.

Bald war der erste Weinkrug leer, die Gäste bestellten erneut und es blieb auch nicht bei diesem. Möbius rastete beinahe aus vor Freude, als er zu seiner ersten Attacke aufbrach. Der tanzende Schwamm diente ihm nur zur Eingewöhnung. Ohne Zutun eines Gastes fiel ein Glas um und die rote Flüssigkeit ergoss sich über die Jeans des verblüfften Mannes. Nun wirbelte Möbius um eine junge Frau, die ihr blondes Haar zu einem Knoten am Hinterkopf zusammengedreht hatte. Möbius fand sofort die Haarnadeln, die den Knoten zusammenhielten, und zog sie heraus.

„Aua!", rief die Frau und griff auf den Kopf und nach ihrer Haarpracht. Ihr gegenüber saß ein Mann, der urplötzlich und ohne ersichtlichen Grund zu lachen begann. „Was?", fragte die Blondine gereizt. „Mich hat gerade etwas im Ohr gekitzelt. Und wenn ich es nicht besser wüsste, würde ich sagen, dass hier wilde Geister wohnen!"

Hannelore Futschek: *Jahrgang 1951. Matura, Studium, Bankangestellte, Bestatterin, Gleichbehandlungsbeauftragte im Arbeitsmarktservice. Seit der Pensionierung schreibt sie ständig. Vier Bücher (Romane, Krimi,) sind bei im Selfpublishing veröffentlicht worden. Bei vielen Anthologien erfolgreich mitgewirkt. Bei Pauli Esposito Wettbewerb den 1. Platz erreicht. Auch die Acrylmalerei zählt zu ihren Hobbys.*

Schmökertipp aus dem Jenseits

Ich wusste nicht, wonach ich genau suchte. Ich schlenderte zwischen den Regalen, die fast schon labyrinthartig angeordnet waren, und ließ mich von den unzähligen Buchtiteln inspirieren.

Hier gab es alles, was das Leserherz begehrte: kämpferische Abenteuerromane, dahinschmelzende Liebesromane und weltenentführende Fantasy und Science-Fiction. Aber auch gänsehauterregende Horrorromane. Ich hatte den Überblick verloren und die stickige Luft, die vom Geruch Tausender Geschichten geschwängert war, war nicht gerade hilfreich, die Orientierung zu behalten.

Ich drehte mich um, da ich dachte, einen Schatten gesehen zu haben. Hin und wieder habe ich diese seltsamen Momente, in denen ich glaube, aus dem Augenwinkel einen Schatten zu sehen, der dann verschwindet. Auch dieses Mal war nichts gewesen. Ich drehte mich wieder in die Richtung, in die ich gehen wollte, und mein Bein stieß gegen etwas Hartes. Ich verlor mein Gleichgewicht und fiel der Länge nach hin.

Eine Kiste voller Bücher.

Etwas anderes hatte ich auch nicht erwartet. Die Kiste war schwer beladen und stand immer noch dort, wo ich über sie gestolpert war. Ich rückte näher heran und besah mir den Inhalt. Vielleicht war es auch ein Zeichen der Büchergötter, dass hier mein nächster Lieblingsschmöker versteckt war.

Es dauerte eine Weile, bis ich auf den Grund der Kiste gelangte. Bisher waren alle Bücher nicht nach meinem Geschmack (Liebesromane), doch etwas zwischen all den Schnulzen erregte meine Aufmerksamkeit.

Es war ein altes, mit der Schreibmaschine getipptes Manuskript mit dem Titel *DIE TRÄNEN DES TEUFELS* von Myron Schimmelpfennig. Der Nachname kam mir bekannt vor. Ich hatte in einem Café ein Gemälde von einem Schimmelpfennig gesehen. Darauf war eine Landschaft bei Sonnenuntergang zu sehen und eindeutig war der Maler der romantischen Epoche zuzuordnen. Doch hieß dieser Schimmelpfennig nicht Myron, sondern Augustus.

Ich lehnte mich gegen das Regal hinter mir und fing an, die ersten Seiten zu lesen. Die Seiten waren nicht nummeriert, aber ich schätzte das Manuskript auf circa dreihundert Seiten.

„Endlich!", tönte eine Stimme und erschrocken sah ich auf. Ein Mann stand neben mir, doch irgendetwas stimmte nicht an ihm.

„Um Himmels willen!", entfuhr es mir und vor Schreck ließ ich das Manuskript fallen. Die Seiten verteilten sich auf dem Boden. Schnell schob ich sie wieder zusammen und hoffte, dass nichts durcheinandergeraten war.

„Es tut mir leid, aber ich bin froh, dass Sie das Manuskript gefunden haben", sagte der Mann.

„Das sollte es auch. Wenn Sie das Manuskript haben wollen, dann kommen Sie zu spät. Ich werde es gleich kaufen."

„Kaufen?"

„Ja, kaufen. Ich möchte es in Ruhe zu Hause lesen."

„Das geht nicht. Sie verstehen das nicht."

Anscheinend verstand er nicht, was das Wort *kaufen* bedeutete. Ich stand auf und hielt das Manuskript unter meinen linken Arm geklemmt.

„Sie können das Manuskript nicht kaufen. Er wird es nicht zulassen."

Ich hatte keine Ahnung, was der Typ von mir wollte. Ich schob die Bücherstapel mit den Romanzen beiseite und wollte mich gerade zum Gehen abwenden, als ich aus dem Augenwinkel sah, wie der Mann meinen Arm greifen wollte. Ich sah genau, wie seine Hand meinen Arm berührt hätte, wäre sie nicht durch meinen Arm hindurchgeglitten. Ein kalter Schauder überlief meinen Rücken und ich bekam Gänsehaut. Erst jetzt bemerkte ich, was an diesem Typen nicht stimmte. Er war blass – besser gesagt durchsichtig und seine stechend grünen Augen sahen mich flehend an.

„Er ist nicht der, wofür Sie ihn halten."

„Was?"

„Es ist schwer zu erklären. Dieses Manuskript ist ein beseelter Gegenstand. Mein beseelter Gegenstand. Ich bin Myron Schimmelpfennig. Ich habe das Manuskript geschrieben. Der Mann dort", er wies mit seiner Geisterhand in die Richtung des vorderen Teils der Buchhandlung, „ist ein Seelenhändler. Ich war verzweifelt. Ich wollte unbedingt, dass dieser Text veröffentlicht wird. Er wollte mir dabei helfen."

„Und im Gegenzug haben Sie ihm Ihre Seele verkauft?“

„Richtig. Er hat einen Bann auf dieses Manuskript gelegt, sodass Geister wie ich es nicht berühren können. Der einzige Weg, damit ich meinen Frieden finden kann, ist, das Manuskript zu vernichten. Es muss verbrannt werden.“

„Das ist schlecht. Ich bin Nichtraucher.“

„Der Laden vorne ist altmodisch eingerichtet. Es gibt auf dem Verkaufstresen eine Petroleumlampe.“

„Das ist doch verrückt. Ich muss verrückt sein. Jetzt rede ich schon mit Geistern. Die Luft hier drinnen bekommt mir nicht.“

„Bitte ...“

Doch ich hörte nicht mehr zu. Ich drehte mich um und ging nach vorne. Der Buchhändler stand wie vorhin auch immer noch am Tresen und packte Bücher aus Kartons aus. Ich legte das Manuskript vor ihm ab und lächelte den Verkäufer an.

„Ah, fündig geworden?“, fragte er, und als er auf den Stapel Papier hinuntersah, verschwand sein freudiges Gesicht und verdüsterte sich. „Oh“, entfuhr es ihm. „Es tut mir leid, aber das hier ist unverkäuflich. Ich weiß gar nicht, wie das nach dort drüben gekommen ist. Möchten Sie nicht etwas anderes lesen? Wie wäre es mit ...“, doch er kam nicht dazu, mir Tipps zu geben.

„Nein, danke. Ich möchte das hier lesen. Es trifft genau meinen Geschmack. Allein schon der Titel. Das hat was.“

„Tut mir wirklich leid, aber das geht nicht.“ Der Buchhändler zog das Manuskript zu sich herüber und schob es zur Petroleumlampe. Direkt hinter dem Verkäufer tauchte der durchsichtige Typ auf und sah zu mir herüber.

„Warum ist es unverkäuflich? Wenn es zwischen all den anderen Büchern dort drüben zu finden war?“

„Weil es eben so ist“, sagte der Verkäufer in grummeligem Tonfall und ich hatte das Gefühl, dass sich das Licht verdunkelt hatte. Ich sah zu dem Geist herüber. Mit seinen durchsichtigen Lippen formte er das Wort: „Bitte.“

Ich griff das Manuskript. Der Buchhändler reagierte schnell und griff ebenfalls zu. Die Seiten knitterten und gemeinsam zogen wir daran. Wir rangelten regelrecht. Wir ringen so sehr darüber, dass wir die Kontrolle über unsere Bewegungen verloren. Im nächsten Moment stießen wir die Petroleumlampe um. Sie fiel mit einem Klirren in den Papierkorb und ehe wir uns versahen, züngelten

Flammen aus dem Eimer herauf. Der Buchhändler ließ los, um die Flammen zu löschen. Nun hatte ich das Manuskript für mich. Ich hätte einfach gehen können, zusammen mit dem Manuskript.

„Jetzt!", rief der Geist und ich zögerte noch einen weiteren Moment. „Bitte!", flehte der Geist mich erneut an und sah mich eindringlich mit seinen smaragden Augen an.

Ich warf das Manuskript in den brennenden Papierkorb und ein schriller Schrei entfuhr dem Buchhändler, der versuchte, das Manuskript aus den Flammen zu retten. Doch er musste mit ansehen, wie das Feuer sich an dem Papier labte.

„Was haben Sie getan?!", schrie der Verkäufer. „Sie Närrin. Sie haben ja keine Ahnung!"

Ich sah zu dem Geist herüber. Ein kaltes Schmunzeln umspielte seine Lippen und seine grünen Augen flackerten auf. Seine einst durchsichtige Gestalt verwandelte sich und im nächsten Augenblick stand er in Fleisch und Knochen vor mir. Er packte den Kopf des Verkäufers und drehte ihn mit einem kräftigen Ruck. Es knackte und erneut überlief mich ein kalter Schauder.

„Was hast du nur getan?", ahmte der ehemalige Geist die Stimme des Buchhändlers nach und lachte schrill.

Nico Wallmann, *1994 in Magdeburg geboren, betrieb zwischen 2012 bis 2017 einen Buchblog. Als Buchblogger gab er Interviews für die Volksstimme und dem Radiosender MDR Sachsen-Anhalt zum Thema Buchblogs. In der Zeit von 2014 bis 2016 schrieb er für verschiedene Lokalzeitungen Artikel und Rezensionen. Seit 2017 arbeitet er als Buchhändler. Wenn Nico nicht in anderen Büchern und Geschichten versunken ist, widmet er seine freie Zeit dem Buchbinden oder ist mit der Kamera in der Natur unterwegs. Nico Wallmann lebt und schreibt in Burg (bei Magdeburg).*

Sockenmonster

„Bastian, pssst“, flüsterte Ines in die Dunkelheit ihres Zimmers, welches sie sich mit ihrem ein Jahr älteren Bruder Bastian teilte. „Bastian, pssst.“

„Was ist denn? Du solltest doch schlafen“, antwortete Bastian, dabei hielt er sich seinen rechten Arm vor den Mund und verdrückte sich ein Gähnen. „Mitternacht ist doch schon rum.“

„Hast du denn nichts gehört?“, fragte Ines ängstlich.

„Was sollte ich denn gehört haben?“

„Ich habe Schritte gehört. Draußen im Flur und ganz eindeutig Stimmen“, antwortete Ines.

„Schritte und Stimmen? Im Flur? Bist du dir sicher, dass du das nicht geträumt hast?“ Bastian wollte sich gerade umdrehen, um weiterzuschlafen, als auch er Stimmen vernahm.

„Da, da war es wieder“, flüsterte Ines ängstlich und zog dabei ihre Decke bis unter ihre Nase hoch.

„Jetzt habe ich es auch gehört“, antwortete er. „Mama und Papa schlafen doch bestimmt schon längst.“ Bastian drehte sich vorsichtig um, damit er besser zur Schlafzimmertür spähen konnte. Vor Schreck zuckte er sogleich zusammen. Just in dem Moment, als er seine Augen zum Türspalt am Boden richtete, sah er die Schatten kleiner Wesen vorbeihuschen. „Da war was!“ Vorsichtig schob Bastian seine Decke auf die Seite und stieg langsam aus seinem Bett.

„Wo willst du hin“, fragte ihn Ines, die zwischenzeitlich ihre kleine Taschenlampe angeknipst hatte, die immer in ihrem Nachtisch bereitlag, und leuchtete in seine Richtung.

„Ich will wissen, was da draußen los ist!“ Mutig schlich Bastian sich zur Tür und streckte seine Hand aus, bereit, den Türgriff nach unten zu drücken und die Tür zu öffnen.

„Warte“, zischte Ines, „ich will mitkommen.“ Ihre Taschenlampe knipste sie aus und steckte sie sich zur Sicherheit in die Tasche ihres Schlafanzugs.

Behutsam drückte Bastian den Türgriff nach unten, ein leises Knacken war zu hören. Die Stimmen im Flur verstummten und ein

Durcheinander von Schritten war zu vernehmen. Bastian öffnete nun die Tür ein wenig schneller und steckte seinen Kopf in den Flur hinaus: „Hallo. Ist da jemand?", stammelte er ängstlich.

Nichts geschah, niemand antwortete ihm.

Gerade als er sich zu Ines umdrehen wollte, ertönte ein schepperndes Geräusch von unten. „Lass uns nachsehen", forderte er Ines auf und trat in den dunklen Flur hinaus, der nur durch das Leuchten des Mondes etwas erhellt wurde.

Bastian und Ines schlichen auf ihren Zehenspitzen, vorbei am Zimmer ihrer Eltern, auf die Treppe zu, die ins untere Geschoss führte. Kurz hielten sie vor der Tür ihrer Eltern und lauschten, ob sich im Innern des Zimmers etwas rührte.

„Ich glaube, sie schlafen", flüsterte Bastian zu Ines.

Schritt für Schritt stiegen sie langsam die Treppe hinunter.

„Ich glaube, das Scheppern kam aus der Küche", flüsterte Ines in Bastians Ohr.

„Lass uns nachsehen." Bastian griff nach Ines' Hand.

Die beiden ertasteten sich den Weg durch den dunklen Flur, vorbei am Wohnzimmer, bis sie die Küchentür erreichten. Die Tür stand offen und beide streckten ihren Kopf vorsichtig durch den Türrahmen, doch da war nichts. Enttäuscht sahen sie sich an. Ob es doch nur eine Einbildung gewesen war? Gerade als sie wieder zurück zur Treppe schleichen wollten, bemerkte Bastian erneut seltsame Schatten. Deutlich sah er sie zur Kellertür huschen.

„Da war wieder was. Wirklich, ich habe es genau gesehen." Bastian nahm erneut Ines' Hand und zog sie hinter sich her. „Ich habe sie hier hinlaufen sehen. Sie sind bestimmt in den Keller gegangen."

„Da will ich aber nicht hin. Es ist dunkel und ich habe Angst", sagte Ines bestimmt.

„Hast du deine Taschenlampe dabei?"

Ines griff in die Tasche ihres Schlafanzugs: „Tatsächlich. Da hatte ich gar nicht mehr daran gedacht, die hatte ich mir ja eingesteckt." Ines nahm ihre Lampe hervor, knipse sie an und schob Bastian etwas zur Seite. Mit ihrer Lampe schien sie sich plötzlich mutiger zu fühlen.

Die Hand zum Türgriff, ein beherzter Ruck und schon standen die beiden vor der steil nach unten führenden Kellertreppe.

„Ich leuchte uns den Weg", sagte Ines entschlossen.

Mit ausgestrecktem Arm und eingeschalteter Taschenlampe schritt Ines, gefolgt von Bastian, die Kellertreppe hinunter.

„Kannst du schon etwas erkennen?“, fragte Bastian.

Bevor Ines antworten konnte, schien ein kleiner Lichtkegel aus der Waschküche heraus. Ein Flüstern und Kichern war zu hören.

„Da ist etwas!“ Ines richtete ihre Lampe in Richtung der Waschküche.

„Sie kommen. Hi hi“, drang eine flüsternde Stimme an die Ohren der beiden, „versteckt euch.“

„Lass uns nachsehen.“ Bastian schob sich wieder vor Ines.

Der Lichtkegel und das Kichern, das gerade noch aus der Waschküche zu vernehmen waren, verschwanden, als sich die beiden näherten. Bastian blieb kurz stehen, griff mit einer Hand in den Raum und drückte auf den Lichtschalter. Mit einem rhythmischen Flackern der Neonröhren wurde es hell im Raum. Zögerlich traten die Geschwister ein.

So sehr sie sich auch bemühten und jeden Winkel untersuchten, da war nichts zu finden. Mit langen Gesichtern sahen sich die beiden an.

„Nichts. Wie kann das sein?“, fragte Bastian erstaunt.

„Genau. Wir haben doch gehört und gesehen, dass hier etwas sein muss“, fügte Ines leicht enttäuscht an.

„Seid still, sonst sehen sie uns“, flüsterte es plötzlich wieder so leise, als wäre es ein Piepsen einer Maus.

„Hast du das gerade auch gehört?“

„Ja“, antwortete Bastian, „ich glaube, das kam von da hinten.“

Beide drehten sich um und schlichen auf Zehenspitzen, damit sie niemand hören konnte, in Richtung der Waschmaschine. Bastian deutete mit seinem Finger auf die Stelle, an der er die Stimmen vermutete. Gerade als sie noch zwei Schritte entfernt waren, starrte ihnen ein kleiner, mit zotteligen, grünen Haaren bedeckter Kopf entgegen. In der linken Hand hielt das Wesen einen von Ines' farbig gestreiften Socken. Augenblicklich blieben Bastian und seine Schwester wie erstarrt stehen.

„Hallo“, sprach das kleine Wesen zu den beiden.

„Wer, ehm, was bist du denn?“, stammelte Bastian.

„Ich bin Flitzy“, antwortete ihm das seltsame Wesen. „Wir wohnen hier unten in diesem komischen Kasten.“ Flitzy zeigte dabei auf die Waschmaschine.

„Und warum hast du eine Socke von mir in deiner Hand?", fragte Ines etwas verwirrt.

„Socken? Was ist das denn?" Flitzy streckte ihr die farbig gestreifte Socke hin. „Meinst du etwa das hier? Esst ihr die auch? Uns schmecken die wunderbar. Willst du mal probieren?"

„Würde ich ja gerne", scherzte Ines, „aber ich habe gerade keinen Hunger. Und wo hast du denn nun meine Socke her?"

„Na, aus dem Kasten. Da dreht sich manchmal etwas ganz schnell und dann fällt unser Essen einfach herunter", antwortete ihr Flitzy.

„Aah", sprach Bastian dazwischen, „jetzt weiß ich, wieso Mama nach dem Waschen manchmal Socken fehlen, die nie wieder auftauchen." Bastian musste laut lachen. „Dann seid also ihr also diese Sockenfresser."

„Sockenfresser? Wenn du meinst, dann sind wir wohl Sockenfresser", witzelte nun auch Flitzy. „Jetzt muss ich aber wieder los, meine Freunde warten schon auf mich. Tschüss."

Bastian und Ines verabschiedeten sich von Flitzy und schlichen sich wieder hoch in ihr Zimmer, vorbei am Zimmer ihrer Eltern, die noch immer tief und fest schliefen.

Müde stiegen beide in ihre Betten und zogen die Decke bis zum Kinn hoch. Ines legte ihre Taschenlampe zurück in die Schublade ihres Nachttischs.

„Ines, lass uns Mama und Papa nichts von heute Nacht erzählen. Auch nichts von Flitzy und den anderen Sockenmonstern. Okay?"

„Ja, das ist unser Geheimnis", stimmte Ines ihm zu. „Ob wir Flitzy wieder einmal sehen werden?"

„Bestimmt!", sagte Bastian zu ihr.

Wenig später schliefen beide zufrieden ein.

Daniel Christ: *1976 geboren, gelangte er erst 2017 zum Schreiben. Dies dank seiner drei Kinder und dem Versprechen, ihnen eine Geschichte zu schreiben. Daraus wurden unterdessen mehrere Kurzgeschichten, ein Bilderbuch und eine Novelle.*

Kulturschock mit Love & Peace

Eine rauchige Frauenstimme hallte durch das alte Gemäuer. Sie wurde von Gitarren und einer Gruppe von Trommeln begleitet. Zeitweise schepperte etwas Metallisches rhythmisch. Durch die ungewohnte Musik wurde Heinrich geweckt. Er war der ehemalige Burgherr und gähnte herzhaft.

„Wie lange habe ich geschlafen?“, fragte er sich. „Ein Jahrhundert oder doch zwei?“ Er sah nicht auf sein Skelett und schwebte durch den zugemauerten Eingang seiner Kammer und auf das Fenster zu.

Im Hof stand ein buntes Gefährt. Vorne glänzte ein rundes Emblem mit den Buchstaben *VW*. An den Seiten hatte es Blumen, aber auch Kreise, die in der Mitte einen Strich hatten, an dessen Mitte auf jeder Seite ein kleinerer nach unten abzweigte.

„Wo haben sie die Pferde für diese seltsame Kutsche untergebracht?“, wunderte sich Heinrich. „Der Pferdestall ist ja vor, ehm ... na ja, irgendwann, eingestürzt.“ Er kratzte sich an der Stirn und lachte. „Ich habe vergessen, wann es war. Wie so vieles. Wenn ich doch nur mein hinterlistiges Eheweib vergessen könnte.“ Er blickte auf die zugemauerte Tür. „Schmor in der Hölle für das, was du mir angetan hast“, dachte er. „Ich hätte dich und deinen Romeo umbringen sollen, als ich es noch konnte.“ Er seufzte.

In der Eingangshalle traf er auf einige junge Leute. Langhaarige Männer und Frauen. Er war geschockt, denn sie trugen alle Hosen, deren Beine unten weit auseinandergingen, und Lederwesten mit oder auch ohne Fransen. Auf einem roten, flachen Kasten drehte sich eine schwarze, dünne, runde Scheibe. Eine Frau mit langen, offenen Haaren tanzte langsam zur Musik.

„Sie bewegt sich viel zu ordinär“, dachte Heinrich entsetzt, „und ist unerhört freizügig angezogen. Sie trägt auch keine Schuhe.“ Er wollte wegsehen, aber er konnte seinen Blick nicht von dem Bändchen abwenden, das die vorderen Seiten der Weste zusammenhielt. „Wenn sich dieser Knoten löst, steht sie nackt da“, dachte er und hielt sich die Augen zu.

„Hey, Mann, komm doch her zu mir und setz dich hierhin“, sagte ein Kerl, der auf einem Kissen saß und lachte. „Das Zeug hier ist echt guter Stoff, Mann. Ich kann durch dich hindurchsehen. Echt abgefahren, Mann." Er kicherte und hielt Heinrich ein unförmiges, längliches Ding vor das Gesicht, das in Papier eingewickelt war. Es glimmte an einem Ende. „Willste auch mal ziehen? Die Welt sieht dann viel besser aus, Mann."

„Was ist das für entsetzlicher Krach?", fragte Heinrich und rümpfte die Nase. Er mochte den Geruch nicht.

„He, Mann, sag nichts gegen unsere Janis, klar?", sagte der Kerl und rauchte weiter. „Wenn sie auf der Bühne steht, macht sie Liebe mit allen Zuschauern, verstehste?"

„Bei unseren Herrn Jesus Christus!" Heinrich riss die Augen weit auf und bekreuzigte sich hastig. „Er redet von riesigen Sexorgien. Die Menschheit ist verkommen und gottlos geworden. Wollust ist eine Todsünde."

„Mann, setz dich doch endlich", wiederholte der Hippie und klopfte auf das Kissen neben sich. „Los, los. Mach schon, Mann."

Heinrich nahm Platz. Der Kerl streckte ihm das qualmende Ding entgegen und lachte. „Ich habe ihn dir voll in die Nase geschoben", sagte er amüsiert und kicherte. „Boah, echt gutes Zeug, echt fantastisches Zeug, Mann."

Der Rauch sammelte sich in Heinrichs Astralkörper an.

„Boah, Mann, du wirst ja ganz rot", rief der langhaarige Kerl. „Wie machst du das nur?"

Heinrich wurde schwindelig. Er sprang auf und flüchtete die Treppe nach oben. Aus einer Nische ragte ihm ein nacktes Hinterteil entgegen. Dazu hörte er ein eindeutiges Stöhnen.

„Nein, meine Burg hat sich in ein Tollhaus verwandelt", dachte Heinrich und wich rückwärtsgehend zurück. Er vergaß die Stufen und fiel mit einem lang gezogenen Heulen durch die Treppe in den Vorratskeller.

„Hey, Mann, hast du das Jaulen auch gehört?", wurde der Hippie auf dem Kissen gefragt.

„Ja, Mann, echt gutes Zeug", sagte er. „Als würde es hier spuken. Ist doch irre. Echt abgefahren!" Er kicherte weiter. „Da war so ein Kerl, der hatte ein cooles Hemd mit Rüschen an, aber die knielange Hose und seine weißen Strümpfe gingen ja gar nicht. Voll das Mittelalter, Mann." Er fiel nach hinten und hielt seinen Joint hoch. „Willst du auch einen Zug, Mann."

„Ja, gib mal her, Mann“, sagte sein Kumpel. „Dieser Kerl ist bestimmt der Hausmeister. Vielleicht kriegen wir mit dem noch Ärger.“

„Mann, mach dich mal locker“, sagte der Hippie und lachte. „Nimm noch einen Zug. Ja, ja, mach einen ganz tiefen.“

Heinrich wanderte durch den Keller. Spinnweben, kaputte Fässer standen oder lagen überall herum. Es roch muffig und war deprimierend. Langsam entwich der Rauch aus seinem feinstofflichen Körper.

„Was ist nur aus dieser Welt geworden?“, fragte er sich. „Die Menschheit ist den Bach runtergegangen.“

„Gott, warum hast du uns ..., ich meine die Menschheit, verlassen?“, rief er verzweifelt.

Endlich fand er die Treppe nach oben. Aus der Eingangshalle hörte er: „She loves you, yeah, yeah, yeah.“

Er schlich zwischen den auf dem Boden liegenden Leuten durch. Alle waren weggetreten oder und betrunken. Er schüttelte den Kopf. „Wie können sie bei diesem Krach eigentlich schlafen?“, fragte er. „Manche habe ja die Augen offen.“

Ruhelos lief er weiter und wich einem Arm aus.

„Ich könnte mir diese komische Kutsche im Hof ansehen“, dachte er und verließ die alte Burg. „Wo haben sie nur die Pferde gelassen?“

Der Mond schien bleich vom pechschwarzen Himmel. Heinrich näherte sich dem komischen Gefährt und umrundete es.

„Seltsam, seltsam“, dachte er. „Wie werden die Pferde eingespannt? Warum hat man so viele Blumen darauf gemalt?“ Er steckte seinen Kopf in den Wagen und roch den kalten Rauch der vielen seltsamen qualmenden Dinger, die im Fahrzeug geraucht worden waren.

Als die Sonne aufging, packten die Hippies ihre Sachen zusammen und beluden ihren Bus.

Heinrich beobachtete alles von einem Fenster aus. Er erschrak, als das bunte Gefährt im Hof gestartet wurde.

„Was hat das zu bedeuten?“, fragte er sich und blickte dem Bus verwundert nach. „Wie geht denn das? Ohne Pferde.“

„Sie sind weg, yeah, yeah, yeah“, sang er und schwebte durch die zugemauerte Tür in seine Kammer. „Ich bin der Einzige hier, der Krach machen darf.“

Er starrte auf sein Skelett. Es war sein Anker in dieser Welt. Solange es existierte, konnte er die Zeit überdauern.

„Ob es die Menschheit in einigen Jahren noch gibt?", fragte er sich. „Bei diesen Banausen bestimmt nicht."

Nicole Gabrys: *geboren 1975, aus Duisburg, Mutter von zwei erwachsenen Kindern. Sie nahm an einem Online-Schreibkurs der VHS teil. Von ihr sind schon einige Kurzgeschichten in verschiedenen Anthologien erschienen. Im Herbst 2022 kam ihr erster Roman: „Okpara – Der Traum von einem Leben nach Tod" auf den Markt. Seit Kurzem plante sie, den zweiten Teil auf den Weg zu bringen.*

Seelentransport

Kurz nach Mitternacht hatten ihn die Sirenen von Polizei und Krankenwagen geweckt. Dicke Rauchschwaden zogen über den Himmel und immer wieder erklang eine warnende Stimme, Fenster und Türen geschlossen zu halten.

Martin drehte sich auf die andere Seite, was für ein Lärm und das mitten in der Nacht. Er horchte in die Wohnung, doch es war alles ruhig. Martin hatte nachts immer die Fenster geschlossen, aus Angst vor Einbrechern. Einbrecher. Auch der Rauch war eine Art Einbrecher, er drang in seine Wohnung ein, er verbreitete sich und legte sich wie ein unsichtbarer Schleier über alles.

Doch noch mehr Angst hatte Martin vor dem Rauch selber. Als Kind hatte er in einem Buch gelesen, dass mit dem Rauch die Seelen aus den Häusern transportiert würden. Seitdem musste Martin jedes Mal, wenn ein Haus in Flammen stand, daran denken, dass nun wieder Seelen, gute und böse, befreit wurden.

Doch wo gingen diese Seelen hin? Geisterten sie durch die Straßen auf der Suche nach einem neuen Haus? Nach einem neuen Wirt? Martin schauderte es, wenn er daran dachte. Er zog seine Decke höher und kuschelte sich darin ein. Heute Nacht würden wieder Seelen durch die Straßen ziehen, auf der Suche nach einem neuen Zufluchtsort.

Martins Herz schlug schneller. Welches Haus war abgebrannt? Doch nicht etwa das alte Bauernhaus, das bestimmt schon über hundert Jahre an der Straßenecke gestanden hatte. Martin wusste, dass es dort im Mittelalter, als das Haus noch eher eine Hütte war, Hinrichtungen gegeben hatte. Wurden alle diese Seelen nun freigesetzt? Geisterten sie nun auch durch seine Straße? Vielleicht hatte jemand die Haustür offen gelassen. Würden sie es sich dann auch in seinem Haus gemütlich machen? Oder gar in seine Wohnung eindringen? All diese geschundenen Seelen, die vielleicht zu Unrecht hingerichtet worden waren?

Doch noch mehr fürchtete er sich vor den Menschen, die zu Recht hingerichtet worden waren, Massenmörder, Hexen oder

Satansanbeter! Und was war mit den Seelen der Henker? Waren diese auch in dem Haus beherbergt worden?

Martins Herz schlug schneller, er konnte das Pochen spüren. So würde er nicht wieder einschlafen können. Er musste erst nachsehen, welches Haus brannte. Er stand langsam aus seinem Bett auf und ging zum Fenster. Auf keinen Fall würde er es öffnen. Dann könnten die Seelen eindringen. Das musste er vermeiden. Er drückte sein Gesicht ganz fest ans Fenster, doch von hier aus konnte er nichts sehen.

Martin ging zuerst ins Bad und holt ein großes Handtuch aus dem Schrank. Das schob er unter die Wohnungstür. Dort war immer ein kleiner Schlitz, Martin wusste es, da es im Winter zog. Und wo Wind hindurchkam, konnte auch Rauch durchdringen und die Seelen in seine Wohnung transportieren.

Martin war sicher, dass die Seelen der Verstorbenen im Rauch transportiert wurden. Ob sie ohne einen Hausbrand je freigelassen würden, bezweifelte er. Martin war sich sicher, dass die Seelen der Menschen an einen Ort gebunden waren. Sie waren an das Haus gebunden, wo der Mensch gelebt hatte. Nicht unbedingt das Haus, wo er zuletzt gelebt hatte, denn die Seelen konnten direkt nach dem Tod wandern und sie wanderten an einen Ort, der ihnen bekannt war, wo sie glücklich oder sehr unglücklich gewesen waren.

Oder aber sie wurden an einen Ort gebannt? Wenn jemand ermordet wurde, so glaubte Martin, war seine Seele dazu verflucht, für immer an diesem Ort herumzugeistern. Zumindest so lange, bis das Haus niederbrannte. Nur ein Feuer konnte sie von dem Ort befreien.

Martin ging weiter durch die Wohnung. Aus dem Küchenfenster konnte er sehen, dass es nicht das alte Bauernhaus war, das brannte. Ein kleines, unscheinbares altes Häuschen, das sich zwischen zwei Neubauten schmiegte, stand in Flammen. Die Flammen konnte Martin gut sehen, die Sirenen und das Blaulicht taten ihr Übriges, dass die Szenerie auf Martin schaurig wirkte.

Wer hatte in dem Haus gelebt? Wie viele Seelen waren dort gefangen? Erst jetzt merkte Martin, dass er sich nie mit den anderen Häusern in der Nachbarschaft befasst hatte, er wusste nichts über das kleine Haus. Vielleicht hatte dort ein Mörder gewohnt? Vielleicht war dort heute ein Kind verbrannt? Martin wollte sich gar nicht ausmalen, was für Qualen die Seelen, die dort ein Zuhause hatten, durchlitten hatten. Er zögerte kurz, dann beschloss er, wieder ins Bett zu gehen. Morgen würde er sich krankmelden. Er würde seine Wohnung die nächsten drei Tage nicht verlassen. Erst dann, so war sich Martin sicher, würden die Seelen weitergewandert sein. Erst dann war er sicher, dass keine Seele in seine Wohnung eindringen würde.

Christina Reinemann *wurde 1982 in Kassel geboren. Sie studierte Geschichte, Psychologie und Chemie an der Universität Oldenburg. In den Jahren 2011 bis 2014 veröffentlichte Christina Reinemann im Selbstverlag zwei Oldenburg Krimis sowie einen Leeraner Roman. Ihre Kurzgeschichten „Schokoladenliebe" und „Amt nicht gesagt" wurden 2013 in einer Anthologie veröffentlicht. Zehn Jahre später erschienen ihre Kurzgeschichten „Qualitätsmanagement" und „Lebe, Liebe, Lache" in einer Anthologie.*

Die gruselige Villa

Es war Mitternacht, als ich im Bett lag und auf die Idee kam, mit meinen Freunden zu der gruseligen Villa zu gehen. Also rief ich meine Freunde mit meinem Handy an. Sie waren erschrocken und überrascht, dass ich mitten in der Nacht anrief. Heimlich schlich ich mich aus dem Haus, während meine Eltern schliefen. Wir wollten uns am Dorfbrunnen treffen.

Thea und Tom kamen sofort. Als wir vor der Tür der gruseligen Villa standen, hörten wir ein lautes Klingeln.

„Was ist das?“, fragte ich.

Thea, meine beste Freundin, sagte: „Ich glaube, das ist eine Kirchturmuhr.“

„Aber wir haben hier doch gar keine Kirche in der Nähe!“, stellte ich ängstlich fest.

Tom, der Mutige sagte: „Lasst uns reingehen!“

Thea und ich gehorchten und Tom folgte uns. Wir traten gerade über die Schwelle, da knarzte plötzlich die alte Treppe.

„Was war das?“, fragte Thea zitternd.

„Keine Ahnung, aber egal, was es ist, es bedeutet nichts Gutes!“, murmelte Tom.

Da! Wir hörten jemanden an uns vorbeirennen! Ich hörte eine Stimme, eine sehr laute Stimme. Sie kam mir irgendwie bekannt vor ...

Mittlerweile waren wir schon ein ganzes Stück durch das Haus gegangen und selbst Tom wusste nicht mehr, wo wir waren und wie lange wir schon herumirrten. Wir kamen zu einem großen, alten Tisch mit Verzierungen. Ein goldener modriger Schlüssel lag darauf. Ich nahm ihn vorsichtig in die Hand, aus Angst, ihn zu zerbrechen.

„Für welches Schloss wohl der Schlüssel ist?“, fragte Thea uns.

„Das wüsste ich auch gerne“, sagte Tom ahnungslos. „Lasst uns weitergehen!“

Vorsichtig gingen wir geheimnisvolle Korridore mit gruseligen Spinnweben entlang. Es war echt dunkel und furchterregend.

Schließlich wussten wir nicht mehr weiter und bekamen Panik. „Aber ... aber, wie sollen wir denn jemals wieder zurückfinden?", schlotterte Thea.

„Keine Ahnung, aber wenn wir schon mal hier sind, sollten wir für den Schlüssel auch ein passendes Schloss finden", fand ich.

„Guckt mal da!", sagte Tom ganz aufgeregt.

Wir sahen alle zu einer großen, eisernen Tür und ich versuchte, den Schlüssel hineinzustecken. Er passte tatsächlich!

Knarzend öffnete sich die Tür und ein Portal kam zum Vorschein. Ohne darüber nachzudenken, machten wir einen Schritt nach vorne und bevor wir es rückgängig machen konnten, wurden wir auch schon herumgewirbelt.

Plötzlich standen wir mitten vor einem riesigen alten Schloss! Dort stand an der Tür: *Herzlich willkommen auf Schloss Spukstein.* Mit noch mehr Angst murmelte ich: „Wären wir doch bloß im Bett geblieben!"

Trotzdem nahmen wir allen Mut zusammen und gingen mit klopfendem Herzen in das Schloss hinein.

Bald hörten wir eine alte zittrige Stimme in der Ferne reden. Also folgten wir dem Klang dieser Stimme. Sie kam aus einem Büro mit alten, dunklen Ledermöbeln.

Ein Geist mit langem Bart flog durch den Raum und wisperte: „Ich kann euch zurückbringen, wo ihr hergekommen seid, wenn ihr drei dieses Rätsel löst!"

Ich fragte vorsichtig: „Okay, und was ist das Rätsel?"

Der Geist antworte: „Ich mache einen Klang, den ihr versteht, ihr wart aber noch nicht hier, als dies geschah!"

Plötzlich wurden wir wieder durch die Luft gewirbelt und wir befanden uns nicht mehr in dem Büro, sondern in einem kleinen, grauen Flur.

Wir hörten die Stimme des Geistes sagen: „Löst dieses Rätsel, oder ihr kommt hier nicht mehr heraus!" Er lachte ein böses Lachen, sodass die Wände nur so wackelten.

Wir rätselten und rätselten, aber immer sagte der Geist Nein, bis ich endlich sagte: „Du bist die Stimme, die wir in der Gruselvilla gehört haben!" Das war ein Geistesblitz!

„Wie bist du da nur drauf gekommen? Na gut, ich lasse euch frei. Aber vorher muss ich dir noch was sagen. Du bist meine Enkelin."

Ganz plötzlich lag ich wieder in meinem Bett und dachte kurz, es sei alles nur ein Traum gewesen. Aber als ich meine rechte Hand öffnete, hielt ich den alten, goldenen Schlüssel in der Hand. Sofort erinnerte ich mich an die Stimme des Geistes und da wurde mir klar, dass der Geist mein verstorbener Opa gewesen sein musste. Mein lieber, gruseliger Opa mit dem langen Bart.

Maja Röwekamp *ist neun Jahre alt und geht zur Grundschule. Bald möchte sie auf das Gymnasium wechseln. Ihr macht Lesen und das Schreiben von Geschichten richtig viel Spaß.*

Verfolgungsjagd

Deine Beine, sie zittern,
es wird gleich gewittern!
Du weißt, sie kommen
und bist ganz benommen!

Hörst du das Flüstern,
das leise Knistern?
Dein Herz in der Hand –
du bist schnell gerannt!

Der volle Mond scheint,
ein kleines Kind weint.
Die kalte Hand winkt,
ein Geist tanzt und singt.

Schallendes Lachen!
Tosen und Krachen!
Lodernde Flammen!
Gesichter voll Schrammen!

Du musst es schaffen,
musst ganz schnell aufwachen!
Sonst ist es zu spät.
Nützt auch kein Gebet ...

***Dörte Müller**, geboren 1967, schreibt und illustriert Geschichten für Kinder. Sie hat oft gruselige Träume, in denen sie von Klippen springt oder vor etwas wegrennt.*

Der Geist auf dem Dachboden

Die kleine Susi hört ein Wimmern vom Dachboden. Ihr erster Gedanke ist, dass sie sich verhört hat, und dann redet sie sich ein, dass es der Wind ist. Aber es hört einfach nicht auf.

Langsam schlüpft sie unter ihrer Decke hinweg, gleitet auf den Boden und schleicht aus ihrem Zimmer. Es ist immer noch da, dieses Weinen. An der Tür des Schlafzimmers ihrer Eltern hört sie ihren Vater schnarchen und ihre Mutter brabbelt Unverständliches im Schlaf. Sie sind es anscheinend nicht, die dort oben sind. In der Kommode öffnet sie die unterste Schublade und greift nach der Taschenlampe.

Wie immer, wenn man die Tür zum Dachboden langsam öffnet, quietscht sie. Das Weinen hört sofort auf. So sehr sich Susi auch anstrengt, jetzt ist nur Stille zu vernehmen. Gerade als sie die Tür wieder schließen will, hört sie erneut das Schluchzen.

„Hallo?", sagt sie leise und steigt vorsichtig die Stufen nach oben.

Wieder Stille, nur das Knarzen der Bretter von ihrem Schritt ist zu hören. Sie bleibt am Treppenabsatz stehen.

„Ist da jemand?", fragt sie jetzt lauter. Ihre Hand ist kalt und beginnt zu zittern, was besonders gut an dem Lichtkegel der Taschenlampe zu sehen ist. Sie nimmt ihren Mut zusammen. „Ich hab dich gehört", sagt sie noch lauter. Langsam setzt sie einen Fuß vor den anderen, um weiter in das Dachgeschoss zu gelangen. Spinnweben werfen gruselige Schatten und die Spinne packt gerade ihren Mitternachtssnacks ein.

Susi schüttelt sich und lässt das Licht auf die Kartons fallen, in denen ihre alten Spielzeuge verstaut sind. Immer mehr Gegenstände entdeckt sie, die ihre Eltern hier oben aufbewahren. Und gerade als sie vom alten Kofferschrank ihrer Großmutter zu der Schneiderpuppe leuchtet, erblickt sie etwas Schimmerndes, leicht weiß, aber noch durchsichtig.

Als es sich bewegt, lässt Susi vor Schreck die Taschenlampe fallen und rennt schreiend die Treppe hinunter, bis sie sich unter ihrem Bett verstecken kann.

„Was ist denn los?“, hört sie ihre Mama verschlafen. Das Licht geht an und die Füße ihrer Mutter kommen näher. „Susi, warum schreist du so?“

„Da ist was auf dem Dachboden“, schnieft sie und kommt langsam unter ihrem Bett hervor.

„Unordnung“, brummt ihre Mama und nimmt sie in den Arm.

„Nein, es sieht aus wie ein wabbeliger Milch-Wackelpudding.“

Kurz schmunzelt ihre Mutter und das findet Susi gar nicht witzig. Ihre Mutter drückt sie. „Wir gehen jetzt nach oben und schauen nach.“

Susi bejaht es zuerst und schüttelt dann den Kopf. „Und was ist, wenn das ein Ungeheuer ist?“

„Glaub mir, sie haben mehr Angst vor uns als wir vor ihnen“, meint sie und steht mit Susi auf dem Arm auf.

Sie gehen gemeinsam zur Dachbodentür und die Treppen nach oben. Die Lampe leuchtet immer noch die Schneiderpuppe an, doch zu sehen ist jetzt nichts mehr. Ihre Mutter stellt sie auf den Boden und beugt sich vor, um die Taschenlampe aufzuheben. Ein Kratzen lässt sie zu dem Schrankkoffer blicken.

„Ein Geist“, ruft ihre Mutter mit weit geöffneten Augen und in einen sehr lauten, schrillen Schrei endend aus.

Susi hebt ihre Ohren zu. „Mama“, keucht sie, als diese ohnmächtig auf dem Boden landet.

„Das wollte ich nicht“, hört sie hinter sich und dreht sich um.

So sieht also ein Geist aus. Mit milchiger Götterspeise hatte Susi nicht ganz unrecht, die Augen und den Schlitz, der anscheinend der Mund ist, hatte sie zuvor nicht gesehen. Susi versteht aber nicht, warum ihre Mutter deswegen in Ohnmacht gefallen ist. Glibberig läuft etwas von seinen großen Kulleraugen hinunter und es schluchzt wieder.

„Was wolltest du denn?“, will sie wissen.

„Ich will heim“, schnieft es und immer mehr Feuchtes tropft auf den Boden.

„Wo ist denn dein Zuhause?“

„Ich weiß es nicht mehr.“

„Bist du schon lange nicht mehr am Leben?“

Der Geist schüttelt den Kopf.

„Aber wie bist du hergekommen?“

Er hebt auf beiden Seiten den Kopf etwas und seufzt: „Ich weiß es nicht." Er greift nach unten, zieht von sich etwas hoch und schnäuzt dahinein.

Susi verzieht das Gesicht. „Weißt du irgendwas?"

Wieder verneint er. „Ich bin so aufgewacht und seitdem wandere ich immer auf der Suche nach meinem Zuhause umher."

„Die Straße runter ist ein Friedhof. Vielleicht ist das dein Zuhause."

Die Augen des Geistes werden größer. „Das hört sich gut an", ruft er aus und schon verschwindet er durch die Wand. Kurz kommt der Kopf wieder zum Vorschein. „Wo ist die Straße runter?"

Susi zeigt nach rechts und der Geist durchquert den Dachboden, um auf der anderen Seite zu verschwinden. Nur noch durchsichtige, weiße Götterspeise erinnert daran, dass hier ein Gespenst war. Bleibt nur zu hoffen, dass der Friedhof wirklich das gesuchte Zuhause ist.

Susi blickt zu ihrer Mama und stupst sie an. „Du kannst aufwachen, Mama. Du hattest recht, du hattest mehr Angst."

Luna Day *lebt mit ihrer Familie in Augsburg.*

Der Tote am Schlangenpass

Als wir an jenem Tag loszogen, war der Morgen noch jung. Die Sonne kratzte gerade eben am Horizont und doch jetzt schon verhieß sie uns einen weiteren, brütend heißen Tag. Mein Vater führte Ares am Zaumzeug und half mir beim Aufsteigen. Vielleicht war ich noch etwas zu kurz geraten für ein richtiges Pferd, aber ich würde mich schon irgendwie oben halten, wenn wir nicht gerade im Galopp hinter etwas her oder vor etwas wegreiten mussten. Pit und Larry, zwei unserer Männer, waren ebenfalls mit von der Partie und musterten uns gelangweilt, während Dad noch etwas in unseren Satteltaschen verstaute.

Ich war mächtig aufgeregt an diesem Tag. Wir trieben ein paar Rinder zur Auktion nach Fort Worth und ich durfte mit. Als wir losritten, fühlte ich mich wunschlos glücklich, doch schon zwei Stunden später war das Gefühl der Ernüchterung gewichen. Schweiß lief mir in die Augen. Der von unseren Rindern und Pferden aufgewirbelte Staub legte sich auf uns wie eine zweite Haut und scheuerte an jeder erdenklichen Stelle. Mein Trinkwasser war mittlerweile heiß statt kühl, doch trotzdem hielt ich tapfer durch. Gegen Abend, die Sonne stand schon tief, schlugen wir unser Nachtlager am Anfang des Schlangenpasses auf. Es war eine Art Schlucht, die von hohen Steinwänden eingefasst war. Trockene Büsche und Gras zierten ihre Flanken und Geröll und Stein bedeckte den Pfad, der sich schlängelnd durch die Landschaft zog.

„Kann ich mich ein bisschen umsehen?“, fragte ich, während mein Vater ein Lagerfeuer schürte und Larry die Pferde versorgte.

„Bleib aber in Rufweite!“, ermahnte er mich.

Es gab schon lange keine Überfälle mehr, trotzdem war Pit nach oben auf einen Felsvorsprung geklettert und wachte mit einem Gewehr über uns und die Rinder.

Ich fühlte mich sicher, als ich den Schlangenpass ein Stück weit entlangschlenderte. Mit einem Stock hieb ich auf die trockenen Büsche ein und ein paar Eidechsen suchten das Weite. Ein kalter Luftzug erfasste mich plötzlich, sodass mir für einen kurzen Moment fast die Luft wegblieb. Ich keuchte, drehte mich erschrocken um, doch da war nichts. Vielleicht kam Wind auf, dachte ich mir. Ich ging noch ein Stück weiter in den Schlangenpass hinein. Bald schon erweiterte sich der Weg und ein schmaler Pfad führte rechter Hand in ein winzig kleines Tal. Ich lugte hinein, doch niemand war dort und so ging ich weiter. Eine kleine Höhle, eher wie ein Unterstand, hatte wohl schon einigen Reisenden als Nachtlager gedient. Ein kaltes Lagerfeuer, ein paar zurückgelassene Utensilien, ja, sogar ein paar ausgetretene Schuhe fanden sich dort. Dann hatte ich genug von meiner Erkundungstour und ging zurück auf das Lagerfeuer zu.

Plötzlich hatte ich das Gefühl, nicht mehr allein zu sein. Ich hörte Schritte hinter mir. Immer wenn ich anhielt, hörte ich auch die Schritte nicht mehr, und immer, wenn ich weiterging, waren sie wieder da. Gänsehaut überzog meinen Körper und das letzte Stück rannte ich auf meinen Dad zu. Mich umzudrehen, traute ich mich nicht.

„Was ist denn mit dir los?“, lachte Larry. „Hast du einen Geist gesehen, oder was?“

„Na, irgendetwas Lebendes ist es jedenfalls nicht. Das hätte ich sofort aufs Korn genommen“, rief Piet von oben.

„Junge, du hast auch Angst vor deinem eigenen Schatten!“, frotzelte mein Vater.

„Stimmt ja gar nicht!“, erwiderte ich und hörte doch selbst, wie dünn sich das anhörte.

Dann gab es Abendbrot und als wir satt waren, kreiste eine Flasche Whiskey. Dad ließ mich einen Schluck trinken und ich verschluckte mich fast. Dann musste ich eingeschlafen sein. Als ich wieder wach wurde, saßen die Männer noch immer am Lagerfeuer und unterhielten sich. Da waren Larry, Pit, mein Vater und ein weiterer Mann, den ich nicht kannte. Er war älter als die anderen, mit weißem Haar und hellblauen Augen, die mich unverwandt ansahen. Eine helle Aura umgab ihn, als hätte jemand ein Licht hinter ihm aufgestellt. Pit reichte Larry die Whiskeyflasche weiter und seine Hand ging durch den Mann hindurch.

Aus meinem Mund kamen schreckliche Laute und ich hob abwehrend die Hände. Am liebsten hätte ich mich an meinen Vater gedrückt, aber so kindisch durfte ich nicht sein. Obwohl ich zitterte wie Espenlaub, tat ich, als müsste ich husten.

Die Männer beachteten mich kaum. Der Geistermann stand auf und sah mich bezwingend an. Er hob seine Hand und deutete an, dass ich ihm folgen sollte. Ich wusste nicht, was ich tun sollte. Ich war fahrig, hatte das Gefühl, dass mich meine Beine nicht tragen würden, und doch stand ich auf und ging vorsichtig hinter ihm hinterher.

„Wo willst du hin?", fragte mein Vater.

„Kurz austreten", antwortete ich und hoffte, meine Stimme zitterte nicht zu stark.

Der Geist stand am Schlangenpass und winkte mir zu. Stück für Stück näherte ich mich ihm. Eiskalte Schauer glitten über mich hinweg. Das Gras unter meinen Füßen knackte überlaut.

Als ich dort ankam, glitt der Geist weiter in den Pass hinein. Ich sah jetzt erst, dass seine Füße den Grund nicht berührten. Und dann verharrte er an einer Stelle und deutete auf den Boden, dann glitt er ein Stück zurück, doch die Helligkeit, die ihn umgab, reichte, um mich orientieren zu können.

Langsam, ihn nicht aus den Augen lassend, ging ich näher heran. Ich war immer noch in Rufreichweite und die drei Männer würden nicht zehn Sekunden brauchen, um mich zu finden. Ich ging in die Hocke und schob ein paar Steine beiseite. Dann fuhr ich zurück, schlug mir die Hand vor den Mund, damit ich nicht aufschrie. Ich fand die Überreste eines Menschen. Er war schon vor längerer Zeit von Geröll erschlagen worden, welches mir gnädigerweise den Anblick seines vermutlich zertrümmerten Schädels ersparte. Ich starrte die Leiche an, dann den Geist, der mich immer noch ansah.

Langsam glitt er auf mich zu. Wellen von Kälte und Angst fluteten mich, doch ich hielt stand. Er deutete auf die Jackentasche der Leiche. Ich griff mit Todesverachtung hinein und zog einen schweren Briefumschlag hervor. Ich konnte die Anschrift nicht lesen, dazu war es zu dunkel, aber ich steckte den Brief ein.

Der Geist legte seine Hand auf seine Brust und neigte den Kopf. Er verlor an Konturen, wurde zu einem weißen Schimmer, der sich immer mehr auflöste, bis nichts mehr von ihm da war.

Ich ging zurück zu meinem Vater, aber ich erzählte ihm nichts davon, was mir geschehen war. Er hätte mir glauben müssen, hätte er den Umschlag gesehen, aber ich wusste, ich hatte eine Aufgabe erhalten und niemand durfte diesen Umschlag in die Hände bekommen.

Es dauerte zehn Jahre, bis ich in der Lage war, den Brief endlich auszuliefern. Wie hätte ich es sonst vorher bewerkstelligen sollen? Ich war ein Junge und musste zunächst ein Mann werden, ehe ich allein reisen konnte.

Ich fand die Adresse, die auf dem Brief benannt war und als ich an dem kleinen, schäbigen Häuschen klopfte, da öffnete mir eine alte Dame. Ich druckste herum, doch dann hielt ich ihr den Umschlag hin und erzählte ihr, wie ich daran gekommen war.

Die alte Dame hatte Tränen in den Augen und sie erzählte mir, dass sie lange auf Nachricht von ihrem Mann gewartet hatte. Der Geist am Pass mochte ein Freund ihres Mannes und sein Bote gewesen sein, dem Freundschaft noch etwas bedeutete. Sie las den Brief und gab ihn dann an mich zurück.

„Das ist für dich, mein Lieber, für deine Ehrlichkeit", sagte sie zu mir.

Ich schaute in den Umschlag und fand zwei große Goldnuggets in ihm. Als ich wieder aufschaute, war die alte Dame verschwunden. Nur noch ein feiner, heller Nebel zeigte, wo sie gestanden hatte.

Heike Pauckner *wohnt mit ihrem Mann und zwei Katzen, die sie alle drei innig liebt, in Dortmund. Geboren wurde sie 1966, gehört also schon zur älteren Generation. Sie liest und schreibt sehr gerne, wenn sie nicht gerade die Ideenlosigkeit plagt. Einige ihrer Kurzgeschichten wurden bereits in Anthologien veröffentlicht.*

Der falsche Sitz

In den meisten Hotels dieser Welt trägt kein Zimmer die Nummer 13 und auf den Linienflügen internationaler Airlines fehlt gewöhnlich die dreizehnte Sitzreihe. Doch an diesem Tag saß ich an Bord einer kleinen Zweipropellermaschine. Ich befand mich gerade auf dem Weg zu einer wichtigen Konferenz und mein Direktflug nach Paris war wegen eines Fluglotsenstreiks nach Nizza umgeleitet worden. Nur dank des netten Bodenpersonals hatte ich noch einen Platz auf diesem Flug ergattert, der von einer unbekannten Gesellschaft geführt wurde, die sich auf kurze Inlandsflüge spezialisiert hatte.

Schon als ich die Bordkarte in Empfang nahm, beschlich mich ein merkwürdig beklemmendes Gefühl. Dieses hatte weniger damit zu tun, dass mir der Sitz 13A zugeteilt worden war, sondern stammte vielmehr daher, dass eine eisige Kälte von dem Papier auszugehen schien, die langsam über die Finger in meine Arme kroch. Selbst in meinem Nacken stellten sich die Härchen auf. Auch als ich später unbehelligt durch die Sicherheitskontrolle kam, fühlte ich mich noch immer unwohl. Außerdem wurde ich den Eindruck nicht los, dass mich jemand verfolgte, doch als ich mich umdrehte, stand niemand hinter mir. Müde schüttelte ich den Kopf und versuchte, mich auf die bevorstehende Konferenz zu konzentrieren.

Beim Boarding erlebte ich im engen Mittelgang des Flugzeugs das übliche Gedränge der nervösen Passagiere, die mit solcher Hektik ihre Plätze suchten, als würden sie ihnen gleich weggenommen. Ich selber ließ mich in der Menge vorwärtstreiben, während über mir eifrige Hände die Klappen der Gepäckablage im Stakkato öffneten und schlossen. Als ich aber an meinem Platz ankam, war dieser tatsächlich schon besetzt. Mit einem freundlichen Lächeln beugte ich mich zu den jungen Leuten vor und klärte sie in bestem Englisch über ihr Versehen auf. Doch den bärtigen Muskelprotz schien dies nicht zu beeindrucken und er meinte mit einem gleichgültigen Achselzucken und leicht schleppender Stimme: „Die Plätze auf der anderen Seite sind frei, setz dich dorthin!"

Gereizt wollte ich ihm gerade meine Meinung sagen, als ich dem Blick seiner blassen Freundin begegnete. Die völlige Ausdrucksleere ihrer Augen lähmte meine Bewegungen und erstickte meine Worte im Keim. Es war fast so, als stoße mich eine unsichtbare Hand von den jungen Leuten weg. Unwillig, aber schweigend setzte ich mich also auf den freien Platz am gegenüberliegenden Fenster und versuchte verärgert, das seltsame Pärchen zu ignorieren. Das war angesichts des modrigen Parfüms, das in Wellen über den Gang schwappte und meinen Hals reizte, gar nicht so einfach. Auch als die Stewardess bei ihrem Kontrollgang meinen Sitzwechsel mit hochgezogener Augenbraue taxierte und leicht die Nase rümpfte, sagte ich nichts. Das ungute Gefühl in meiner Magengegend aber blieb.

Wir waren knapp vierzig Minuten in der Luft und es war gerade ein kleiner Imbiss serviert worden, als die Maschine eine Gewitterfront durchflog. Von heftigen Winden durchgeschüttelt, vollführte das kleine Flugzeug auf seinem Weg durch die Luftlöcher einen wilden Tanz, der im Innern der Kabine ein riesiges Chaos anrichtete. Becher und Hüte flogen durch die Luft, Sandwichs rutschten von den Klapptischen, Schokoladenriegel fielen zu Boden, Kopfhörer und Schlafmasken verhängten sich in den Armlehnen. Die Leute schrien und riefen, manche lachten, andere weinten. Und mitten in diesem Durcheinander ertönte plötzlich ein ohrenbetäubender Knall. Eine klirrende Brise fegte durch die Kabine. Sofort wurden die Sauerstoffmasken ausgeworfen und das Geschrei verstummte, als wäre das ganze Flugzeug innerhalb einer Zehntelsekunde in Schockstarre verfallen. Eine unheilvolle Stille breitete sich aus. Der Wind heulte durch die Sitzlehnen. Die Lichter flackerten und gingen eines nach dem anderen aus. Erst als ich meine Maske sicher über Mund und Nase gezogen und einige tiefen Atemzüge genommen hatte, wagte ich unsicher einen Blick nach rechts. Doch was ich dort sah, ließ mir das Blut in den Adern gefrieren. Die Flugzeugluke auf der gegenüberliegenden Seite war zerbrochen und durch die Öffnung strömte ungehindert die mondhelle Nacht. Auf den beiden Sitzen jenseits des Ganges aber saß niemand mehr. Die Polster waren zerfetzt, die Gurte hingen lose herunter. Wo war das unfreundliche Pärchen geblieben?

Die ungewohnte Angst ließ mein Herz heftiger pochen und ich muss wohl das Bewusstsein verloren haben, denn als ich wieder zu mir kam, stand unser Flugzeug sicher am Boden. Eine besorgte Stewardess drückte mir ein Essigtuch unter die Nase und tätschelte nervös meine Wange. Langsam schlug ich die Augen auf. Sogleich fiel mein Blick über die Schultern der Flugbegleiterin auf das zerborstene Fenster und meine Erinnerungen kamen zurück.

„Das junge Paar auf 13A und B, was ist den beiden zugestoßen?“, krächzte ich.

Die Stewardess sah mich überrascht an. „Geht es Ihnen gut? Haben Sie Kopfschmerzen?“, wollte sie wissen.

Ich verneinte leise und wiederholte meine Frage.

„Aber die beiden Sitze waren doch leer ... die ganze Reise über“, antwortete sie mitleidig.

Ich biss mir auf die Lippen, mein Kopf fühlte sich an wie Watte. Hatte ich mir alles nur eingebildet? Aber irgendetwas hatte mich doch dazu gebracht, auf dem anderen Platz zu sitzen. Außerdem hing noch immer ein modriger Duft in der Luft. Ich richtete mich langsam auf und musterte die Stewardess vor mir. Ihr Haar trat auf allen Seiten aus dem zuvor ordentlichen Knoten, ihr sorgfältig aufgetragenes Make-up war verwischt und dunkle Ringe begannen sich unter ihren Augen zu bilden. Um sie herum hingen überall die Sauerstoffmasken. Ich hätte auf meiner Behauptung beharren können, aber ich wollte ihr eine Pause gönnen. Die anderen Passagiere hatten das Flugzeug bereits verlassen. Also gab ich mir einen Ruck und begann mit wackligen Beinen, auf den Ausgang zuzusteuern.

In den folgenden Tagen aber ließ mich der Gedanke an das junge Paar nicht los. Wie ein Schwamm sog ich jede Information über den Vorfall des besagten Fluges auf, gierig las ich alle Meldungen in der Zeitung. Als sie keinen Aufschluss brachten, ging ich dazu über, das Internet zu durchforsten, doch auch hier hatte ich wenig Erfolg.

Erst als ich schon fast aufgeben wollte, stieß ich auf der Website der Fluggesellschaft auf eine Zusammenstellung ihrer Geschichte. Darin war auch der traurige Ausgang eines Testflugs im Jahre 1962 vermerkt, der wegen eines Pilotenfehlers für alle Insassen tödlich endete – sogar für die beiden blinden Zivilpassagiere auf den Sitzen 13A und B. Der junge Mann hatte seine Geliebte überredet, mit ihm ans Mittelmeer zu fliehen, um dem Einfluss ihres bösen Stiefvaters zu entkommen. Doch den Liebenden war kein Glück vergönnt.

Ich sah mir die beiden angefügten Fotos genauer an und traute meinen Augen nicht: Aus den schwarz-weißen Bildern grinsten mir frech der kräftige Bartmann und seine kränkliche Freundin entgegen.

Weiter unten in den Annalen fand ich zudem Zeugenberichte, die noch Jahre später von der Erscheinung des Pärchens auf besonders schwierigen Flügen berichteten. Erst seit drei Monaten war die Fluggesellschaft wieder dazu übergegangen, die beiden besagten Plätze an reale Fluggäste zu verkaufen.

Nach meinem Anruf bei der Direktion aber hob man diese Regelung mit sofortiger Wirkung wieder auf. Dabei bin ich dem Geisterpaar bis heute dankbar, denn es hat mir wahrscheinlich das Leben gerettet.

Caroline Seeger, *geboren 1979 in Zürich, wohnt mit ihrer Familie in der Nordwestschweiz. Sie arbeitet als Sprachlehrerin und Legasthenietrainerin. Seit sie elf Jahre alt ist, zählt Schreiben zu ihren Hobbys.*

Im Bann des Dorfes: Projekt FYZ-11

Schon seit Wochen hatten wir uns auf den Besuch des verlassenen Dorfes gefreut. Die Geschichten von den Ruinen und der unheimlichen Vergangenheit hatten uns neugierig gemacht und wir wollten es unbedingt mit eigenen Augen sehen. Als wir schließlich an unserem Ziel ankamen, fiel uns sofort auf, dass hier etwas nicht stimmte. Das Dorf war völlig verlassen und es gab keine Anzeichen davon, dass hier jemals Leben stattgefunden hatte. Nicht mal Spuren von Tieren, die sich hier niedergelassen hatten. Die Straßen waren leer und die Häuser verfallen. Es war ein unheimlicher Anblick, der uns das Blut in den Adern gefrieren ließ.

Trotz der bedrohlichen Atmosphäre ließ sich meine Gruppe nicht abschrecken. Wir begannen, das verlassene Dorf zu erkunden, um mehr über seine Geschichte und Geheimnisse herauszufinden. Doch je tiefer wir uns in die Gassen und Häuser des verlassenen Dorfes wagten, desto unheimlicher wurde es. Seltsame Geräusche und Bewegungen im Dunkeln verfolgten uns, und wir spürten, dass wir nicht allein waren. Wir begannen, das Dorf zu durchsuchen, und stießen auf seltsame Artefakte und Dokumente, die darauf hindeuteten, dass hier etwas Schreckliches passiert war. Wir erfuhren von einem geheimen Experiment, das in diesem Dorf durchgeführt worden war, aber es schien, als sei es außer Kontrolle geraten.

Als die Nacht hereinbrach, wurden wir von einer unheimlichen Stille umgeben. Es war, als ob das Dorf ein Leben von sich abgeschlossen hatte, und wir die einzigen Fremden waren, die dort noch existierten. Doch bald begannen wir, seltsame Geräusche und Bewegungen im Dunkeln zu hören und zu spüren. Wir spürten, dass wir nicht allein waren und dass etwas Böses uns verfolgte.

Wir beschlossen, im größten Haus des Dorfes Zuflucht zu suchen, um uns vor der unheimlichen Bedrohung zu schützen. Wir versuchten, uns auf das zu konzentrieren, was wir gefunden hatten, und durchsuchten die Dokumente, die wir entdeckt hatten. Als wir uns durch die vergilbten Papiere arbeiteten, stießen wir auf einen schockierenden Plan, der das Dorf und alle seine Bewohner dem Erdboden gleichmachen sollte. Wir begriffen, dass wir in eine Falle geraten waren. Die Dorfbewohner waren Opfer eines fehlgeschlagenen Experiments geworden, das zur Auslöschung des Dorfes führte. Das Experiment hatte offensichtlich das Potenzial, alles Leben in der Umgebung auszulöschen, und es schien, als wäre es noch immer am Laufen.

Je mehr wir in den alten Dokumenten lasen, desto mehr wurde uns klar, dass das Dorf einst ein wichtiger Standort für ein geheimes militärisches Forschungsprojekt gewesen war. Es hatte den Namen *Projekt FYZ-11* und wurde von einer Gruppe von Wissenschaftlern durchgeführt, die sich auf die Erforschung von Waffen spezialisiert hatten. Wir waren geschockt und verwirrt, aber wir wussten, dass wir schnell handeln mussten, um uns und andere vor dieser Bedrohung zu schützen. Wir beschlossen, das Dorf zu verlassen und umgehend die Behörden zu informieren.

Doch als wir versuchten, das Dorf zu verlassen, wurden wir von einer unsichtbaren Macht zurückgehalten. Wir waren gefangen und wussten nicht, was wir tun sollten. Plötzlich hörten wir ein lautes Geräusch und spürten einen Windstoß, der uns aus dem Haus trieb und in die Dunkelheit schleuderte.

Wir kämpften uns durch die Dunkelheit und rannten durch die verlassenen Straßen des Dorfes, als plötzlich das Unmögliche geschah. Vor unseren Augen begann das Dorf zu verschwinden, als ob es nie existiert hätte. Wir standen fassungslos da und starrten auf die Stelle, an der das Dorf einst gewesen war. Es war ein schreckliches Geheimnis, das wir entdeckt hatten, und es würde uns für immer verfolgen. Wir hatten die Wahrheit herausgefunden, aber wir wollten uns nicht länger mit den Geheimnissen des Dorfes auseinandersetzen. Wir beschlossen, nie wieder zurückzukehren und alles für immer hinter uns zu lassen.

Cansu Gökkaya *wurde 2008 geboren und wuchs in Tirol auf dem Land auf. Nach der Grundschule besuchte sie ein Gymnasium. Schon in ihrer Kindheit schrieb sie gerne Geschichten. Neben dem Schreiben zählen auch das Lesen und das Volleyballspielen zu ihren Hobbys. Außerdem ist sie seit März 2022 auf Instagram als Buchbloggerin unter dem Namen „cansubookss" unterwegs. Sie hat bei einer Posiesammlung einige Gedichte veröffentlicht.*

Das Geheimnis des Todes

Die Nacht war eine Zeit der Verheißung, der Versprechen. Der Mantel, der dem Tod als Tarnung diente, ihm mit Nebel und Wind voraneilte und leise raschelnd in den Gassen ankündigte.

War die Nacht der Mantel, so war Juno das kleine, dreckige Geheimnis des Todes, das ihm schnell und heimlich durch die Dunkelheit voranhuschte. Der vor ihr taumelnde Mann war nicht ganz so diskret wie sie. Immer wieder musste er sich an der Wand abstützen und ein paar Mal würgte er, als würde er sich übergeben. Er torkelte in einen Hinterhof und sah so verdattert aus, dass Juno ein kurzes Lachen entwich. Das Herumfahren des Mannes erschien nicht so eindrucksvoll, wie er es wohl erwartet hätte, denn bei der Hälfte seiner Drehung rutschte er aus und landete hart auf dem Rücken. Juno sprang grinsend vor, beugte sich über seine Brust und drückte den Dolch an seinen Rippen vorbei in sein Herz, bevor der Mann schreien konnte, eine rote Rose in der Manteltasche.

Und doch war sie zu langsam, um der Hand zuvorzukommen, die auf ihrer Hüfte landete und sich in diese grub. Ein Schleier schien sich über Juno zu legen und der Instinkt übernahm ihr Handeln. Ein manisches Lächeln legte sich auf ihre Lippen, sie grinste die Bilder in ihrem Kopf an. Von großen Händen auf kleinen Hüften und kaum ausgebildeten Brüsten, wurstigen Fingern in Haaren und Mündern, von reißendem Fleisch, in das gewaltsam eingedrungen wurde. Für jedes neue Bild stach sie in das Fleisch des Mannes unter sich hinein und das Grinsen wurde zu einem Zähnefletschen.

Genau in diesem Moment hörte Juno auf. Ihr Gesicht verschloss sich und wurde reglos, während sie aufstand und den Leichnam betrachtete. Die feine Haut am Hals war zerfleddert und selbst die Wunden am Brustkorb, wo sich das Fleisch viel zäher über die Rippen spannte, war ausgefranst und durchlöchert. Ihr Entsetzen darüber, wie sehr sie sich hatte gehen lassen, verschloss Juno mit einem Lächeln für die Außenwelt in ihrem Inneren. Rasch griff sie in ihren Mantel und zog einen Brief hervor, den sie noch einmal überflog. Nicht alle ihre Kundinnen teilten ihre Geschichten mit, doch diese hier hatte es. Ihr Ehemann war betrunken nach Hause gekommen, hatte das Kindermädchen vergewaltigt und schwer verletzt im Kinderzimmer liegen gelassen.

Juno betrachtete abwechseln die rote Rose, die ihr die Frau gegeben hatte, und die zugerichtete Leiche, die Lippen zusammengekniffen. Sie klemmte sich die Blume zwischen die Zähne für die dreckigste ihrer Arbeiten. So hatte sie das Gesicht unter Kontrolle, während sie vier präzise Schnitte zu einem Kreuz am rechten Auge des Mannes schnitzte, um die Haut dort zu öffnen. Als Nebel und Wind Juno später wieder fortbegleiteten, blieb nur noch die Rose in der leeren Augenhöhle der Leiche zurück und der Tod, der bei ihr Wache hielt.

Etwas tropfte auf den Körper hinab, fiel vom Himmel während der Totenwache. Das Tropfen wurde zu einem unregelmäßig fließenden Rinnsal, das in die ausgefranste Brust des Toten auf dem Boden lief. Es folgte ein brennendes Stück Papier, das vom Himmel fiel und die Leiche entflammte. Der Geruch von verbranntem Fleisch stieg in die Luft und dem Jungen auf dem Dach in die Nase, der beobachtete, wie sich die Rose in Asche auflöste und ebenso sein Brief an Juno.

Noch ein paar Momente lagen Khandros Augen auf der Szene unter ihm, bevor er seinem Schicksal über die Dächer hinterherglitt. Er hatte keine Angst abzustürzen. Er war Geheimnissen auf der Spur. Dies war sein einziger Existenzsinn geworden, das größte Geheimnis des Todes zu erschließen. Juno zu erschließen. Getrieben von reiner Neugier hatte Khandro ihr Verhalten studiert. Wie Juno Männer in der Nacht tötete und eine Blume in einer leeren Augenhöhle zurückließ und tagsüber ihre neuen Kundinnen in Empfang nahm. Sie war eine Auftragsmörderin, die den Frauen diente. Frauen, denen Leid angetan wurde. Und je nachdem, wie die Opfer getötet werden sollten, wurde Juno eine andere Blume übergeben, die diese bei einer vergifteten, erwürgten oder erstochenen Leiche zurückließ. Bei einem Menschen, der, je nachdem welche Pflanze übergeben wurde, verschieden schwer gelitten hatte.

Khandro hatte einmal den Brief einer Kundin gefunden, den Juno wohl verloren hatte. Tränenspuren waren auf dem Brief gewesen, eine Primelblüte in der leeren Augenhöhle. Der Mann war durch ein Gift in einem langen Todeskampf an seinem eigenen Blut erstickt. Khandro fürchtete nicht, was Juno tat, doch es ängstigte ihn, dass Juno mit ihrer Blumensymbolik zu einem Mythos wurde. Nicht nur bei ihren Kundinnen. Während Juno zu einem Mythos wurde, hatte Khandro begonnen, ihre Spuren zu verwischen. Er verbrannte ihre Leichen oder versenkte sie im Meer und lenkte die Beamten von ihr ab. Er wusste nicht, warum. Ob es war, weil er sich selbst in ihr erkannte, ihre Furchtlosigkeit und Skrupellosigkeit bewunderte? Oder einfach, weil ihr Haar so schön im Mondlicht wehte, wenn ihr mal die Kapuze vom Kopf rutschte? Weil er sich in sie verliebt hatte, ohne dass sie ihn je gesehen hatte?

Und Khandro entwickelte eine weitere Angst. Dass sie ihn, ihren geheimen Beschützer, entdecken könnte. Er fürchtete die Vorstellung, Juno könnte herausfinden, was er war, und damit die Vorstellung von einer Zukunft zerstören, die er nur träumen konnte, wenn er ihr verborgen blieb.

Doch diese Angst war nichts zu der Furcht, als Khandro Juno viele Meter unter sich an einer Hauswand entdeckte, eine Klinge an der Kehle. Er handelte, ohne zu denken, und sprang. Seine Landung machte kein Geräusch, ließ ihn unbeschadet zurück. Schließlich war er tot. Er blieb unbemerkt, denn anstatt hilflos an der Mauer zu stehen, hatte Juno sich auf ihre Lieblingsart des Angreifers entledigt. Mit einem Messer im Herz.

Khandro sah sie über die Schulter des schlaff werdenden Mannes an, doch Juno sah ihn nicht, schien wie in einer Trance. Der Mann war gegen sie gefallen, sein Körper bedeckte den ihren und sein Kopf, seine Lippen fielen auf ihren unbedeckten Hals. Sie würgte und zitterte, während sie den Mann von sich drückte und auf den Boden fallen ließ.

Khandro machte einen großen Fehler, als Juno zu taumeln begann. Er stürzte vor, den toten Mann schon zu Junos Füßen, und wollte sie stützen. Doch noch bevor Khandro sie berühren konnte, hörte er ihre Klinge. Und er spürte einen Schmerz, den er nicht mehr gefühlt hatte, seit er gestorben war. Nicht weil in seinem Herzen eine Waffe steckte, sondern weil er Juno nicht fühlen konnte, nicht die den Dolch umschließende Faust, die ihn berührte. Und Junos entsetztem Blick nach zu schließen, konnte sie ihn ebenso wenig spüren. Er war nichts. Doch sein Nichts hatte sich in sie verliebt und wie schon viel zu oft brauchte er niemanden, ihm das dumme, romantische Herz zu brechen, sondern schaffte es ganz alleine.

Durch die Hoffnung, sie hätte ihn auch lieben können und zu seinem wirklichen Existenzsinn werden können. Ihre Liebe. Als sie nach hinten taumelte, nahm sie den Dolch mit sich und Khandro rutschte an der Steinwand hinunter zu Boden. Nicht etwa, weil ihre Waffe ihn verletzt hätte, sondern weil er wieder gestorben war, seine Existenz als Geist beendet, aus purer Verzweiflung im einsamen Tod. Sie wollte ihn nicht, spürte ihn nicht, liebte ihn nicht. „Wie auch", dachte er und schüttelte den Kopf.

Das größte, dreckigste Geheimnis des Todes, sie, Juno, hatte heute Nacht ein weiteres Opfer gefordert. Eines, das dem Tod bereits gehörte und ihn sich fragen ließ, zu was Juno noch fähig war, wenn sie selbst erst ein Geist wäre.

Nika Hanke, *Qualifikationsphase I der gymnasialen Oberstufe der Alexander-Coppel-Gesamtschule.*

Der unheimliche Keller

Es war ein neblig, kalter Herbstabend im November. Der Himmel war bewölkt, kein Stern war zu sehen. Der Wind blies um das Haus und der Regen prasselte auf das Dach. Ich war alleine zu Hause im kleinen, urigen Fachwerkhaus meiner Eltern und machte es mir mit einem Film gemütlich. Es war Wochenende. Ich schaute mir *Der Exorzist* über Netflix an und mampfte nebenbei Pizza. Es schien geradezu ein perfekter Samstagabend zu werden, bis zu dem Zeitpunkt, als ich bemerkte, dass mir das Trinken ausgegangen war.

Ich schob, so lange es ging, den Gang in den Keller auf. Jedoch plagte mich der Durst schließlich so sehr, dass ich mich dann doch aufraffte, um mir im Keller was zu trinken zu holen. Mitten im Film, wo es doch nun so gruselig-spannend war! Dieses Unterfangen war nämlich ein größerer Aufriss für jemanden, der bei diesem Mistwetter gern faul auf der Couch liegend chillen wollte. Das hieß nämlich: Schuhe und Jacke anziehen und rausgehen, denn der Keller war außerhalb des Hauses in einem Nebengebäude. Relativ wasserfest in einer Regenjacke eingepackt, konnte es nun losgehen.

Ich öffnete die Tür und hätte sie am Liebsten kehrtwendend wieder zugeschlagen. Aber der Durst, der liebe Durst ... Und Leitungswasser trinken? Nee, igitt. Nichts geht über eine Spezi zur Pizza! Sobald die Tür geöffnet war, ging der Bewegungsmelder an und sorgte somit zumindest für ein klein wenig Licht, das die neblige Dunkelheit durchbrach. Immerhin konnte ich meine Hand vor Augen erkennen.

Das Wetter war schlechter als erwartet. Der Wind peitschte mir um die Ohren und der Regen kam in Kübeln herunter. Der gesamte Hof, den ich überqueren musste, um zum Nebengebäude zu gelangen, war mit Wasser überdeckt. Zum Glück war der Hof ein wenig geneigt, sodass das Regenwasser gut abfließen konnte. Ich zog mir die Jacke über den Kopf und spurtete quer über den Hof zum Nebengebäude. Es waren zum Glück nur ein paar Meter. Allerdings ließ ich gefühlt keine Pfütze aus. Das Regenwasser war nass und kalt und meine Schuhe alles andere als wasserdicht. Zum Glück rutschte ich nicht aus. An der modrigen, alten Kellertür angekommen, schob ich den Riegel des Schließmechanismus' der Tür beiseite, knipste außen schnell noch das Kellerlicht an und trat ein. Ein beklemmendes Gefühl überkam mich. Ich fürchtete den Keller. Er war mir tagsüber sogar schon unheimlich. Umso gruseliger in der Nacht. Nun stand ich da. Ich war pitschnass. Der Lichtschein war trüb und flackerte ab und an in unregelmäßigen Abständen.

„Zum Glück leide ich nicht an Epilepsie", scherzte ich, denn spätestens jetzt würde ich einen Anfall bekommen haben. „Vielleicht sollte ich mal die Glühbirne wechseln?", dachte ich so bei mir.

Das trübe Licht gab den Blick auf dunkelbraune, fast schwarze, kahle, unverputzte Lehmwände frei. Sie waren behangen mit Spinnengewebe. Allerlei Getier krabbelte herum. Im Keller war es zudem sehr kalt und feucht. Die Luft war schlecht. Es roch modrig. Der Boden war erdig und uneben und die Wände schluckten das ohnehin schon trübe Licht. Die Decke war niedrig. Im Keller war es dadurch sehr beengend und erdrückend.

„Wie ungemütlich und welch eine unheimliche Atmosphäre", dachte ich bei mir. „Also, Getränke schnappen und nix wie raus hier!"

Das Licht flackerte, während ich vorsichtig zu den Getränkekisten schritt, um nicht über die Unebenheiten des Bodens zu stolpern und hinzufallen. Das würde gerade noch fehlen. Der nun sehr stark gewordene Wind pfiff ums Gebäude. Aus dem Nichts heraus knarzte die Tür und es ertönte plötzlich ein lautes *Bumm*. Mein Herz blieb fast stehen, so sehr erschrak ich. Die morsche, alte Tür war zugeflogen.

„Heidewitzka! Jetzt aber schnell, bevor mir sämtliche Horrorfilme einfallen!"

Ich griff zur Flasche meiner Lieblingsbrause, drehte mich um und ging schnurstracks zur Tür. Ich wollte sie öffnen, jedoch klemmte etwas an der Tür, sodass sie geschlossen blieb.

„Verdammte Scheiße!"

Das Licht flackerte wieder. Ich holte Schwung und trat behände gegen die Tür. Es tat sich nichts. Zu allem Unglück passierte etwas Schreckliches: Nach dem Tritt gegen die Tür erlosch auch das Licht. Absolute Stille breitete sich aus. Tiefe Dunkelheit machte sich breit. Mein Herz rutschte mir in die Hose. Ich hörte mich atmen.

Sonst hörte ich nichts. Plötzlich aber ertönten Geräusche aus einer Ecke des Kellers. Es klang nach einem unangenehmen, eintönigen Zischen, so, als würde jemand scharf Luft durch die Zähne einziehen. Solch ein sonderbares Geräusch hatte ich noch nie gehört. Das Geräusch klang nach einem bösen Geist.

Vor Angst begannen meine Knie zu schlottern und ich bekam am ganzen Körper Gänsehaut. In Panik drehte ich mich um und hatte dadurch ein Stück weit die Tür verlassen. Jetzt hatte ich nicht einmal mehr Orientierung in dem dunklen Raum. Eine Todesangst überkam mich. Als der erste Schockzustand vorüber war, ich wieder denken konnte, fing ich an, um Hilfe zu schreien.

Plötzlich hörte ich ein lautes Klopfen. Zur Angst gesellte sich nun Panik. Wild fuchtelte ich in der tiefen Dunkelheit mit den Armen herum, bekam aber nichts zum Greifen. In kleinen Schritten tapste ich umher und schrie und schrie und schrie. Doch niemand konnte mich hören, niemand war da, um mir zu helfen. Meine Eltern waren nämlich ausgeflogen. Ich versuchte, mich zu beruhigen, was mir nach einer gefühlten Ewigkeit dann auch gelang. Ich atmete tief ein und aus, bis mein Herz sich etwas beruhigte und nicht mehr so heftig pochte. Den Kellergeruch nahm ich nun sehr intensiv wahr. Er war ekelerregend. Langsam bekam ich wieder Luft und tastete mich vorwärts. Ich hatte kaum meinen Arm ausgestreckt, da streifte mich etwas nur sachte und ich hörte ein rätselhaftes Rumpeln, als wenn ein Geist an etwas gestoßen wäre. Ich tastete umher, schlug um mich und sah mich um in der Dunkelheit. Da war nichts, nichts als Dunkelheit in einem riesigen, Furcht einflößenden Lehmkeller. Erneut riss ich mich zusammen.

Es war spät geworden. Ich hörte die Uhr und zählte die Schläge mit. Es war 12 Uhr – Mitternacht. Nach dem letzten Gong erneut Stille. Die Stille wurde durch ein glucksendes Gelächter unterbrochen. Das Gelächter war schrill und ohrenbetäubend laut. Es fuhr mir durch Mark und Bein. Ich war wie gelähmt. Jetzt schrie ich mir die Seele aus dem Leib, machte einen riesigen Satz nach vorne und knallte gegen eine mit Spinnengewebe behangene, alte, feuchte Lehmwand.

„Bäh! Ist das widerlich!"

Und wieder gluckste es aus einer Ecke des Raumes, die ich nicht genau orten konnte.

„Hallo? Ist da wer?"

Das konnte natürlich nicht sein. Aber ich hörte doch etwas. Das war doch kein Hirngespinst! Völlig orientierungslos, die ekligen Spinnennetze und all die Insekten ausblendend, hangelte ich mich an der Wand entlang und hoffte, irgendwann an der Tür anzukommen. Gänsehaut beschlich mich. Und da, da war es wieder. Das Glucksen. Es schien immer näher zu kommen. Und *Wusch*, spürte ich erneut einen Windhauch.

„Was war das?" Ich war nicht alleine – so viel stand fest. Nur wer oder was mir da Gesellschaft leistete, vermochte ich mir nicht auszudenken. Ich tastete die Wand ab, während ich mich im Uhrzeigersinn hin orientierte.

Nach einiger Zeit ertastete ich endlich die Tür. „Gott sei Dank, die Tür! Ich muss hier so schnell als möglich raus. Egal wie."

Unmittelbar nach dem Ertasten der Tür streifte mich erneut etwas.

„Das bilde ich mir doch nicht ein! Warum wird es denn plötzlich so bitterkalt? Kaum auszuhalten diese Kälte!"

Und da war es wieder, dieses fiese Glucksen. Ganz nah hinter mir. Immer panischer werdend versuchte ich, schnell blindlings die Tür aus den Angeln zu heben. Jetzt spürte ich einen eiskalten Atem an meinem Hals. Ich schrie los, so laut, wie ich noch nie zuvor geschrienen hatte. Ich rüttelte an der Tür mit brachialer Gewalt, jedoch öffnete sie sich nicht. Ich trat gegen die Tür, ich schlug auf sie ein und schrie und schrie und schrie. Und mit einem Mal, ganz unverhofft, ging das Licht wieder an. Und plötzlich öffnete sich die Tür. Ich stürmte mit voller Wucht nach draußen, stolperte und fiel hin. Es schüttete noch immer. Das war mir so egal. Ich kroch quer über den Hof. Das Licht im Keller erlosch wieder und die Tür schloss sich von selbst. Immer noch total angespannt, kroch ich quer über den Hof zum Haus zurück. Was ich noch hörte, war ein lautes, unheimliches Glucksen.

Kathinka Reusswig *geboren und aufgewachsen in Hessen. Studierte an der Johann-Wolfgang-Goethe Universität. Sie hat Spaß am Schreiben und bereits an mehreren Ausschreibungen erfolgreich teilgenommen.*

Wünsch dir was

Danny war es, der jede Gruselgeschichte kannte, die jemals erzählt worden war. Während viele solche Geschichten einfach nur von den Lippen abtropfen ließen, war er mit der Gabe – oder vielmehr mit dem Fluch – behaftet, die Geschichten in die Herzen der Zuhörer zu schicken. Er konnte wahrlich seinen Geschichten Atem einhauchen, sodass man manchmal das Gefühl hatte, man könnte jeden fauligen Geruch seiner Figuren riechen und sie hinter sich, lauernd im Spiegel, sehen. Jene, die zuvor keine Angst kannten, trafen sie persönlich nach Dannys Geschichten.

Ich war einer dieser, der ihm zuhörte, nicht mehr richtig schlief und einen kalten Schauer über sich verspürte, wenn er erzählte. Nach jeder Geschichte löschte er immer das Kerzenlicht, in dem er erzählt hatte. „Ihr müsst das Grauen erleben und fühlen, denn es ist um euch herum. Immer. Es lebt vielleicht schon bei euch zu Hause und genießt euer Unwissen“, pflegte er immer zu sagen, wenn er eine Geschichte beendete und das Licht erstickte.

Seine Erzählungen waren nur Geschichten. Gut erzählte Geschichten, aber eben nur Geschichten. Das wusste jeder. Doch wie jede gute Geschichte hatten auch diese einen Kern Wahrheit in sich und manchmal wurde sie wahr, wenn man sie nur oft genug wiederholt. Wie die meine, die ich euch nun anvertraue.

Es war ein ungemütlicher Tag im Herbst. Der Regen glitt aus den grauen Wolken am Himmel, prasselte an die Fensterscheiben meines Zimmers und tropfte kühl und klar vom Glas herab. Es war kurz vor Halloween und die Kürbisse standen, mit grässlichen Fratzen beschnitzt, vor den Häusern der Straßen. Meine Mutter war im Wohnzimmer und bearbeitete einen dieser Kürbisse mit Messer und Löffel, während ich in meinem Zimmer, am Schreibtisch sitzend und in Gedanken versunken, den Regentropfen nachsah.

Danny hatte mich kurz zuvor angerufen. „Hey, Alter, ich bin völlig im Eimer. Wieder so eine Grippe. Ich kann kaum atmen, geschweige denn Gruselgeschichten erzählen. Kannst du mich nicht vertreten? Du kennst doch viele von meinen Erzählungen, bastle doch einfach etwas zusammen. Okay?", hatte er gemeint und ich hatte seine Frage einfach bejaht.

Nun saß ich vor einem weißen Blatt Papier mit dem Stift in der Hand und sollte es mit dem Talent von Danny füllen, welches ich keineswegs besaß.

„Verdammt, ich kann das einfach nicht. Ich bin nicht er. Ich habe keinen Atem, den ich einer Gruselgeschichte verleihen könnte. Ich wünschte, ich hätte diesen Atem, der der Geschichte wahres Leben einhaucht und meinen Zuhörern eine Gänsehaut beschert, die sie noch nie gefühlt haben", fluchte ich heraus, während mein Stift nur wahllos über das Papier kritzelte.

Mein Blick schweifte von der Fensterscheibe ab hin zum Papier, auf das ich ohne Konzentration gekritzelt hatte. Plötzlich war etwas zwischen all den wahllos verteilten Bleistiftstrichen zu erkennen.

„Habe ich das geschrieben?"

„Was du dir gewünscht hast, soll dir erfüllt werden. Lass den Stift los. Du wirst es sehen", las ich vor.

Ich ließ den Stift los, aber er fiel nicht um. Er stand kerzengerade, mit der Spitze nach unten gerichtet auf dem Papier – auf dem nun wieder weißen Papier. Das Gekritzel war nicht mehr da.

„Das gibt es nicht. Oh mein Gott!", stieß ich erschrocken hervor und sprang vom Schreibtisch weg.

Plötzlich zuckte der Stift und begann auch gleich darauf, wie ein Blitz über das Papier zu zischen. An jeder Stelle, wo die Stiftspitze gewesen war, waren nun Wörter in wackelig kratziger Schrift. In wenigen Minuten waren alle weißen Zeilen mit Text gefüllt, der Stift verlor seine Standfestigkeit und rollte stumm zu Boden. Hin zu meinem Bett, hinter dem ich mich versteckte.

„Träume ich? Das ist nicht möglich. So etwas kann nicht passieren", sprudelte es aus mir heraus.

Der Stift regte sich kein Stück mehr und ich beschloss, vorsichtig aus meinem Versteck hin zum Schreibtisch zu kriechen. Ich war allein im Zimmer. Kein Geräusch war zu hören und ich warf einen Blick auf das Papier.

„Aus den Mooren", las ich. „Eine Geschichte? Was?"

Tatsächlich stand eine Geschichte auf dem Papier. Ich begann zu lesen. Es war die Geschichte einer dunklen Hexengestalt, die sich Zinta nannte und die mit ihrem hirschähnlichen Geweih auf der

Suche nach nichts ahnenden Seele war, die sich etwas wünschten, was sie später bereuen würden. „Man, die ist ja hundertmal gruseliger als die Geschichten von Danny. Wie du erschienen bist, war echt heftig, aber so entsteht eben eine gute Gruselgeschichte. Soll mir recht sein. Mit dieser Geschichte wird dieses Halloween in die Geschichte eingehen", meinte ich, nachdem ich die Geschichte zu Ende gelesen hatte. Dass ich mich damit nicht täuschen sollte, wurde erst am nächsten Abend klar.

In der Nacht schlief ich sehr unruhig. Die Bilder, die ich beim Lesen der Geschichte bekommen hatte, gingen mir einfach nicht mehr aus dem Kopf. Ich drehte mich hin und her. Sogar das Licht ließ ich im Zimmer an.

Am nächsten Abend kamen alle Kinder der Straße, um bei mir zu Hause meiner Gruselgeschichte zu lauschen. Ich hatte niemandem etwas von dem Ursprung der Geschichte erzählt.

„Hey, ich hoffe, du kannst genauso gut erzählen wie Danny", meinte einer.

„Klar, kein Ding. Du wirst deine Portion Gänsehaut schon mit nach Hause nehmen. Versprochen", meinte ich.

„Wenn du meinst. Ich glaube es erst, wenn es so weit ist."

„Dann nimm Platz", erwiderte ich und wies auf einige noch freie Plätze.

Nachdem sich alle gesetzt hatten, begrüßte ich sie und begann auch gleich darauf zu lesen. Ich hatte erst gut eine halbe Seite gelesen, da stand der Junge, der mir zuvor noch nicht geglaubt hatte, plötzlich auf. „Das ist zu heftig. Ich brauch eine Pause. Mach ruhig weiter", meinte er und verließ das Wohnzimmer, in dem wir vor dem prasselnden Kaminfeuer saßen. Ich freute mich und las stur weiter.

Nach und nach gingen immer wieder einige und verließen das Wohnzimmer. Obwohl ich dennoch weiterlas, bekam auch ich langsam ein ungutes Gefühl. Trotz des Kaminfeuers hinter mir spürte ich einen eisigen Hauch, ähnlich einem Atem, im Nacken. Auch der Schatten, den mein Körper mithilfe des Kaminfeuers an die gegenüberliegende Wand warf, ähnelte nicht mehr mir, sondern mehr und mehr einem Wesen mit hirschähnlichem Geweih. Plötzlich spürte ich auf meinen Schultern Hände. Bei all dem merkte ich nicht, dass ich nun ganz allein im Wohnzimmer saß. Die anderen waren in der Küche bei einem Stück Kürbiskuchen.

„Lies. Lies die Worte, die Du her gewünscht hast. Lies", zischte mir ein kalter Hauch flüsternd ins Ohr.

„Das ist zu viel. Ich will nicht mehr. Sollen mich alle ruhig als nicht gruselig abstempeln. Es reicht", flüsterte ich voller Angst und warf die Papierseiten ins Feuer.

Die Seite zuckte in den heißen Flammen, als wären sie lebendig. Das Feuer färbte sich grün und plötzlich war dem Feuer ein greller Schrei zu entnehmen. Die Seiten zerfielen langsam zu Asche und mit einmal wurde es etwas wärmer im Wohnzimmer. Mein Schatten war mir auch wieder ähnlich.

In der Küche waren die anderen mit Gänsehaut und Kürbiskuchen.

„Alter, du bist viel krasser als Danny", meinte der Junge, der an mir gezweifelt hatte.

„Ja, mag sein, aber manche Geschichten sollten vielleicht unerzählt bleiben", entgegnete ich und war erleichtert, dass es vorbei war.

Ich werde sicher nie wieder Gruselgeschichten erzählen, die nicht aus meiner eigenen Feder stammen, denn man weiß ja nie, wer sie tatsächlich verfasst hat. So viel steht fest.

Tim Tensfeld, *geboren 1999 in Bad Oldesloe (Schleswig-Holstein). Tensfeld wuchs in Trittau im Kreis Stormarn (Schleswig-Holstein) auf, wo er nach einigen Jahren Herzogtum-Lauenburg, wieder lebt. Mit 15 Jahren kamen die ersten Schreibversuche und einige Kurzgeschichten entstanden. Zunächst sozialkritische Texte für Jugendliche und Erwachsene und später auch Geschichten für Kinder. Seit Oktober 2021 veröffentlicht er regelmäßig Kurzgeschichten und Gedichte, die er an allen mögliche Orten, zum Beispiel in der Bahn oder in einem Café, schreibt, in Literaturzeitschriften (u. a. etcetera, ET AL. und Poesiealbum neu), Onlinemagazinen (u. a. #kkl und das internationale Literaturmagazin gleich-anders.de) und verschiedenen Anthologien. In den Jahren 2021 und 2022 wurden seine Erzählungen beim Grusel-Wusel-Geschichtenwettbewerb für die öffentliche Lesung in Leipzig ausgewählt. 2022 verlieh ihm die Hanns-Seidel-Stiftung e. V. in München den Preis „Die Feder 2022". Mehr über Tim Tensfeld unter www.autorenwelt.de/person/tim-tensfeld.*

Kellergeister gibt es nicht, oder doch?

„Hurra, wir haben Ferien“, sagte Tom zu seinem Zwillingsbruder Finn, als sie die Grundschule verließen.

Finn erwiderte darauf: „Und nun sind wir Zweitklässler.“ Darüber lachten beide und gingen freudig nach Hause.

Nun war es so weit. Ihre ersten großen Ferien. Diese wollten sie zunächst bei Oma und Opa verbringen und später zwei Wochen mit ihren Eltern an die Ostsee fahren.

Tom und Finn waren gern bei Opa und Oma zu Besuch. Aber vor dem Haus, einem alten Försterhaus, war ihnen immer etwas bange. Es sah wie ein Hexenhäuschen aus. Es hatte kleine Fenster und im Inneren war es trist und duster, da nicht viel Licht ins Haus fiel.

Oma und Opa begrüßten die beiden herzlich. Finn stellte sofort fest, dass Oma ihren Lieblingskuchen gebacken hatte. Er roch sofort den angenehmen Duft, der sich im Haus verbreitet hatte. So gingen die Brüder sofort in die Küche, wo Kuchen und Kakao auf sie warteten. Hinter ihnen kam ihr Vater, der das Vergnügen hatte, alles Gepäck ins Haus zu tragen.

Nach dem Vesper verabschiedete sich Papa und die Kinder brachten ihre Taschen in ihr Zimmer, welches in der Giebelspitze des Hauses lag. Es war ein winziger Raum, in dem nur die beiden Betten mit einem Tischchen dazwischen standen sowie ein flacher Schrank. Das Fenster war winzig. Den Jungs war es recht, denn es diente nur zum Schlafen.

In der ersten Nacht konnte Tom jedoch nicht schlafen. Draußen war es windig, die Baumäste schwankten und das Mondlicht warf Schatten ins Zimmer.

Da – plötzlich ein Geräusch, als ob jemand mit spitzen Nägeln über Bretter kratzte. Es schien aus dem alten Schornstein zu kommen, der vom Keller aus durchs Haus und den Schlafraum ging. Kurz darauf war ein Poltern zu hören. Tom bekam Gänsehaut und sah ängstlich zu seinem Bruder, der seelenruhig schlief. Was war das nur?

Aber nun war es still. Allmählich schlief er ein.

Am Morgen beim Frühstück erzählte Tom, was er in der Nacht gehört hatte. Finn schaute seinen Bruder fragend an, und Opa brummte nur: „Das werden die Kellergeister gewesen sein."

„Mach den Kindern keine Angst und erzähl nicht solchen Unfug. Bei uns gibt es keine Geister", fuhr Oma ihren Mann an, der weiter vor sich hin brummte.

Finn war begeistert. „Was, hier gibt es Geister? Das ist ja prima, da können wir auf Geisterjagd gehen", meldete er sich, worauf Oma wieder zu schimpfen anfing.

Später musste Tom Finn alles noch einmal haarklein erzählen. In der nächsten Nacht wollte Finn auf keinen Fall einschlafen. Er wollte hören, ob sich die Geister wieder meldeten. Die Zeit verging, aber es blieb still im Haus. Finn begann langsam einzuschlafen, als die Kirchturmuhr die zwölfte Stunde schlug. Mit dem letzten Glockenschlag hörten die Brüder ein Rumpeln und Poltern, das wieder aus dem Schornstein zu kommen schien.

„Tatsächlich. Oma und Opa haben Geister im Keller. Komm, wir schauen nach. Vielleicht sehen wir sie ja", sagte Finn aufgeregt zu Tom.

„Bist du verrückt? Das können wir nicht machen. Da bekommen wir Ärger", konterte Tom sofort.

„Ach, du bist ja nur ein Feigling. Ich sehe jetzt nach, was im Keller vor sich geht", gab Finn zurück und stieg aus dem Bett. Er suchte seine Taschenlampe und ging zur Tür, drehte sich nochmals zu seinem Bruder um und sagte: „Komm schon. Sei kein Frosch. Das wird sicher spannend."

Tom schaute ängstlich, aber ein Feigling wollte er nicht sein. So stand er auf, um mit Finn in den Keller zu gehen, um nachzusehen. Auf leisen Sohlen ging es die Treppe hinunter, immer auf der Hut, dass die Großeltern nichts merkten. Dann standen sie vor der Kellertür. Vorsichtig öffnete Finn die Tür. Da ein Quietschen zu hören war, tat er das sehr langsam und flüsterte: „Die müsste auch mal geölt werden." Als die Tür geöffnet war, kam ihnen ein modriger Geruch entgegen. Finn machte das Licht an und ging die ersten feuchten Betonstufen hinunter. Das Licht war schummrig und erhellte den Keller nicht wirklich.

Tom stand oben an der Kellertür und sagte ängstlich: „Finn, komm zurück. Das ist nicht gut, was wir machen." Für ihn war das Ganze unheimlich.

Aber Finn lachte nur, er hatte keine Angst. Im selben Augenblick fing das Licht an zu flimmern, nur Sekunden später knallte es und im Keller war es stockdunkel. Finn erschrak mit einem gedämpften Schrei und gleichzeitig berührte ihn etwas im Gesicht. Dabei fiel ihm die Taschenlampe aus der Hand, die er jetzt so gebraucht hätte. Nun bekam auch der mutige Finn eine Gänsehaut. Er wischte sich mit der Hand übers Gesicht und befreite sich von der Spinnwebe. Vorsichtig ging er im Dunkeln Stufe für Stufe weiter. Als er unten war, legte er sich auf die Knie und suchte seine Taschenlampe, die er auch nach einiger Zeit fand. Er wollte sie anmachen, aber der Lichteffekt blieb aus. Darauf sagte Finn ein schlechtes Wort und drehte sich zur Seite, um aufzustehen. Aber plötzlich erfasste ihn etwas am Bein und hielt ihn fest. Jetzt war es mit seinem Mut vorbei und er schrie lauthals auf: „Mich hat der Geist erwischt."

Kurz darauf hörte er eine laute, tiefe Stimme. Sie gehörte Opa, der im Schlafanzug oben an der Kellertür stand. Er hatte Tom beiseitegeschoben und rief: „Was ist denn hier los? Seid ihr verrückt, mitten in der Nacht im Keller herumzuspazieren und auch noch ohne Licht? Wollt ihr euch die Knochen brechen?"

Tom antworte kleinlaut im Hintergrund: „Wir haben wieder die Kellergeister gehört und wollten nachsehen." Während aus der Tiefe des Kellers nur ein Jammern kam.

Opa wollte gerade wieder losbrüllen, da fasste Oma ihn an der Schulter und meinte: „Ist es jetzt nicht wichtiger, für Licht im Keller zu sorgen. Schimpfen kannst du später auch noch."

Opa ergriff eine große Lampe, die immer neben der Kellertür hing, machte das Licht an und ging vorsichtig die feuchten Stufen hinunter. Auch Tom wagte sich nun in den Keller, denn Opa gab ihm Sicherheit.

Opa leuchte auf Finn, begann zu lachen und mit brummiger Stimme sagte er zu Finn: „Von wegen Geist. In einem Strick hast du dich verfangen. Kellergeister! So ein Blödsinn."

Tom befreite Finn aus seiner Lage, als plötzlich etwas durch den Keller sprang. Erschrocken schauten die Jungen ihren Opa an und Finn sagte: „Es gibt doch Kellergeister."

Opa schüttelte nur den Kopf und ging an den Ort, wo der angebliche Geist hergekommen war. Am alten Schornstein hing die kleine Tür aus den Angeln, wo früher der Schornsteinfeger immer den Ruß aus der Esse genommen hatte.

Opa leuchtete in den Schacht und lachte: „Kommt her. Hier habt ihr eure Geister."

Vorsichtig sahen die Brüder in den Schlot. Als sie sahen, was darin war, mussten sie lachen. Mit großen Augen schauten sie drei kleine Kätzchen an. Sie miauten nach ihrer Mutter, die vor Schreck das Weite gesucht hatte.

Durch ein defektes Kellerfenster war die Katzenmutter in den Keller gekommen und hatte im Schornstein ihre Jungen zur Welt gebracht.

„Nun aber ins Bett, ihr Geisterjäger", sagte resolut Großvater. Und so gingen alle wieder nach oben und ließen die Kellergeister wieder zufrieden.

Oma fuhr ihren Enkeln durchs Haar und schüttelte mit dem Kopf. Finn schickte sie nochmals ins Bad, um sich zu waschen. Danach gingen alle ins Bett.

Oben in ihrem Zimmer flüsterte Tom zu Finn: „Hoffentlich wird die Standpauke morgen früh nicht so schlimm."

Finn sagte: „Aber die haben wir, eigentlich ich, verdient."

Dann schliefen beide ein.

Dieter Geißler, *geboren 1954 in Weimar, Ausbildung zum Koch, danach Studium an der Fachschule für Gaststätten- und Hotelwesen Leipzig. Heute lebt der Rentner in Frankenheim, in der „Hohen Rhön". Durch eine Krankheit kam er mit 57 Jahren zum Schreiben. Er verfasst Gedichte und Kindergeschichten. In verschiedenen Verlagen wurden von ihm Gedichte, Kindergeschichten und Anekdoten veröffentlicht.*

Zutaten für eine Gruselgeschichte

Ein schauriges Schloss
Ein morscher Steg
Ein voller Mond
Ein steiniger Weg!

Glühende Augen
Ein kalter Hauch
Und dieses Kribbeln
In meinem Bauch!

Ein Wind, der rüttelt
Ein Hund, der bellt
Ein knochiger Finger
Und düstere Welt!

Zwölf Glockenschläge
Drei schwarze Katzen
Heulende Wölfe
Finstere Fratzen!

Polternde Schritte
Im Treppenhaus
Und in der Küche
'ne Fledermaus!

***Dörte Müller**, geboren 1967, schreibt und illustriert Kinderbücher. Vor vielen Jahren wohnte sie in Süditalien im Urlaub in einem einsamen Haus, das ihr Ideen für eine Geistergeschichte gab. Als sie Kind war, fand sie das kleine vergitterte Fenster im hinteren Teil der Dorfkirche extrem gruselig.*

Die Anderswowelt

Könnt ihr euch vorstellen, dass es zwischen dem Leben und dem Tod ein weiteres Dasein gibt? Wer weiß schon, ob es eine eigene Welt gibt, in der Geister leben oder gar zur Schule müssen? So folgt nun eine Chronik um das Leben von Geistern.

Marius König hatte sich nie mit der Frage beschäftigt, ob es ein Leben nach dem Tod gäbe. Als Wissenschaftler musste für ihn alles belegbar sein. In der Schule fiel er den Lehrern bereits früh mit einer mathematischen Begabung auf. Man förderte ihn, er ging frühzeitig zur Universität, gewann einen Preis nach dem anderen, auch einen Nobelpreis, und wollte gerade einen weiteren entgegennehmen, als das Taxi, mit dem er zur Verleihung fahren wollte, von einem ins Schleudern geratenen Lkw gerammt wurde. Das Auto wurde mit voller Wucht über die Leitplanke hinausgedrängt und raste mit dem vorderen Teil auf einen großen Fluss zu. Dann fiel es in den Fluss, Wassermassen drangen langsam in das Wageninnere ein und es wurde finster um Marius herum.

Wie lange Marius von Finsternis umgeben war, wusste er später nicht mehr. Vielleicht war es nur eine kurze Weile, vielleicht waren es viele, viele Stunden. Oder vielleicht auch Jahre? Für ihn war es, als durchlebe er einen bösen Traum, aus dem man von selbst nicht erwachen konnte. Er fiel. Fiel. Fiel. Marius wusste nur nicht, wohin er fiel.

WROMS! Schließlich landete Marius auf etwas Hartem. Er rieb sich seinen Hintern. Nachdem sich seine Augen an die Schwärze um ihn herum gewöhnt hatten, nahm er langsam wahr, wo er sich befand. Auf einer Art ... Steintreppe?

„Wo zum Henker bin ich hier gelandet?", überlegte Marius irritiert. „Rein theoretisch macht es keinen Sinn, nach einem Sturz in einen Fluss auf einer Steintreppe zu landen."

„Du bist in der Zwischenwelt", meldete sich eine weitere Stimme zu Wort.

Marius drehte sich nach links und anschließend nach rechts.

Von einer weiteren Person war nichts zu sehen. Wer redete mit ihm? Plötzlich erschien vor ihm ein kleiner, schwebender Lichtkegel. Dieser war so hell, dass sich Marius die Hand vor seine Augen halten musste, um nicht geblendet zu werden.

„Rede ich gerade mit einer Lichtkugel? Ich muss verrückt geworden sein", überlegte Marius laut.

Die Lichtkugel kicherte mit einer weiblichen Stimme. „Iwo. Ich bin Nemses. Oberste Leitengelin für Geister und andere Unglückliche, die in der Zwischenwelt gelandet sind. Ich begleite euch auf eurem Weg in die Anderswowelt."

„Wie bitte?" Marius dachte, er hätte sich verhört. Er hatte noch nie im Leben an etwas wie Engel oder Gott geglaubt. Jetzt wollte ihm das Produkt seiner Fantasy einreden, es gäbe Geister oder eine Art Anderswowelt. Sein Kopf hatte vermutlich beim Aufprall des Autos auf der Wasseroberfläche etwas abbekommen und nun verschwammen Realität und Fantasy und mischten sich ihre eigenen Koexistenzen zusammen. Ja, nur so konnte es sein.

„Du existierst doch eigentlich nur in meiner Fantasy, kleines Hirngespinst. Wenn ich aufwache, sind weder diese Steintreppe noch du da."

Stille folgte.

„Du hast scheinbar deine Situation noch nicht verstanden, Marius König", sagte Nemses nun in einem strengen Tonfall. „Nur Menschen, die nach ihrem Tod nicht in den Himmel aufgenommen werden, landen in der Zwischenwelt. Gott persönlich hat mir den Auftrag gegeben, dich durch die Dunkelheit über die Steintreppe hinweg bis zur Pforte zur Anderswowelt zu begleiten. Dann wirst du den Schattenwald betreten. Irgendwo im Schattenwald liegt das Internat für Geister. Dort wirst du zu einem Geist ausgebildet. Du wirst erst einmal herausfinden müssen, welches deine magischen Fähigkeiten sind, die dir als Geist mitgegeben worden sind. Nach der Schule erhältst du, in welcher Form oder Gestalt auch immer, die Möglichkeit herauszufinden, was du noch zu vollenden hast. Wenn du das herausgefunden hast, wirst du als Engel in den Himmel aufgenommen. Versagst du, landest du als Dämon in der Hölle. Nicht mehr oder weniger ergeht es allen Geistern, die mit dir hier gelandet sind. Im Übrigen wirst du nach dem Passieren der Pforte zur Anderswowelt eine jüngere Geisterform annehmen. Frag mich nicht, warum das so ist. Es ist einfach so. Gott hat es irgendwann einfach zum Gesetz gemacht, dass jeder Geist in Teenagerform noch einmal von vorne beginnt. Die Zeit tickt übrigens anders in der Anderswowelt. Während hier Jahre vergehen, vergehen in deiner Welt gerade mal Stunden."

„Man ist das kompliziert", fauchte Marius. Er verstand nur die Hälfte dessen, was der Schutzengel erzählte.

„Die Lehrer werden es dir sicherlich noch einmal erklären", antwortete Nemses. „Folge mir erst einmal zur Pforte und durch den Wald bis zum Internat. Danach bist du auf dich alleine gestellt."

„Das kann ja heiter werden", brummte Marius mehr zu sich als zum Engel.

Die kleine Lichtkugel schwirrte munter vor ihm hin und her, während er ihr mürrisch folgte. Irgendwann erreichten sie eine Pforte mit Runenzeichen. In dem Augenblick, als Marius die Tür der Pforte hinter sich schloss, entwickelte sich Marius auf sein Teenageralter zurück. „Ich bin ja wieder jung", strahlte er.

„Manche sehen es als Segen oder zweiten Anfang", erklärte Nemses „Manche als Strafe. Je nachdem, wie gern man seine Jugend durchlebt hatte."

„Momentan erinnere ich mich nur noch daran, dass mein Leben irgendetwas mit Wissenschaft zu tun hatte."

„Das ist das Schicksal eines jeden Geistes. Euer Gedächtnis wird ab der Pforte stellenweise gelöscht. Es liegt dann an jedem Einzelnen, was man aus seinem Geisterdasein und der zweiten Chance macht. Nutzt man sie positiv oder wird man darüber verbittert und endet als Poltergeist? Das ist jedes Mal eine interessante Verlaufsbeobachtung für die Lehrer des Internats der Geister. Eingreifen dürfen sie jedoch nicht. Fängt ein Geist an, den Weg eines Poltergeistes zu beschreiten, gibt es kein Zurück mehr. Du alleine hast es in der Hand, ob du mit anderen Geistern gut auskommen möchtest oder mit der Zeit übel wirst und anderen Streiche spielst oder den Tag mit Rachegedanken vermiest."

„Wird da nicht getrennt? Ich meine zwischen guten und bösen Geistern?"

„Nein. Das wäre zu einfach. Und genau darin besteht die Herausforderung. Der Weg zum Poltergeist ist der einfachere. Sich an Regeln zu halten, ist der schwierigere. Welchen Weg wirst du wählen?"

„Das kann ich doch jetzt noch nicht beantworten. Ich bin doch noch nicht lange Geist."

„Weise Entscheidung", erwiderte Nemses. „Ich hoffe für dich, dass du herausfindest, was du noch zu erledigen hast."

„Danke ... Lichtkugel."

„Nemses"

„Na gut", seufzte Marius, „Nemses."

Tief in seinem Inneren glaubte Marius jedoch noch immer nicht an Geister und Engel. Er hoffte insgeheim nach wie vor, dass alles hier ein böser Traum war und er irgendwann wach werden würde. Aber erst einmal nahm er sich vor, so zu tun, als würde er seinen Hirngespinsten nachgeben und spielte das ganze Fantasyspiel mit.

„Vielleicht ist das ja mal ein Abenteuer", dachte er.

So durchquerten Marius und Engel Nemses weiter den Schattenwald. Dunkel und still war es um sie herum. Es war ein Wald, in dem kein Wind spielte, keine Blätter rauschten und die schwarzen Bäume knorrige Äste hatten. Ohne Nemses hätte sich Marius glatt verirrt. Überall sah es gleich schwarz aus. Marius wollte nichts anderes, als zu denken, dass es sich hier um einen Traum handelte. Wäre nur diese Finsternis nicht!

Ob Marius und Nemses den Weg zum Internat problemlos finden? Das lest ihr in der nächsten Folge.

Vanessa Boecking: *Autorin verschiedener Genres, erste Schreibwettbewerbsauszeichnungen, „Damian, der Zauberer", Fantasy/Märchen „Osiris, die Supermumie" Fantasy/Manga.*

Nachts

Es schleichen die Katzen
Überall Fratzen
Kerzen, die flackern
Hühner, die gackern!

Schaurige Stimmen
Flammen verglimmen
Ein lautes Krachen
Es kommen die Drachen!

Schlurfende Schritte
Tapsende Tritte
Klappernde Fenster
Ich seh Gespenster!

Heiseres Lachen
dann Donnerkrachen
Zuckende Blitze
In schwüler Hitze!

Schau auf die Uhr
Zeiger steh'n still
Wenn es doch endlich
Hell werden will!

Dörte Müller, *geboren 1967, schreibt und illustriert Kinderbücher. Als Kind hatte sie oft Angst vor einem unheimlichen Fenster im hinteren Teil der Dorfkirche.*

Emil

Es war einmal ein kleines Dorf namens Hügeldorf, das von einer dichten Nebeldecke umhüllt war. Die Bewohner erzählten sich Geschichten über geheimnisvolle Gestalten, die in der Nacht ihr Unwesen trieben. Die Kinder hörten gespannt zu und fanden es aufregend, sich gegenseitig zu gruseln.

Eines Abends, als der Nebel besonders dicht war, versammelten sich die Kinder im alten Schlosspark. Inmitten der bizarren Bäume und moosbedeckten Statuen stand ein alter, verfallener Brunnen. Er wurde von den Dorfbewohnern gemieden, da man behauptete, er sei verhext.

Das mutigste der Kinder, ein kleines Mädchen namens Sophie, beschloss, die Wahrheit herauszufinden. Zusammen mit ihren Freunden machte sie sich auf den Weg zum Brunnen. Sie trug eine Taschenlampe, die warmes Licht in die Finsternis warf. Als sie den Brunnen erreichten, hörten sie ein leises Flüstern. Sophie spürte, wie sich eine eisige Hand auf ihre Schulter legte. Doch anstatt vor Angst zu erstarren, atmete sie tief ein und schlug ihre Taschenlampe auf den Brunnenrand.

Zu ihrer Überraschung erschien plötzlich ein kleiner, freundlich aussehender Geist. Er stellte sich als Emil vor und erzählte seine Geschichte:

Emil war ein fröhlicher und neugieriger kleiner Junge gewesen, der einst durch die Wälder von Hügeldorf streifte. Er war voller Abenteuerlust und hatte Freude am Entdecken neuer Dinge. Eines Tages jedoch, als er seinen Streifzug fortsetzte, hörte Emil eine verzweifelte Stimme aus einem alten Brunnen kommen. Als Emil nähertrat, bemerkte er eine wunderschöne Kette, an der ein zerbrochenes Amulett hing. Die Kette hatte sich um einen kleinen Ast, der aus der Brunnenmauer zu wachsen schien, verheddert. Emil bekam große Augen bei dem Schatz und konnte nicht anders, als nach dem Amulett zu greifen und es zu befreien. Doch kaum hatte er das Amulett berührt, wurden die Schatten des Fluchs, der auf dem Brunnen lastete, lebendig.

Der Fluch war das Werk einer bösen Hexe, die vor langer Zeit das Dorf heimgesucht hatte. Sie hatte das Amulett als magisches Artefakt geschaffen, um ihre Macht zu stärken und die Dorfbewohner zu kontrollieren. Das Amulett hatte die Fähigkeit, Geister zu fangen und sie in den Brunnen zu verbannen.

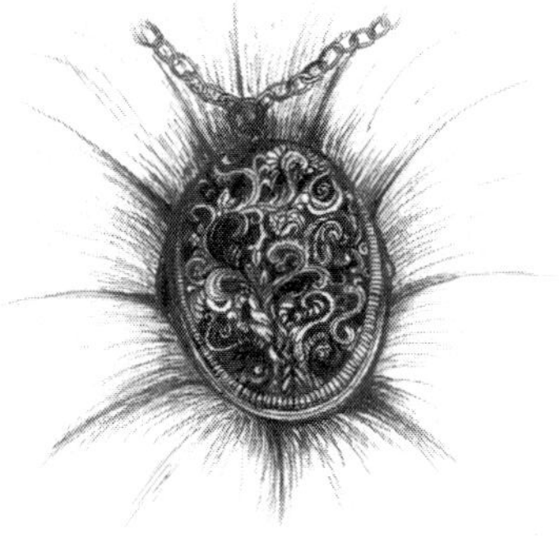

Als Emil das Amulett berührte, wurde er von einer unsichtbaren Kraft erfasst und in den Brunnen gezogen. Die böse Hexe hatte ihn in ihrer Falle gelockt und verwandelte ihn in einen Geist, der im Brunnen gefangen sein sollte, für immer von der Welt der Lebenden abgeschnitten. Emil verbrachte viele einsame Jahre im Dunkel des Brunnens. Er beobachtete die Welt um sich herum, konnte aber nicht aktiv daran teilnehmen. Seitdem sehnte er sich danach, die Freiheit zu erlangen und das Dorf zu erkunden.

Die Kinder empfanden Mitgefühl für den kleinen Geist und beschlossen, ihm zu helfen. Sie fanden heraus, dass der Fluch nur gebrochen werden konnte, wenn sie ein besonderes Amulett aus den Tiefen des Waldes holten. Gemeinsam begaben sie sich auf eine abenteuerliche Reise durch den dunklen Wald. Der Nebel tanzte um ihre Füße und die Bäume schienen lebendig zu werden.

Die Kinder standen am Ufer eines wilden und reißenden Flusses, der tosendes Wasser durch die Felsen trieb. Ein kalter Wind wehte ihnen ins Gesicht und das Geräusch des Flusses war ohrenbetäubend. Der einzige Weg auf die andere Seite führte über eine schmale, wackelige Baumstammbrücke, die gefährlich schwankte. Sophie, die Anführerin der Gruppe, zögerte einen Moment, als sie den Fluss sah. Ihre Freunde blickten ängstlich hinüber und spürten die Unsicherheit in der Luft. Doch sie wussten, dass sie zusammenhalten mussten, um das Hindernis zu überwinden. Mit klopfenden Herzen näherten sich die Kinder der wackeligen Brücke. Das Wasser raste unter ihnen und der Anblick war beängstigend. Einige der Kinder spürten die Angst in ihren Beinen, die sie zittern ließ. Andere ballten ihre Hände fest zu Fäusten, um ihre Nervosität zu kontrollieren. Sophie, die ihren Mut zusammenraffte, trat vorsichtig auf den ersten Baumstamm. Das Holz war rutschig und uneben. Jeder Schritt war ein Balanceakt zwischen Angst und Entschlossenheit. Die anderen Kinder folgten ihr, versuchten, ihren Mut zu stärken, und tasteten sich vorsichtig von Stamm zu Stamm.

Plötzlich erhob sich eine steile Welle im Fluss und schwappte gegen die Baumstammbrücke. Ein lautes Knarren erfüllte die Luft und die Kinder gerieten ins Wanken. Panik breitete sich in ihren Augen aus, doch Sophie rief ihnen zu, sich auf den Gleichgewichtssinn zu konzentrieren und ruhig zu bleiben.

Mit zitternden Beinen und klammen Händen kämpften sich die Kinder weiter voran. Sie stellten sich vor, wie sie sicher und triumphierend auf der anderen Seite des Flusses ankamen. Jeder Schritt brachte sie ihrem Ziel näher und gab ihnen das Vertrauen, dass sie es schaffen konnten.

Nach einer schier endlosen Zeit und unermüdlichen Anstrengungen erreichten die Kinder schließlich das andere Ufer. Erschöpft, aber mit strahlenden Augen und einem Gefühl des Stolzes umarmten sie sich gegenseitig. Sie hatten ihre Ängste überwunden, hatten Mut und Entschlossenheit bewiesen und als Team einen gefährlichen Fluss bezwungen.

Der Fluss toste immer noch im Hintergrund, aber die Kinder wussten, dass sie nun bereit waren, alle Hindernisse zu meistern, die ihnen noch begegnen würden. Sie hatten bewiesen, dass sie stark waren, wenn sie zusammenhielten, und dass sie allem gewachsen waren, was das Abenteuer für sie bereithielt.

Schließlich erreichten sie eine verborgene Lichtung, auf der ein uralter Baum stand. In einer Astgabel entdeckten sie das glitzernde Amulett. Voller Freude nahmen sie es an sich und eilten zurück zum Brunnen.

Sophie legte das Amulett behutsam in den Brunnen und sagte die magischen Worte, die Emil befreien sollten. In einem strahlenden Lichtblitz wurde der Fluch gebrochen. Emil verwandelte sich in einen funkelnden Glühwürmchen-Geist und tanzte vor Freude um die Kinder herum.

Von diesem Tag an war Emil ein treuer Freund und Beschützer des Dorfes. Er sorgte dafür, dass der Nebel sich lichtete und die Dorfbewohner keine Angst mehr hatten. Sophie und ihre Freunde hatten nicht nur den mutigsten Geist des Hügeldorfes befreit, sondern auch gelernt, dass Freundschaft und Zusammenhalt selbst die dunkelsten Ängste vertreiben können.

Und so erzählte man sich in Hügeldorf noch lange Zeit von der tapferen Sophie und ihrem Abenteuer mit dem kleinen Geist Emil.

Simone Lamolla *erblickte 1979 im Bundesland Schleswig-Holstein das Licht der Welt. Sie ließ sich zur Bürokauffrau ausbilden und ist nun seit über 22 Jahren in einer mittelständischen Firma in Norddeutschland als Abteilungsleiterin tätig. Schon früh schlägt ihr Herz für die Natur, sodass sie ihre Freizeit in einem Kleingarten oder mit langen Spaziergängen an der Ostsee verbringt. Sie hat 2022 mit dem Schreiben angefangen.*

Monster in der Stadt

Tipp tapp
Auf leeren Straßen durch die Nacht.
In Sternenstunden
den Nachthimmel erkunden.

Schnurstracks
Auf leeren Straßen durch die Nacht.
An dunklen Gassen
An lauten Ecken
An dunklem Gebüsch
Huscht man, bevor es einen erwischt.

Tipp tapp
Schleichen die Monster durch die Nacht.
Zick zack
Durch die Dunkelheit der Stadt.

In leeren Gassen,
An gespenstischen Ecken,
Hinter undurchdringlichen Gebüsch,
Warten sie auf dich!

Schnurstracks
Wirst du von ihnen gepackt!

Catharina Luisa Ilg, *2005 im Erzgebirge geboren, derzeit Schülerin an einem sächsischen Gymnasium.*

Das Grauen der Nacht

Ilana besuchte ihre Großeltern und brachte ihnen frische Brötchen mit, welche sie zuvor beim Bäcker gekauft hatte.

„Danke für die Brötchen“, empfing sie ihre Großmutter.

„Triffst du dich heute Abend wieder mit deinen Freunden?“, fragte der Großvater, der dicht hinter seiner Frau stand.

„Ja. Wir wollen auf den alten Friedhof gehen“, antwortete Ilana.

„Da habe ich eine passende Geschichte für dich. Willst du sie hören?“, entgegnete ihr der Großvater fragend.

„Ja, sehr gerne“, antwortete Ilana kurz und knapp.

Ihr Großvater schritt ins Wohnzimmer und setzte sich in seinen alten, bequemen Sessel. Ilana setzte sich auf einen Hocker, welcher gegenüberstand. „Es gibt da eine Krähe, sie fliegt in der Nacht zu einem Grabstein, welcher sich auf dem alten Friedhof befindet, der zu einem Mann namens Valentin gehört. Er war zu seinen Lebzeiten ein stattlicher Mann, sehr klug und sehr freundlich. Man sagt, er sei im 17. Jahrhundert von einem damals unbekannten Wesen gebissen worden und sei daran gestorben. Bis heute geht das Gerücht herum, dass Valentin von einem Vampir gebissen worden wäre. Valentin soll aus seinem Grab auferstehen und Menschen töten: So heißt es! Niemand weiß, ob es wirklich stimmt. Eines Nachts – es geschah in einer Vollmondnacht – wurde eine Krähe gesichtet, die sich auf dem Grabstein Valentins niederließ und wild krächzte. Das wild wachsende Gestrüpp entfernte sich von dem Sarkophag, dieser öffnete sich und herausstieg Valentin. Er soll sein Unwesen treiben: So erzählt man sich! Zwischen Valentin und der Krähe soll es eine Verbindung geben. So wird es vermutet! In jeder Vollmondnacht taucht die Krähe an seinem Grab auf, lässt sich auf seinen Grabstein nieder und Valentin erhebt sich aus seinem Sarkophag. Bevor die Sonne am nächsten Morgen aufgeht, legt er sich wieder hinein. Das Irrsinnige daran ist, dass nach jeder Vollmondnacht ein Mensch vermisst wird. Es gibt keine Spuren auf ein Verbrechen. Dieser vermisste Mensch ist einfach nicht mehr da“, erzählte der Großvater.

„Wo hast du diese Geschichte denn aufgegabelt?“, belächelte Ilana ihren Großvater.

„Diese Geschichte soll wahr sein. Ich schwöre es!“, gestand ihr der Großvater, woraufhin ihn seine Enkelin unglaubwürdig anblickte.

„Ich weiß, du glaubst mir nicht. Aber wenn du und deine Freunde auf dem Friedhof seid, ihr eure Späße treibt, dann gebt Acht. Solltet ihr eine Krähe oder ein ungepflegter Mann mit langen, verzottelten Haaren sehen, dann rennt, so schnell ihr könnt. Denn das ist Valentin!“, erzählte der Großvater weiter, beugte sich mit sehr ernsten Blicken zu seiner Enkelin vor und kitzelte sie plötzlich an ihrem Bauch, weshalb sie fürchterlich anfangen musste zu lachen.

„Jakob, du sollst ihr doch nicht solche grauenhaften Geschichten erzählen“, grinste ihre Großmutter, die urplötzlich hinter ihnen stand, womit Ilana überhaupt nicht gerechnet hatte und sich dabei leicht erschreckte.

Als sich Ilana mit ihren Freunden auf dem Friedhof traf, erzählte sie die Geschichte ihres Großvaters.

„Diesen Valentin soll es tatsächlich gegeben haben und jetzt bei Vollmond aus seinem Sarkophag steigen? Das glaubst du doch wohl selbst nicht, Ilana“, belächelte sie Guido.

„Natürlich glaube ich nicht daran, aber die Geschichte ist gut, oder etwa nicht?“, verteidigte sich Ilana.

Für einen Augenblick herrschte Stille!

„Hey, heute haben wir Vollmond. Sollen wir das Grab suchen?“, begann Tobi zu lästern.

Sie alle schauten in den dunklen Himmel hinauf und erspähten den Vollmond, welcher in seiner vollen Pracht zu bewundern war. Dann begannen sie alle laut zu lachen. Tobi, der ein Bier trank, schlürfte von seiner bereits geöffneten Flasche, während er Ilana vertrauensvoll angrinste und ihr zublinzelte. Ilana lächelte zurück, wodurch sich eine gegenseitige Sympathie verdeutlichte. Bei der Jugend herrschte absolut gute Stimmung, sie alberten miteinander herum und lachten. Ganz plötzlich aber hörte Ilana ein eigenartiges Geräusch. Ängstlich blickte sie um sich, dabei entdeckte sie eine Krähe, was ihre Freunde jedoch nicht bemerkten, außer Tobi, der auf sie zuging und sich zu ihr auf den Boden setzte.

„Hey, was hast du denn?“, fragte dieser, als er Ilana in den Arm nahm und sie dabei fest an sich drückte.

„Hast du das eben auch gehört?“, fragte sie ihn.

„Gehört? Nein. Was meinst du?“, ging er mit einer Gegenfrage auf sie ein.

„Da war so ein komisches Geräusch. Das habe ich noch nie gehört. Ich kann es nicht beschreiben“, antwortete Ilana.

„Kann es sein, dass dir die Geschichte deines Großvaters etwas zu sehr zusetzt?“, bohrte er nach.

„Nein. Ich hörte dieses merkwürdige Geräusch tatsächlich und eine Krähe flog auch über uns hinweg“, äußerte sich Ilana.

Tobi gab ihr einen Kuss auf die Wange. „Du kannst mir ruhig die Wahrheit sagen. Ich verrate es keinem. Ich habe dich wirklich gerne, weißt du! Wie wäre es, wenn wir beide die Meute mal kurz verlassen und etwas spazieren gehen?“, fragte er sie.

„Ich mag dich auch sehr“, lächelte sie verlegen vor sich hin und senkte dabei den Kopf zu dem Boden.

Tobi umfasste mit seinen Fingern sanft ihr Kinn und drückte ihren Kopf wieder behutsam nach oben, sodass er ihr in die Augen blicken konnte. „Dann komm mit mir. Ich denke, wir sollten jetzt mal kurz unter uns sein“, flüsterte Tobi ihr zu, erhob sich und streckte ihr seine Hand entgegen, in die Ilana, ohne zu zögern, ihre Hand legte. Er half ihr beim Aufstehen und gemeinsam verließen sie Arm in Arm ihre Freunde.

„Hey, wo geht ihr denn hin“, rief Guido seinem Kumpel hinterher.

„Wir sind bald wieder da“, entgegnete ihm Tobi mit lauter Stimme.

In einer ruhigen Ecke blieben sie stehen, wo Tobi Ilana zärtlich einen Kuss auf den Mund gab, den Ilana nur zu gerne erwiderte.

Plötzlich hörte Ilana ihre Freundin Marina schreien. „Warum schreit sie denn so?“, fragte Ilana ihren Freund.

„Das war kein normaler Schrei. Irgendetwas ist geschehen. So angstvoll klang Marinas Stimme noch nie. Komm, wir gehen zurück und schauen nach“, schlug Tobi vor.

Doch als sie zurückkehrten, waren ihre Freunde nicht mehr zu sehen. Ihre Sachen lagen verwüstet auf dem Boden. Ihr Treffpunkt stand in Flammen.

„Was ist hier geschehen?“, wunderte sich Ilana zitternd.

„Ich weiß es nicht“, sprach Tobi mit einem starren Blick auf das Feuer gerichtet.

Ganz plötzlich trat ein ungepflegter Mann in langsamen Schritten durch die Flammen gehend auf sie zu. Er trug lange, zottelige Haare, einen dunklen Hut und auf der rechten Schulter saß eine Krähe. Ilana erinnerte sich an die Worte ihres Großvaters. Auf Ilana wirkte dieser Mann sehr furchteinflößend. Sie trat ein paar Schritte zurück, auch Tobi lief bei diesem Anblick ein Schaudern über seinen Rücken.

„Lass uns abhauen. Das kann nur Valentin sein", flehte Ilana Tobi an.

„Ich glaube, du hast recht", gab Tobi von sich.

Währenddessen trat der Mann mit der krächzenden Krähe auf seiner Schulter immer näher auf sie zu. Tobi und Ilana ergriffen die Flucht. Sie rannten zurück zum Ausgang des Friedhofes.

„Ja, rennt nur ihr Kinder. Ich werde euch finden", rief der schauderhafte Mann ihnen mit rauer Stimme hinterher.

Tobi und Ilana drehten sich kurz um. Der Mann blieb stehen und grinste sie heimtückisch an, ohne seine Blicke von ihnen abzuwenden. Die Jugendlichen rannten mit pochendem Herzen zu Tobi nach Hause. Gespannt sahen sie aus dem Fenster.

Valentin sahen sie weder an diesem Abend noch an den folgenden Abenden wieder, bis sie eines Nachts erneut mit ihren Freunden auf den Friedhof gingen.

Was dann geschah? Das steht auf einem anderen Blatt.

__Sonja Haas__ ist 49 Jahre alt, wohnt im hessischen Lampertheim. Ihre Hobbys sind Lesen so wie das Schreiben von Geschichten. Mit ihren Kurzgeschichten konnte sie Erfolge in diversen Anthologien verbuchen.

Der Ausflug

Maximilian blickte missmutig auf den Rhein hinaus. Was für ein doofer Ausflug. Mit der Fähre von einer Rheinseite zur anderen war nun nicht gerade berauschend.

„Was ist los, Maxi, gefällt es dir etwa nicht?“, neckte ihn Ronald, sein bester Freund. Der dachte über diesen blöden Ausflug genau wie Maximilian.

„Sehr witzig. Hätten wir nicht einen anderen Ausflug machen können? Da wäre ja selbst das Münster noch besser“, schimpfte er leise. Nicht, dass ihn noch Frau Engesser-Hugenschmidt hörte.

Ludmilla Engesser-Hugenschmidt war ihre Lehrerin in Erdkunde und Geschichte. Vielleicht war es nur natürlich, dass man in diesem Amt einen derartigen Ausflug unternahm. Immerhin hatte sie versprochen, dass sie nachher noch ein Eis essen gehen wollten. Ein Eis essen! Was waren sie? Sechsjährige? Sie war genauso alt, wie ihr Name sich anhörte. Sie war ganz in Ordnung, aber manchmal behandelte sie die Schüler genauso wie die Erstklässler. Immerhin waren die Jugendlichen in der achten Klasse. Alles, was ihrer Lehrerin einfiel, war eine blöde Flussfahrt und danach Eis essen gehen!

„Wisst ihr, dass dies die Klingental-Fähre *Vogel Gryff* ist? An Weihnachten wird die zur Weihnachtsfähre, das ist immer besonders hübsch“, erklärte sie voller Begeisterung.

Maxi verdrehte die Augen. Hoffentlich waren sie bald auf der anderen Rheinseite. Mit einem Mal ruckelte das Schiff. Was war denn das?

Die Kapitänin des kabelgebundenen Gefährts öffnete das Fenster und blickte angestrengt hinaus. „Was zur Hölle ...?“, entfuhr es ihr. Im selben Augenblick versank das Schiff im Nebel. Doch was war das? Der Nebel veränderte sich! Er wurde plötzlich ganz grün!

„Maxi! Hast du das gesehen?“, rief Ronald ganz aufgeregt.

Verwundert sah der Angesprochene seinen Freund an. „Was denn? Der Nebel ist eben mit Algen durchsetzt!“, gab er seine Vermutung zum Besten.

Ronald schüttelte energisch den Kopf. „Das meine ich gar nicht. Da war vorher ein Kopf!“, erwiderte er erregt.

Maxi sah seinen Freund ungläubig an. „Die Fantasie geht mit dir durch!“, spottete er.

Da erklang mit einem Mal ein lautes Heulen.

„Das hast du jetzt aber auch gehört, oder?“, schrie Ronald angsterfüllt.

Maximilian nickte. „Das ist bestimmt nur der Wind“, erwiderte er nervös. Auch die anderen wurden jetzt unruhig und alle sprachen durcheinander.

„Bitte alle zusammenbleiben! Das ist bestimmt nur vorüberziehender Nebel!“, rief Frau Engesser-Hugenschmidt energisch. Man konnte aber auch bei ihr die Unsicherheit hören. Nun, immerhin war sie die Lehrerin. Sie versuchte offensichtlich, Ruhe zu bewahren.

Doch mit einem Mal verdichtete sich der grüne Nebel und leuchtete heller auf. Was war denn das? Maximilian schrie erschrocken auf. Mit Grauen stellte er fest, dass die Besatzung und die anderen Passagiere sich verwandelt hatten. Das waren keine lebenden Menschen mehr.

Da vernahm er einen spitzen Schrei. Einer der geisterhaften Kreaturen hatte Frau Engesser-Hugenschmidt gepackt und versuchte, sie über Bord zu werfen. Entschlossen, mehr automatisch als überlegt handelnd, packte er seine Klassenlehrerin und zog sie wieder an Bord. Entsetzt gewahrte er, dass sich der Rhein verändert hatte. Das war nicht mehr der ruhige, breite Strom, den er von vorher kannte, nein, das Wasser hatte sich in ein rotbraunes Brodeln verwandelt, das unruhig schäumend gegen das Schiff brandete.

Wütend hieb er gegen die geisterhaften Kreaturen. Doch seine Hand traf keine Nase, als er zuschlug, sondern ging glatt durch den Kopf des Angreifers hindurch.

„Das sind ja wirklich Geister!“, entfuhr es Ronald entsetzt.

„Wie konnten diese Kreaturen nur Menschen von Bord holen, wenn normale Materie sie durchdrang?“, ging es Maximilian durch den Kopf.

Der Geist – Maximilian erkannte den Fährmann in ihm – stieß einen wütenden Schrei aus, der dem Jungen durch Mark und Bein ging. Er sprang auf Ronald zu und packte ihn am Kragen. Mittlerweile war die Vormittagssonne einem düsteren Dämmerlicht gewichen. Sie verschwand hinter einer roten Nebelsuppe. Verzweifelt versuchte dieser, sich aus dessen Griff zu befreien, aber jedes Mal, wenn er nach dem Geist schlug, traf er nur rote Luft.

„Was wollt ihr von uns?“, schrie der Junge ängstlich. „Vor vielen Jahren bin ich geflohen, als die Rheinfähre unterging und meine Passagiere dabei starben. Jetzt bin ich mit meinen Passagieren dazu verdammt, jeden im Rhein zu ertränken, der es wagt, unsere Fähre zu benutzen! Nur wenn es jemandem gelingt, das Schiff ans andere Ufer zu bringen, werden alle errettet“, erklärte der Geist zischelnd.

Das war ja hochinteressant, fand zumindest Maximilian. Es gab nur einen Weg zur Rettung. Sie mussten die Fähre an Land bringen. Nur so konnte der Fluch gebrochen werden und nur so konnte man alle retten. Nur wer sollte das tun? Vielleicht konnte ja seine Lehrerin helfen.

„Frau Engesser-Hugenschmidt, wir müssen versuchen, das Schiff zu übernehmen“, redete er eindringlich auf seine Lehrerin ein. Doch diese reagierte gar nicht. Aus schreckensgeweiteten Augen, dem Wahnsinn nahe, blickte sie ihn an.

„Na super, die ist uns keine große Hilfe“, stellte Ronald, immer noch mit den Geistern kämpfend, fest.

Mit einem heftigen Ruck gelang es Maximilian, sich endlich aus dem Griff seines Peinigers zu befreien. Er hatte jetzt keine Zeit mehr, sich um Frau Engesser-Hugenschmidt oder seine Schulkameraden zu kümmern. Es gab nur noch eines, was er tun konnte, ja, was er tun musste, um alle zu retten. Er musste diese verfluchte Fähre auf die andere Rheinseite bringen, koste es, was es wolle.

Entschlossen stürmte er auf die Brücke. Na, das sah ja nicht gerade besonders schwer aus, oder? Immerhin hing das Ding ja an einem Seil. Maximilian riss an dem Hebel, den er für das Gas hielt. Im selben Moment beschleunigte das Boot. Doch schon kam der Geist heran und versuchte, den Gashebel wieder in die andere Richtung zu drehen. Maximilian wurde klar, dass dieses armselige Geschöpf keine andere Wahl hatte. Der Fluch zwang es dazu, alles zu unternehmen, um die Ankunft auf der anderen Rheinseite zu verhindern.

Doch nun kam Ronald. Er zog sich den Gürtel von der Hose und band den Gashebel fest, sodass dieser Geist den Hebel nicht herunterdrücken konnte. Doch er hatte die Rechnung ohne die anderen Geister gemacht. Wütend kam die kleine Besatzung des Schiffes hereingedrängt und packte die Schüler. Ronald keuchte entsetzt auf, als einer der Geister ihn zu Boden warf. Da ruckelte die Fähre. Oh nein! Die anderen Geister versuchten, den Kurs umzukehren. Das durfte ihnen auf keinen Fall gelingen. Da krachte es. Im selben Moment erbebte die Wirklichkeit, anders konnte es Maximilian nicht beschreiben. Ein lauter Schrei erklang und der grüne Nebel löste sich auf. Verwirrt blickten sich die beiden Jungs, die das Schiff unter ihre Kontrolle gebracht hatten, um. Die Geister waren verschwunden. Die Fähre hatte das andere Ufer erreicht und lag dort nun fest.

„Willkommen auf der anderen Seite. Ich hoffe, die Fahrt hat Spaß gemacht!", rief der Fährmann fröhlich, während er noch die letzten Taue festzurrte. Wie vom Donner gerührt sahen ihn die Schüler an. „Alles in Ordnung?", erkundigte er sich.

Die Klassenlehrerin sah ihn nur groß an, während sie ihre Klasse von Bord geleitete.

„Vielleicht sollten wir jetzt wirklich ein Eis essen gehen", rief Maximilian.

Die anderen stimmten lachend mit ein. Das brauchten sie jetzt wirklich, nachdem dieser Schrecken vorbei war. Gemeinsam gingen sie fröhlich lachend in Richtung Stadtmitte. Endlich war der Horror vorüber, endlich.

Florian Geiger, *wohnhaft in Lörrach, geboren am 10. Februar 1982 in Heidelberg, schreibt seit seiner Kindheit gerne Geschichten, besonders aus den Bereichen Science Fiction und Fantasy. Bisher konnte er Kurzgeschichten in verschiedenen Verlagen veröffentlichen. Website: https://floriantobiasgeiger.jimdofree.com, Friendica im Fediversum: https://opensocial.at/profile/anarcheron*

Die Mitternachtsballerina

In den uralten Büchern einer Stadt, die so weit von uns entfernt liegt, dass wir sie vermutlich niemals in unserem Leben besuchen werden, ist die Geschichte der jungen Freifrau von Donnersbrück festgeschrieben. Jedenfalls behaupten die Bürger der Stadt, dass es ihre Memoiren seien. Richtig ist jedoch, dass sie nur die halbe Geschichte kennen. Nämlich die ihres Lebens: Wann und wo sie geboren wurde, wer ihre Eltern waren, wann sie getauft wurde und dass sie in sehr jungen Jahren – nämlich bereits mit 16 und der Zustimmung ihres Vaters – den herrschaftlichen Freiherrn von Donnersbrück heiratete.

Ob sie glücklich darüber war, weiß niemand genau. Vielleicht gehörte es sich so in jener Zeit und das Mädchen nahm es einfach hin. Aber vielleicht erfreute sie sich auch an dem pompösen Leben der Reichen und Schönen. Das Leben als Freifrau währte jedoch nicht lang. Bereits einige Monate später fand man sie ertrunken in dem See, der zu dem Schloss des Freiherrn gehörte. Wie das passieren konnte, wusste niemand. Es blieb als ungelöstes Rätsel jedem Leser im Gedächtnis haften.

Ob ihr es glaubt oder nicht, ich werde dieses Geheimnis heute lüften. Ich kann das, denn ich treffe die Freifrau von Donnersbrück ab und zu in den tiefsten Vollmondnächten, meist um Mitternacht herum, wenn ich nicht schlafen kann und durch nebelverhangene Parks oder Wiesen spaziere.

Ich erinnere mich genau, als ich sie das erste Mal entdeckte. Eine schlanke, helle Gestalt, die anmutig mit ausgebreiteten Armen und auf Zehenspitzen tanzte. Ein sanftes Leuchten begleitete sie während ihrer wunderschönen Drehungen. Das weiße Kleid bauschte um ihren zarten Körper und hüllte sie ein in einen Traum wie aus federleichtem Tüll. Genau wie eine Ballerina zu klassischer Musik, so grazil glitt sie über den See. Ich erschrak und schrie: „Vorsicht! Das Wasser ist tief!"

Ihre Arme sanken herab, sie schaute zu mir herüber und verschwand. Ja, wie von Zauberhand löste sie sich in Luft auf. Mir verschlug es die Sprache, doch statt fortzulaufen, sprang ich in den See.

Das kalte Wasser und auch die Angst lähmte meine Glieder, aber ich schwamm weiter bis zur Mitte und suchte sie vergebens. Am Ende meiner Kräfte kroch ich ans Ufer zurück und fiel ins nasse Gras. Ich war so müde, konnte kaum meine Augen offenhalten, da hörte ich ein leises Wispern.

„Wer bist du? Wie kann es sein, dass du mich sehen kannst? Niemand sieht mich sonst. Ich bin vor langer Zeit gestorben, aber ich tanze jede Nacht über die spiegelglatten Gewässer dieser Welt."

Ich blickte tatsächlich in ein helles, fast durchsichtiges und schönes Gesicht einer jungen Frau mit großen fragenden Augen und erklärte ihr, wer ich war. Daraufhin erzählte sie mir, dass sie nichts lieber tat als tanzen, dass ihre Füße nicht stillstehen könnten, sobald es dunkel wurde. Und dass sie die Nächte liebte, egal ob eisig oder schwül, nur ein großes Wasser müsste in der Nähe sein. Denn diese Tiefe habe sie damals gerufen, habe ihr eine so wunderbare Stille und Geborgenheit geboten, die sie nicht ablehnen konnte.

„Aber es kommt mir vor, als ob du lebendig wärst", entgegnete ich und wünschte, dass es so wäre. Da nahm sie meine Hand und ich konnte sie tatsächlich spüren.

Nun denkt ihr bestimmt, ich sei mit ihr gegangen, hinein in die Tiefe des Sees, um für immer mit ihr zusammen zu sein, aber da irrt ihr euch. Ich bin nicht nur ein Geschichtenerzähler, sondern seit dieser Begegnung zu anderem, Höherem berufen. Nicht als Geist bereise ich die Welt und treffe hin und wieder die Freifrau von Donnersbrück und andere Gespenster, sondern als Geisterjäger bin ich unterwegs.

Ich bin erbarmungslos, ich gebe es zu. Nur bei ihr mache ich jedes Mal eine Ausnahme. Warum? Das wird mir ein ewiges Rätsel bleiben.

__Ira Garlic__ hat auch ein bürgerliches Leben und arbeitet als Sekretärin. Nebenbei engagiert sie sich ehrenamtlich in verschiedenen Projekten zur Unterstützung von Kindern und Jugendlichen. Sie hat bereits Bücher und zahlreiche Geschichten veröffentlicht. Infos unter www.elvirareck.de.

Nachts auf dem Friedhof

Ob Halloween ist? Ja, heute ist zwar Halloween, aber ich bin nicht nur deshalb hier. Diese Stimmung nachts auf dem Friedhof ist immer die gleiche, egal, ob Halloween ist oder nicht. Ruhig, ganz ruhig. Kein Wunder, die liegen ja alle hier nur rum. Als ich vier Jahre alt war, war ich das erste Mal auf einem Friedhof. Es war, nachdem meine Großtante Elisabeth im Alter von 95 Jahren gestorben war. Einen schönen Sarg hat sie bekommen. Das war auch das erste Mal, dass ich einen Sarg gesehen habe. Ich war fasziniert. Jeder ist auf seine eigene Art schön. Ein tolles Abschiedsbett. Und auch die Grabsteine. So vielfältig wie Särge oder auch Urnen. Wie schön man es doch auch noch als Toter haben kann. Das finde ich schön und beruhigend.

Na ja, nun sehe ich den Vollmond scheinen. Hell leuchtet er und ich höre eine Eule. Ich stehe am Grab meiner Großtante. Der Mond lässt ihren Grabstein in schönem Licht erscheinen. Von der Hektik, die man im Alltag hat, merkt man hier nichts. Deshalb tut es immer wieder gut, hier zu sein. Ich gehe lieber zum Friedhof als in einen überfüllten Supermarkt. Ich gehe weiter und höre jetzt nur noch meine eigenen Schritte. Die Eule, die ich übrigens mal für mich Eugenie genannt habe, ist wieder weitergeflogen. Ich glaube, auch sie liebt diesen Ort.

Ich höre den Wind, der die Blätter zum Rascheln bringt. Man sagt, das sind die Geister, die für die Verstorbenen ein Konzert geben. Ich gehe weiter und erkenne die Kapelle. Ein geheimnisvoller, antiker Geruch steigt mir in die Nase. Ich schließe die Augen und genieße diese Atmosphäre. Es ist, wie zu Hause zu sein.

Ich öffne meine Augen wieder und besuche noch einige andere Gräber. Große rote Kerzen erleuchten mir den Weg. Ich liebe diese Farbe. Es sind die gleichen Kerzen, die ich auch zu Hause habe – für den Adventskranz. Wie schön sie leuchten. Friedlich und sachte brennen sie.

Friedlich und sachte, genauso wie der Wind jetzt auch die Grabblumen zum Schaukeln bringt. Es kommt mir fast so vor, als würde von den Verstorbenen eine geheimnisvolle Magie aus den Gräbern herauskommen. Sie wollen mich durch die Bewegungen der Blumen begrüßen. Sie sind nicht vergessen. Niemals. Was du im Leben liebst, verlierst du durch den Tod nicht. Sie sind alle unvergessen. Wer einmal das Licht der Welt erblickt, bleibt im Herzen überall.

Eugenie sitzt wieder auf ihrem Lieblingsbaum. Sie wacht hier über jeden. Der Vollmond scheint ihr ins Gesicht. Welch hübsches Tier sie doch ist. Die Kirchturmuhr schlägt Mitternacht. Meine liebste Zeit.

Der Mond verzieht sich, es wird windiger. Das ist die Magie der Verstorbenen. Sie sind in Höchstform. Sie wehen mir durch die Haare und lassen mich auch ein wenig frösteln. Die Magie lässt die Herzen der Toten erwärmen und beschert den Lebenden eine Gänsehaut. Dies ist ihre Stunde und ich genieße es. Sie sind mir alle so nah. Und doch ist es still. Friedlich still. So schön. Die Lichter flackern, die Blätter rascheln. Ein geheimnisvoller Ort. Still und sachte und überhaupt keine Eile.

Der Mond erleuchtet mir den Weg, ich spüre Eugenies Blicke auf mir. Und ich bleibe noch ein Weilchen hier.

Da erblicke ich plötzlich Estefania. Natürlich kommt sie. Gerade heute. Ihr langes, schwarzes Kleid ist ja schon Kult. Die Haare trägt sie immer offen. Der Wind weht ihr diese durcheinander und ich sehe, wie sie das genießt. Jetzt lächelt sie sogar. Das ist selten. Seit ihr Mann verstorben ist, kommt sie fast jeden Tag her, hat sie mir mal gesagt. Ein Wunder, dass sie überhaupt redet. Sie sitzt nur immer auf einer Bank, nahe des Grabes ihres Mannes, und starrt vor sich hin. Sie genießt wohl die Stille so wie ich.

Ich nähere mich ihr ein wenig. Vorsichtig streichele ich über die Lehne der Bank und setze mich zu ihr. Sie bemerkt mich gar nicht. Starrt nur weiter vor sich hin.

„Sie sind auch wieder hier?", fragt sie mich flüsternd nach einer Weile.

„Ja", antworte ich kurz und knapp. „Feiern Sie heute Nacht mit Ihrem Mann?"

Sie nickt.

Jetzt sehe ich eine Träne über ihre Wange gleiten.

Sie ist bei ihrem Mann.

Ich stehe auf und gehe ... Sie bleibt sitzen und starrt den Grabstein an.

Lisa Marie Kormann *hat bisher folgende Bücher geschrieben: „Mord in der Tanzschule", „Stella -Die Sternschildkröte", „Worldstories – Lesen, lieben, lachen", „Marions Delfingeschichten", Der Kammerkiller". Außerdem hat sie bereits viele Kurzgeschichten in Anthologien veröffentlicht. Als Kind der See engagiert sie sich als Patin und Botschafterin für den Meeres- und Tierschutz. Mehr Infos unter: www.limakormann.wixsite.com.*

Gruselmomente

Die gruslige Geschicht' am Lagerfeuer
es schafft, dass nichts mehr ringsumher geheuer.

Der Burggeist stöhnt und rasselt mit der Kette,
auf dass sich niemand vorm Erschaudern rette.

Schön gruslig sieht es aus, das Geisterhaus.
Wer drin ist, der will nur noch schnell hinaus.

Das Schlossgespenst macht nachts zur Geisterstunde
mit Spuken seine gruselige Runde.

Es heißt, es spukt im alten Schlossgemäuer,
auf dass es niemand jemals drin geheuer.

Der Werwolf hat erneut verwandelt sich
und heult im Vollmondschein gar schauerlich.

Es klopft in finst'rer Sturmnacht lang am Tor.
Man öffnet bang. Doch niemand steht davor.

Das Menschenmonster ist erwacht zum Leben
und für Entsetzen sorgt und banges Beben.

Das Burgverlies mit all den finst'ren Ecken
erneuert dauernd längst vergang'ne Schrecken.

In finst'ren Nächten der Vampir nicht ruht,
bevor gestillt sein Durst nach Menschenblut.

Der düst're Ort ist voll mit Spinngeweben,
die im Gesicht, in Haar'n, an Händen kleben.

Die Hexe nachts auf ihrem Besen reitet
und Angst und Schrecken unterm Volk verbreitet.

Der Totenkopf mit leeren Augen gafft
und grinst gar höhnisch. Einfach schauderhaft!

Der Knochenmann lässt klappern sein Gebein
und grinst aus seinem Totenkopf gemein.

Im Keller tummeln Mäuse sich und Ratten
bei wenig Licht und vielen düst'ren Schatten.

Die Mumie entsteigt dem Sarkophag,
auf dass in Adern Blut gefrieren mag.

Der alte Friedhof liegt in finst'rer Nacht.
Und zwischen Grabsteinen manch' Schauer wacht.

Der böse Zauberer nutzt dunkle Mächte,
macht noch bedrohlicher die finst'ren Nächte.

Ist auf dem Blocksberg wieder Hexenfest,
es Menschen Gänsehaut bekommen lässt.

Wolfgang Rödig *lebt in Mitterfels. Er hat seit 2003 mehr als 700 belletristische Kurztexte in Anthologien, Literaturzeitschriften, Tageszeitungen, Magazinen und Kalendern veröffentlicht.*

Die Geisterkuh

Mit klopfendem Herzen schreckte August aus dem Schlaf. Lautes Heulen und Bellen hatte ihn aus seinen Träumen gerissen. Er starrte in die Dunkelheit seines Kinderzimmers und versuchte, sich aus den Traumbildern zu befreien, die wie dicke Spinnenweben an ihm hafteten. Langsam erkannte er im Mondlicht die Umrisse seiner Kommode und des Schreibtischs. Wieder erklang das Bellen. Es war ihre Hündin Nala draußen im Hof. Aber warum machte sie so einen entsetzlichen Lärm? Es war mitten in der Nacht.

August schob die Decke zur Seite und tapste barfuß aus dem Zimmer. Die alten Holzdielen des Bauernhauses knarrten, als wollten auch sie sich über die späte Störung beschweren. Mit einer Hand am Geländer lief er die Treppe nach unten. Nala bellte lautstark weiter. Sie schien sich schrecklich aufzuregen. August rieb sich mit dem Ärmel seines Schlafanzugs über die müden Augen. Er sollte zurück ins Bett und weiterschlafen. Es gäbe Ärger, wenn jemand ihn um diese Zeit noch wach sah. Aber seine Eltern waren heute nicht da und Oma schlief so fest, dass nicht einmal das Bellen sie weckte. Es war keiner da außer ihm, um Nala zu beruhigen.

Er tastete sich durch den Hausflur zur Tür, öffnete sie und helles Mondlicht fiel herein. Es war Vollmond, vielleicht war die Hündin deshalb so aufgeregt. August trat nach draußen und stieß mit den Zehen gegen eine Schale, die auf dem Boden stand. Es schepperte und etwas Nasses, Kaltes spritze auf seinen Fuß. Automatisch bückte er sich danach und fasste direkt in eine Pfütze. Igitt. Mit einer Grimasse ließ er den Schlamassel liegen und ging weiter. Die Hand wischte er an seinem Hosenbein trocken.

Dass Oma aber auch immer eine Schale voll Milch vor die Tür stellen musste! „Wegen der Hofgeister“, sagte sie. Angeblich ein Schutz. Als ob ein Schälchen frischer Kuhmilch ausreichte, um kleine Wesen von Schabernack abzuhalten. Niemand außer Oma glaubte daran, trotzdem hielt sie an der Gewohnheit fest.

August schüttelte den Kopf und lief über den Hof. Auf der anderen Seite ging Nala auf und ab, während sie in die Nacht bellte. Bei seinem Anblick hörte sie auf und trabte ihm entgegen. Nala war ein großer, langhaariger Hirtenhund mit treuen Augen und liebevollem Herzen. Sie reichte August bis zum Bauch und oft kuschelte er sich in ihr helles Fell wie in ein übergroßes Kissen. Früher hatte sie für ihn ausgesehen wie ein mächtiger Löwe, der den Hof beschützte. Inzwischen kam sie ihm eher vor wie ein überdimensionaler Teddybär.

„Na, Nala, was machst du für Radau? Du hast mich aufgeweckt." Er strubbelte durch ihr Fell und sie wedelte mit dem Schwanz. Dann schaute sie wieder unruhig in die Ferne. August kraulte sie und folgte dem Blick, konnte aber nichts erkennen. Fröstelnd rollte er die Zehen ein und wollte schon zurück ins Haus, als er auf einmal etwas hörte. Erst dachte er, seine Ohren spielten ihm einen Streich. Das konnte gar nicht sein. Dann hörte er es noch einmal und jetzt war sich August sicher. Das war eine Kuh, die verängstigt muhte. Was zum Kuckuck tat die da draußen? Sie musste eine Lücke im Gatter gefunden haben und war ausgebüchst. Oh, je. Kein Wunder, das Nala so aufgeregt war. Die Kuh musste schnell eingefangen werden, bevor sie sich verlief. Aber – es war ja niemand da. Ausgerechnet heute!

Er biss sich auf die Lippen und schaute über die Schulter zum Haus. Dann raffte er seinen Mut zusammen. Wenn er alleine war, dann musste er die Kuh eben selbst einfangen. Es ging nicht anders.

„Nala, hilfst du mir?", fragte er die Hündin und sie folgte ihm sofort. Mit Nala an der Seite fühlte er sich schon mutiger. Aus dem Stall holte er sich einen Strick und seine Gummistiefel, dann folgte er dem fernen Muhen.

August lief den Kiesweg entlang und quer über die Wiesen auf einen Wald zu. Die Berge ragten als dunkle Schatten über ihm auf und drohten, den Sternenhimmel zu verschlucken. Obwohl der Mond hell schien und die Sterne funkelten, waren die Schatten der Bäume undurchdringlich. August schauderte und lief schneller. Auch Nala an seiner Seite war ganz still. Wo steckte die blöde Kuh nur? Er konnte sie jetzt schon deutlich hören. War sie etwa in den Wald gelaufen? Zaudernd betrachtete er die bedrohlich aufragenden Bäume.

Mit langsamen Schritten verließ er die Wiese und ging in den Wald. Die Äste über ihm schluckten das Mondlicht. Der Wind säuselte leise und auf allen Seiten raschelte und knackte es. August fühlte sich gar nicht mehr wohl in seiner Haut. Er stellte sich dicht neben Nala, bis er seine große Beschützerin berühren konnte. Unwillkürlich dachte er wieder an Omas Geschichten über kleine Wesen, die nachts auf dem Hof spukten.

Und da kam ihm auch eine andere Geschichte in den Sinn. Die Legende von einem Geist, der Hirten und Bauern in den Wald lockte, indem er verlaufene Tiere nachmachte. Wieder hörte August das dumpfe Muhen und sein Herz begann zu rasen. Steif klammerte er sich an den Strick in seinen Händen und machte einen Schritt zurück. Das Säuseln des Windes wurde zu einem tiefen Flüstern, dann zu leisem Knurren und zischendem Fauchen. Die Schatten wurden dunkle Gestalten. Mit einem Schrei drehte August sich um und rannte los. Weg! Er musste raus aus dem Wald.

Die schattenhaften Gestalten verdichteten sich vor ihm. Krallenhände griffen nach ihm, wollten ihn aufhalten. Aber da preschte Nala laut bellend an August vorbei und drängte die wilden Geister zurück. Tapfer wie ein Löwe griff sie an und machte den Weg frei, damit August weglaufen konnte. Und wie er lief! Wendig wie eine Bergziege sprang er zwischen den Bäumen und Sträuchern hindurch und rannte auf die Wiese. Nala blieb im Wald zurück. Er hörte ihr Kläffen durch das grässliche Fauchen der Geister. Er wurde langsamer. Ängstlich warf er einen Blick zurück. Er konnte sie nicht einfach bei diesen Wesen zurücklassen. Doch da erschien die Hündin zwischen den Bäumen, befreite sich mit einem Aufbäumen von den dunklen Klauen und rannte ihm nach. Gleich darauf hatte Nala ihn eingeholt. Gemeinsam rannten sie zurück über Wiesen und Wege.

Doch die Geräusche hinter ihnen wurden nicht leiser. Die Geister folgten ihnen! Das Knurren wurde zu wildem Heulen, als die Meute düsterer Gestalten ihnen hinterherjagte. August sah bereits das große Bauernhaus und noch einmal beschleunigte er seine Schritte. Schneller als ein Falke schoss er auf sein Zuhause zu, raste über den Hof und knallte fast gegen die Haustür. Er stürzte hindurch und kaum hatte sich Nala an ihm vorbeigezwängt, warf er die Tür ins Schloss. Schwer atmend stand er da und lauschte nach draußen. Nala hechelte und horchte mit ihren Schlappohren ebenfalls. Waren die Wesen noch da oder hatte er sie abgeschüttelt? Das Heulen und Fauchen war nicht mehr zu hören.

Erleichtert atmete er auf. Sie hatten es geschafft. Hier im Haus waren sie vor den wilden Geistern sicher. Mit zittrigen Gliedern stieg August die knarzende Treppe hinauf und ging in sein Zimmer. Die Hündin folgte ihm. Achtlos streifte er die Gummistiefel ab, kletterte in sein Bett und kroch unter die schwere Decke. Bis zur Nase zog er sie hoch, nur noch seine Augen schauten heraus, und er sah Nala im Mondlicht sitzen, das durch das Fenster hereinfiel. Zum ersten Mal war August froh, dass seine Oma jeden Abend eine Schale Milch vor die Tür stellte. Dann riss er plötzlich die Augen auf. Die Schale Milch, die die Geister beruhigte und das Haus schützte – die hatte er umgestoßen! Die Milch war ausgelaufen und im Boden versickert! Schreckstarr blickte er zu Nala, die mit gesträubtem Fell vor seinem Bett stand.

Svenja Lindner, *geboren 1998, arbeitet seit dem Abitur als Fachverkäuferin in der kleinen Handwerksmetzgerei ihrer Eltern in Weidenberg. Obwohl nie aus ihrem Heimatort weggezogen, lässt sie sich jeden Tag von ihren Büchern in fantastische Welten und fremde Leben entführen. Schon als Kind konnte sie sich dem Bann der Wörter nicht entziehen und empfindet heute die gleiche Ehrfurcht wie in einer Kirche, wenn sie die friedliche Stille einer Bücherei betritt. Inzwischen konnte sie sich eine eigene kleine Bibliothek in ihrer Wohnung einrichten, die fast dreihundert Romane umfasst. Diese Bibliothek der verlorenen Schätze wächst stetig, während verstoßene Romane aus zweiter Hand hier ein neues Leben finden, um geliebt und gelesen zu werden. Wenn sie nicht liest oder ihre Eltern in der Metzgerei unterstützt, lässt sie ihrer Fantasie am liebsten freien Lauf, indem sie zeichnet, bastelt oder eigene Welten und Geschichten erschafft. Ihre Freude an Märchen hat sich mit den Jahren in eine Faszination für Sagen, Legenden und Mythologien verwandelt, der sie mit großem Interesse folgt.*

Emma und die Geisterfrau

So schlimm sah das Zimmer gar nicht aus. Emma setzte sich auf ihr Bett, welches Vati auf ihren Wunsch hin direkt unter dem Dachfenster aufgebaut hatte. Mit der grün gemusterten Tapete, dem hellen Laminatboden und der Pendelleuchte aus Holz sah es fast schon gemütlich aus. Natürlich mussten erst einmal die restlichen Möbel und die vielen anderen Utensilien hier hereingebracht werden. Erst dann würde es wirklich nach Emmas Behausung aussehen.

Sie begann, den Karton mit den Büchern auszuräumen. Ihr großes Bücherregal stand nämlich ebenfalls schon. Draußen dämmerte es. Das noch gardinenlose Fenster an der rechten Giebelwand ging Richtung Westen, von da aus konnte man den Abendhimmel sehen, der ein Farbspektrum von Orange bis Violett präsentierte. Emma durchfuhr ein Seufzer. Kein Seufzer des Unmuts, sondern der Erleichterung, denn entgegen ihrer Befürchtungen schien es hier in dem alten Gutshaus gar nicht so schlimm zu sein. Vielleicht würde es sogar richtig schön werden.

Vati hatte mit den Renovierungsarbeiten in den letzten Monaten ein kleines Wunder vollbracht, das alte Gutshaus war lange nicht mehr so fürchterlich wie am Anfang. Doch das Tollste war, dass sich hier unter dem Dach ihr alleiniges Reich befand. Die Rumpelkammer nebenan würde in naher Zukunft ihr Wohnzimmer werden und in der ehemaligen Räucherkammer wollte Vati ihr eine Toilette mit Waschbecken einbauen, sodass sie nachts nicht immer nach unten gehen müssen würde, wenn sie mal musste. Mit 14 Jahren so etwas wie eine eigene Wohnung zu haben, das war schon was.

Emma kniff die Augen zusammen. Inzwischen war es so düster geworden, dass sie nicht einmal mehr den Titel des Buches in ihrer Hand entziffern konnte. Gerade wollte sie zur Tür gehen, wo sich der Lichtschalter befand, da verspürte sie plötzlich einen eisigen Luftzug, sodass es ihr eiskalt den Rücken hinablief und sich die Härchen an ihren Armen aufstellten. Sie warf einen Blick zu den beiden Fenstern und wurde darin bestätigt, dass die kalte Luft nicht von da kommen konnte, weil sie geschlossen waren. Angsterfüllt hastete sie zum Schalter und betätigte ihn. Die Pendelleuchte erhellte den Raum und verjagte mit ihrem warmen Schein die unbehagliche Kälte. Emma wischte mit den Händen über ihr Gesicht. Ein Blick auf ihre Armbanduhr sagte ihr, dass es bereits nach zehn war. Offenbar hatte ihr die Müdigkeit einen Streich gespielt.

„Du wirst es bereuen, hier eingezogen zu sein. Der Fluch wird dich und deine Familie ereilen", erklang eine grauenerregende Stimme.

Emma war aus dem Schlaf geschreckt und begriff sofort, dass das hier kein Traum war. Eine verschwommene Gestalt war neben ihrem Bett zu erkennen.

„Sieh zu, dass ihr von hier wieder verschwindet, sonst kann ich für nichts garantieren." Das Wesen begann, sich in Luft aufzulösen, und Emma starrte es mit rasendem Herzen an. Sie war sich sicher, dass dies ein Geist war, aber was wollte er von ihr? Schließlich konnte sie am allerwenigsten etwas für den Umzug. Wenn, dann hätte er sich an Vati wenden müssen, denn der war es gewesen, der entschieden hatte, dieses Gutshaus zu kaufen, trotz Muttis Bedenken, die ebenfalls die Wohnlichkeit dieses alten Gemäuers infrage gestellt hatte.

„Warte!" Endlich gelang es Emma, etwas zu sagen.

Die Gestalt wurde wieder sichtbarer. „Was ist? Hast du nicht genug gehört?"

„Wie ist dein Name?" Emma wunderte sich über ihren Mut, doch sie hatte irgendwie das Gefühl, sich mit dem Geist gut stellen zu müssen.

„Das geht dich absolut nichts an", erwiderte dieser und Emma konnte in der Stimme Verblüffung erkennen.

„Ich würde aber gerne wissen, wer mich hier so gemein bedroht."

„Ein Geist muss gemein sein."

„Wer behauptet das?"

Die Antwort auf diese Frage kam verzögert. „Anastasia Alwine Theresia Baroness von Kurzrock."

„Die behauptet das?"

„Nein, das ist mein Name. Und außerdem ist das hier seit Jahrhunderten mein Haus. Hier bin ich geboren", erklärte die Geisterfrau und fügte nach einer kurzen Pause an: „Und gestorben."

„Dann bist du also eine Frau?“, fragte Emma erstaunt. Nie im Leben wäre sie darauf gekommen, dass hinter der Gruselgestalt ein weibliches Wesen steckte, denn die nebulöse Stimme hörte sich nicht unbedingt weiblich an.

„Zumindest bin ich das einmal gewesen. In der Geisterwelt gibt es weder Männlein noch Weiblein. Doch den ehemaligen Menschennamen darf man behalten, wenn man möchte.“

„Und warum liegst du nicht wie jeder andere anständige Tote im Grab und gibst Ruhe?“

Die gespenstische Baroness blieb ihr die Antwort schuldig, denn mit einem Mal war sie verschwunden.

Erst in der nächsten Nacht erfuhr Emma, welche Geschichte hinter dieser ruhelosen Seele steckte. Pünktlich um Mitternacht erschien sie, diesmal jedoch wesentlich weniger Furcht einflößend. Offenbar spürte sie, dass Emma keine Angst vor ihr hatte, und gab sich keine Mühe mehr, grauenerregend zu sein.

„Warum warst du denn gestern so plötzlich verschwunden?“ Emma richtete sich im Bett auf, als sie die Erscheinung wahrnahm. Sie war extra wach geblieben, weil sie ahnte, dass der geisterhafte Besuch wieder auftauchen würde. Schon komisch, dass sie so unerschrocken mit dieser Spukgestalt umgehen konnte. Vielleicht lag das an den Hausgespenst-Büchern, die sie bereits mit zehn Jahren begeistert gelesen hatte und von denen sie alle acht Bände besaß.

„Die Zeit war vorüber.“

Emma nickte verstehend, denn natürlich wusste sie, dass eine Geisterstunde von Mitternacht bis ein Uhr ging. „Und warum spukst du hier herum?“

„Freches Gör! Ich spuke nicht, ich wohne hier! Außerdem, ich bin eine Adelsperson und möchte mit *Euer Hochgeboren* angesprochen werden.“

„Aber du ...“

„Falsch!“

„Aber Sie sind doch nicht mehr am Leben.“

„Das war wieder nicht richtig. Es hätte Euer Hochgeboren heißen müssen. Und ja, ein lebendiger Mensch bin ich wohl nicht mehr, aber ich bin noch hier. Oder möchtest du das infrage stellen?“

Emma schüttelte mit dem Kopf, denn sie war sich ziemlich sicher, dass sie nicht unter Halluzinationen litt. Sie erfuhr, dass die wohlhabend lebende Baroness kurz vor der Hochzeit mit ihrer großen

Liebe, dem Musiker Konrad Schönborn, an einer Blutvergiftung gestorben war.

„Aber warum sind Sie ... äh ... Verzeihung ... seid Euer Hochgeboren nicht im Totenreich, sondern spukt ... äh ... wohnt noch immer hier?"

„Ich fürchte, ich kann keinen Frieden finden, weil ich meinem geliebten Konrad nicht Lebewohl sagen durfte. Der Tod hat mich einfach überrascht. Wer konnte denn auch ahnen, dass eine kleine Wunde am Fuß mich gleich das Leben kosten würde."

„Meint Ihr, es würde helfen, sich im Nachhinein von ihm zu verabschieden und ihm noch einmal alles zu sagen, was Euch auf dem Herzen liegt?"

Die adelige Geisterfrau blickte verwundert drein und Emma war erstaunt, dass ein Geist überhaupt verwundert aussehen konnte. Sie holte im Licht des zum Dachfenster hereinscheinenden Vollmondes ihren Notizblock aus der Nachttischschublade und meinte: „Jetzt diktiert mir einen Brief an Euren Konrad. Sozusagen einen Abschiedsbrief."

Gesagt, getan.

Auf zwei Seiten beschwor die Baroness ihre Liebe und Trauer über die Trennung. Dann war die Geisterstunde auch schon wieder vorüber. Am nächsten Morgen holte sich Emma getrockneten Thymian und Salbei aus Muttis Gewürzregal, streute beides über den Brief, den sie in eine Metallschüssel gelegt hatte, und zündete das Ganze an. Irgendwo hatte sie nämlich einmal gelesen, dass das Räuchern mit bestimmten Kräutern ruhelosen Seelen dabei helfen konnte, den Weg ins Totenreich zu finden. Der Abschiedsbrief war Emmas Idee.

Nicht zu glauben, doch von da an war der Geist von Anastasia Alwine Theresia Baroness von Kurzrock nicht mehr gesehen.

***Manuela Bauer** wurde 1970 ins bayerische Mittelfranken geboren und wohnt seit inzwischen eineinhalb Jahren im Städtchen Münnerstadt, das zu Unterfranken gehört. Sie ist verheiratet, hat einen erwachsenen Sohn, ist gelernte Zahnmedizinische Fachangestellte und seit dem Umzug als Alltagsbegleiterin in einer ambulanten Pflegeeinrichtung tätig. Wenn es die Zeit zulässt, ist sie gerne kreativ, und zwar in Form von Handarbeit und Schreiben. Bücher sind schon von Kindheit an ein wichtiger Bestandteil ihres Lebens.*

Ein Besuch im Moor

Vielleicht war es doch keine gute Idee gewesen. Warum hatte sich Phryne nur überreden lassen, hierher mitzukommen? Zusammen mit ihrem Bruder Jack und dessen Freund Anthony war sie nach Darkmoor gefahren.

Sie allen kannten die Geschichte von Sherlock Holmes und dem Hund von Baskerville. Schon lange war Jack davon fasziniert. Sein Wunsch war, einen Geist zu sehen. Überall im Darkmoor gab es kleine Dörfer. Eines davon war Widecombe-in-the-Moor. Der Kirchturm war bereits von Weitem zu sehen und darauf steuerte Jack zu. Seine Schwester und sein Kumpel folgten ihm. Hinter dem Dorf gab es eine alte Ruine. Angeblich war es früher mal ein Gutshaus gewesen, heute standen nur noch die Wände. Das Dach war zum Teil eingestürzt. Hier gab es überall Funde aus der Bronzezeit. Egal ob nun Hütten, Gräber oder auch Menhire. Sein Ziel war jedoch die Ruine. Jack fand die Idee witzig. Angeblich sollte es hier spuken.

„Warum sind wir hier?", fragte Phryne.

Jack seufzte. „Na, wegen der Geister. Hier soll es welche geben. Was denkst du, warum ich die Kamera dabeihabe."

Wie zum Beweis hielt er einen Fotoapparat in die Höhe, dabei zog Phryne scharf die Luft ein. „Die gehört aber unserem Vater. Wenn er erfährt, dass du sie genommen hast, gibt es Ärger." Ihr Bruder zuckte nur die Schultern. Wenn er erst einen Geist auf Film gebannt hatte, konnte auch Vater ihm nicht böse sein.

Anthony seufzte leise und sah sich um. Die Ruine tauchte vor ihnen auf. Es war in der Tat nicht mehr als eine größere Hütte. Davor lagen moosbewachsene Steine.

„Dann gehen wir jetzt rein", rief Anthony den Geschwistern zu.

Beide fuhren auseinander, folgten dem Freund aber.

Der Eingang erschien ihnen wie ein dunkles Loch. Sollte es nicht hell dort drinnen sein?

Phryne warf einen Blick in den Himmel und zuckte leicht zusammen. Dicke, graue Regenwolken kamen näher. Auch der Wind nahm zu und brachte den gefürchteten Nebel aus dem Darkmoor mit. Das Mädchen fröstelte und schlang die Arme um sich. Als sie sich umblickte, waren die Jungs bereits in der Hütte verschwunden. Eilig folgte sie den beiden.

Drinnen war es um einiges kühler und vor allem dunkel. Hastig schloss Phryne zu den anderen auf und widerstand dem Drang, nach Jacks Hand zu greifen. Es war doch nur dunkel, kein Grund, sich zu fürchten.

Vorsichtig schlichen sie durch die Räume, bis Anthony überrascht stockte. „Hört ihr das?", wisperte er.

Die Geschwister hielten den Atem an. Zuerst war da nichts zu hören, aber dann ertönte ein leises Pfeifen. Es wurde etwas lauter und dann wieder leiser. Es scholl ab und ab. Phryne quietschte erschrocken und schloss die Augen. Ihr Herz machte einen Satz, es fühlte sich wie Achterbahn fahren an, nur viel schlimmer.

Auch der sonst so mutige Jack sah jetzt alles andere als mutig aus. Vorsichtig machte er einen Schritt zurück. Für einen Moment war es wieder still, dann kam das Geräusch zurück. Dieses Mal ein klein wenig lauter.

Erschrocken sah Anthony sich um, aber es war zu dunkel, um etwas erkennen zu können. „Was ist das?"

Jack schüttelte den Kopf und straffte sich. „Keine Ahnung. Schauen wir nach."

„Bist du verrückt?! Wenn es wirklich ein Geist ist, was machen wir dann? Ich will hier raus", drängte Phryne. Es war ihr in diesem Moment egal, ob ihr Bruder sie für einen Angsthasen hielt, sie wollte nur noch weg.

Jack warf ihr im Dunkeln einen Blick zu und zuckte dann mit den Schultern. „Ich will den Geist aber sehen", murrte er. „Ich bleibe auf jeden Fall hier. Das hier ist doch ein echtes Abenteuer."

Seine Schwester brummte etwas, was er nicht verstand, und wandte sich dann ab. „Ich bleibe nicht hier."

Gerade als Jack antworten wollte, ertönte das Geräusch wieder. Dieses Mal noch lauter. Es war ein lang gezogenes Pfeifen.

Anthony zuckte erschrocken zurück. „Willst du echt hierbleiben?" Fragend sah er seinen besten Freund an.

Dieser aber nickte. Auch er hatte Angst, aber er musste sein Gesicht wahren, um nichts anderes ging es hier. Er war kein Angsthase und das würde er allen beweisen. Mutig hob er die Kamera, während er ein paar Schritte nach vorn machte. Das Geräusch kam von rechts von ihnen, also ging er darauf zu. Phryne und Anthony folgten ihm. Er nahm ihre Hand und grinste dümmlich. Unter anderen Umständen hätte sie das nie zugelassen, aber so war sie dankbar für den Halt.

Langsam näherten sie sich einem zerbrochenen Fenster. Hier war nichts mehr zu hören. Der Wind zerrte an dem alten Haus und ließ die Schindeln klappern. Angespannt standen die drei im Raum und warteten. Vor allem Jack. Sein Atem ging schneller, als er auf den Geist wartete. Hinter sich konnte er seine Schwester und Anthony spüren.

Dann, ganz plötzlich, wehte Regen durch das kaputte Fenster und das Geräusch ertönte erneut. Es klang jetzt wie ein leises Stöhnen. Erschrocken schrie Phryne auf und klammerte sich an Anthony fest. Dieser war erschreckend blass geworden.

Nur Jack schien sich seine Angst nicht anmerken zu lassen. „Wer ist da?", rief er.

Aber er erhielt keine Antwort.

„Hallo, bist du ein Geist? Wenn ja, dann zeig dich doch." Unerschrocken wagte er sich weiter vor, zuckte dann aber dennoch zusammen, als das Stöhnen wieder zu hören war.

Das Stöhnen verwandelte sich in eine Art Fauchen und war dann ganz plötzlich wieder verschwunden. Die drei standen wie erstarrt da, während der Regen gegen die Scheibe trommelte.

Anthony war der Erste, der sich aus der Starre löste und sich räusperte. „Was machen wir jetzt? Es regnet", sagte er unnötigerweise. Neben ihm schlang Phryne die Arme um sich. Ihr war plötzlich kalt geworden „Ich will den Geist sehen", beharrte Jack.

Wie zur Bestätigung ertönte das Geräusch erneut, dieses Mal aber leiser und direkt neben ihnen. Die drei Freunde zuckten alle erschrocken zurück, nun auch Jack. Aber dann suchte er mit den Augen die Wand ab.

Dort lehnte ein altes Bild auf dem Boden. Der Rahmen war noch halbwegs intakt, aber das Bild selbst war durchtrennt. Der Wind verfing sich in den kaputten Leinwänden, diese schlugen immer wieder gegen die Wand. Dabei gab es eine Art Pfeifen von sich, während die Leinwand das Glas der Fensterscheibe berührte. Jack starrte das Bild an und blinzelte mehrfach.

Neben ihm schnappte seine Schwester nach Luft. „Ist das etwa dein Geist?", fragte sie erstaunt.

Anthony zuckte mit den Schultern. „Wenn ja, ist das aber kein so toller Geist. Lasst uns verschwinden."

Nur ungern folgte Jack den anderen. Er wollte doch einen Geist sehen und Bilder machen. Angesäuert folgte er den anderen und sah nicht den Schatten, der neben dem Bild schwebte.

Doreen Pitzler *wurde 1986 in Sachsen-Anhalt geboren, wo sie auch aufgewachsen ist. Schon früh entwickelte sie eine Vorliebe für gute Geschichten und inspirierende Welten. Zu Schulzeiten verband sie diese Vorliebe mit ihrer eigenen blühenden Fantasie und begann mit den Schreiben eigener Geschichten. Heutzutage ist das Schreiben ein willkommener Ausgleich zu ihrer Bürotätigkeit.*

Wilma Wipfelgeist

Es war eine dunkle Nacht. Nur der Mond und die Sterne am Himmel erhellten den Grusel-Wusel-Wald mit schwachem Licht. Hier, hoch oben in den Wipfeln der Bäume, lebte Wilma Wipfelgeist. Dort machte sie es sich auf den Ästen gemütlich, saß zwischen Blättern in den Baumkronen oder baumelte wie die Fledermäuse kopfüber. Tagsüber schlief sie meistens. Doch nachts erlebte sie die aufregendsten Abenteuer.

Auch in dieser Nacht war Wilma Wipfelgeist hellwach. Sie flog gerade über die Baumkronen der hohen Bäume und sang dabei vor sich hin, als sie plötzlich ein ohrenbetäubendes Geräusch vernahm. Erschrocken blieb sie mitten in der Bewegung auf der Stelle über den Baumwipfeln schweben. Was war das gewesen? Wie ein lautes Krachen hatte es geklungen. Gekreische und ein schrilles Quietschen hatten sich darunter gemischt.

Wilma Wipfelgeist war neugierig und wollte unbedingt wissen, woher das Geräusch gekommen war und was es verursacht hatte. Also hielt sie Ausschau. Hin und her flog sie über die hohen Bäume und nach einer Weile erblickte sie Flora und Flo, die beiden Fledermäuse. Sie flogen selten so hoch oben über dem Wald. Doch das Geräusch musste auch sie aufgeschreckt haben.

„Wilma!", rief Flora aufgeregt, als sie den kleinen, fast durchsichtigen Wipfelgeist entdeckte. „Komm schnell! Dahinten ist irgendwas passiert!"

„Hallo Flora, hallo Flo!", rief Wilma zurück. „Ja, ich habe ein unglaublich lautes Krachen gehört. Wisst ihr, was das war?"

„Nicht genau", antwortete Flo. „Kommt, lasst uns nachsehen. Ich glaube, es kam von dort hinten. Seht ihr den Rauch?"

Wilma und Flora nickten und zu dritt flogen sie zu der Stelle, von der jetzt ein bräunlicher Rauch aufstieg.

Dort angekommen, sanken sie tiefer. Viele Tiere des Waldes hatten sich an der Stelle versammelt. Und nun konnte Wilma Wipfelgeist auch erkennen, was geschehen war. Ein großer Baum lag quer über einem schmalen Fluss, der sich durch den Wald schlängelte.

Durch die Wucht des Aufpralls war staubige Erde als Rauch nach oben gestiegen. „Oh nein, oh nein! Es tut uns so leid! Oh nein, oh nein!", rief ein kleiner Biber mit piepsiger Stimme. Es war Bilal. Wilma kannte ihn und hatte sich schon hin und wieder mit ihm unterhalten.

Jetzt rief Bilal erneut: „Geht es allen gut? Oh nein, oh nein, was ist nur passiert?" Und ein anderer Biber lief rastlos auf dem umgekippten Baumstamm hin und her, von einer zur anderen Seite und wieder zurück, unschlüssig, was er tun sollte.

Wilma Wipfelgeist flog zu Bilal und den anderen Tieren hinab und fragte: „Was ist denn los, Bilal? Beruhigt euch erst mal. Und dann erzählt uns, was passiert ist."

Bilal atmete tief durch. Dann begann er zu erzählen. Die anderen Tiere des Waldes, darunter Rehe, Eichhörnchen und Eulen, standen um ihn herum und lauschten gespannt. Auch sie waren neugierig, wieso der Baum über den Fluss gekippt dalag.

„Die anderen Biber und ich haben gerade an unserem neuen Zuhause gebaut", fing Bilal an. „Wir haben wie sonst auch an den Bäumen und herumliegenden Ästen geknabbert. Da fiel plötzlich dieser Baum hier um und erstreckte sich über den Fluss. Dabei hat er unser neues Zuhause, das noch gar nicht ganz fertig war, zerstört. Vermutlich sind wir beim Knabbern, ohne es zu merken, zu tief an die Wurzel gelangt. Der Baum stand aber auch dicht hier am Fluss."

Bilal machte eine kurze Pause. Dann fügte er hinzu: „Es tut uns so leid. Wir wissen, wie wichtig jeder einzelne Baum in diesem Wald hier ist. Vor allem Eila Eichhörnchen ist dort so gerne geklettert. Es tut uns so leid."

„Keine Sorge", sagte da Eila Eichhörnchen. „Ich finde einen anderen Baum. Hauptsache, es ist niemandem etwas passiert."

Wilma Wipfelgeist nickte zustimmend: „Genau. Hauptsache, es geht euch gut. Gemeinsam werden wir euer Zuhause wieder aufbauen."

„Aber es wird ewig dauern, den großen Baum zu zernagen und wegzuschaffen", meinte Bilal nun. „Selbst dann, wenn alle mithelfen."

„Das denke ich nicht", gab Wilma Wipfelgeist zurück. „Ihr habt wohl vergessen, welch besondere Gabe Geister wie ich haben. Abgesehen davon, dass wir Besucher, die nachts im Grusel-Wusel-

Wald umherwandern, ganz fürchterlich erschrecken können, können wir auch ein bisschen zaubern.“ Sie lächelte.

Nach einer kurzen Pause ergänzte sie: „Ich bin immerhin ein Wipfelgeist. Mithilfe der Blätter aus den Wipfeln werde ich den Baum schnell verschwinden lassen. Wartet nur kurz. Ich bin gleich wieder da.“

Und damit flog sie hinauf in die Baumkronen, pflückte einige der Zweige mit Blättern daran und landete einen Moment später wieder unten bei den anderen.

„Passt gut auf“, sagte sie dann, hob mit den Blättern in den Händen erneut vom Boden ab, schwebte über den Baum und ließ Zauberstaub aus ihnen hinab auf den Baum rieseln. Wunderbar magisch und auch etwas unheimlich wirkte das Schauspiel und alle Tiere beobachteten gespannt, was Wilma Wipfelgeist vollbrachte. Es dauerte nicht lange und der Baum war tatsächlich verschwunden. Als hätte er sich in Luft aufgelöst.

„Das war großartig!“, riefen die Fledermäuse Flora und Flo im Chor. Und auch Bilal und die anderen Biber waren begeistert. Eifrig bedankten sie sich bei Wilma und gemeinsam mit den anderen Tieren machten sie sich daran, das Zuhause der Biber wieder aufzubauen.

„Warum kannst du eigentlich nicht alles zaubern?“, fragte irgendwann Eila Eichhörnchen. „Dann hättest du den Baum wieder aufstellen können.“

„Das geht leider nicht“, antwortete Wilma Wipfelgeist. „Der Zauber der Wipfel vermag nun mal nicht alles. Aber glaub mir, das, was ich Gutes durch ihn tun kann, werde ich tun. Auch wenn mal wieder jemand in Schwierigkeiten stecken sollte. Wofür habt ihr hier im Grusel-Wusel-Wald schließlich einen Wipfelgeist?“

Sie lachte erneut und flog dann, nachdem sie es geschafft hatten, das Haus der Biber wieder aufzubauen und sogar zu beenden, sodass diese nun richtig darin leben konnten, zurück hinauf in die Baumwipfel, ihr Zuhause. Das war aufregend gewesen.

Und obwohl Wilma Wipfelgeist etwas müde war, erschreckte sie auch in dieser Nacht wieder einige Besucher, die eine Nachtwanderung durch den Grusel-Wusel-Wald machten. Die Besucher liefen schreiend davon, aber Wilma Wipfelgeist achtete stets darauf, sie nicht zu sehr zu verängstigen.

Und manche von ihnen schienen sich durchaus gerne erschrecken zu lassen. Denn sie waren nicht zum ersten Mal im Grusel-Wusel-Wald unterwegs. Als würden sie nur darauf warten, dass Wilma Wipfelgeist sie erschreckte und sie sich so richtig schön schaurig gruseln konnten.

Sarah Sophie Vierheller, *geboren 1996 in Darmstadt, hat Deutsch und Evangelische Religion, zuerst in Flensburg, dann in Oldenburg, wo sie derzeit lebt, studiert. Neben dem Schreiben sind ihre Hobbys Tennis und Flöte spielen.*

Emily

Marc war von einer seltsamen Leidenschaft erfüllt: das Erkunden alter Friedhöfe und das Fotografieren vergessener Grabmäler. Seine Besessenheit galt der Vergangenheit und den Geheimnissen, die sich in den verblassten Buchstaben verbargen. In seinen Träumen erschuf er sich Bilder, wie das Leben der Verstorbenen ausgesehen haben mochte, die dort im Schoß der Erde ruhten.

An diesem nebeligen Herbsttag schritt er durch das vermooste Tor und irrte zwischen den grünen Hügeln mit den Grabsteinen umher, die wie stumme Zeugen des Todes wirkten. Der Friedhof war einsam und still. Marc streifte zwischen den Gräbern hin und her und suchte nach den ältesten und prächtigsten Grabmälern. Er entzifferte die Namen auf den zerfressenen Inschriften und versuchte, sich die Gesichter und Geschichten der Menschen vorzustellen, die dort schliefen.

In einer finsteren Ecke des Friedhofs stieß er auf ein verlassenes, von Dornen umranktes Grab mit einer verwitterten Statue. Von Moos bedeckt und von der Zeit gezeichnet, strahlte sie eine Aura des Grauens und der Einsamkeit aus. Marc wurde von der düsteren Schönheit des Ortes angezogen und beschloss, ein Foto davon zu machen. Als er sein Smartphone aus der Tasche zog und auf den Auslöser drückte, hörte er plötzlich ein leises Geräusch. Es klang wie das Kichern eines kleinen Mädchens, doch es war verzerrt und böse. Marc fröstelte und er drehte sich erschrocken um, aber er konnte niemanden sehen. Nur die Grabsteine und die dunklen Bäume starrten ihn an.

Plötzlich kam Herr Schneck, der Friedhofsgärtner, um die Ecke. Er hatte einen seltsamen Gesichtsausdruck – eine Mischung aus Verwirrung und Angst. Marc fragte ihn, ob er das Kichern ebenfalls gehört habe.

Herr Schneck nickte und sagte mit zitternder Stimme: „Ja, ich habe es auch vernommen. Es ist nicht das erste Mal, dass ich dieses gespenstische Lachen auf dem Friedhof höre. Es gibt dazu eine Geschichte, die die Leute in Angst und Schrecken versetzt."

Marc war neugierig und drängte Herrn Schneck, ihm die Geschichte zu erzählen.

Der Friedhofsgärtner senkte seine Stimme und begann: „Vor vielen Jahren verschwand ein sechsjähriges, blondes Mädchen hier auf dem Friedhof. Niemand hat je herausgefunden, was mit ihm geschehen ist. Einige glauben, dass es von den Geistern der Toten entführt wurde und nun hier herumirrt auf der Suche nach jemandem, der ihm hilft, diesem Albtraum zu entkommen."

Marc spürte einen Schauder über seinen Rücken laufen, als er die Worte hörte. In diesem Moment ertönte wieder das Lachen – diesmal viel lauter und näher. Es kam aus der Richtung des Grabes, das Marc gerade fotografiert hatte. Als die beiden sich umdrehten, stand zu ihrem Entsetzen ein kleines, blondes Mädchen direkt vor ihnen. Ihr blasses Gesicht war von Tränen gezeichnet und ihre Augen wirkten leer und hoffnungslos. Marc und Herr Schneck erstarrten vor Schreck.

Das Mädchen begann zu sprechen, seine Stimme klang brüchig und fern: „Hilfe ... Ich kann nicht gehen ... Bitte helft mir ..."

Marc spürte eine unheimliche Kälte, die von dem Mädchen ausging. Es war offensichtlich, dass hier etwas Übernatürliches am Werk war.

Herr Schneck fasste sich als Erster und trat einen Schritt auf das Mädchen zu. „Keine Angst, wir sind hier, um dir zu helfen. Wie heißt du? Was ist passiert?"

Das Mädchen starrte ihn mit einem ausdruckslosen Blick an und flüsterte: „Mein Name ist Emily. Ich weiß nicht, was passiert ist. Plötzlich war ich allein hier auf dem Friedhof. Und ich kann nicht fortgehen. Es fühlt sich an, als würden mich unsichtbare Hände festhalten."

Marc und Herr Schneck bemühten sich, Emily zu beruhigen, während sie ihr versicherten, dass sie ihnen vertrauen könne. Sie erzählten ihr von der düsteren Geschichte des Mädchens, das vor vielen Jahren auf mysteriöse Weise verschwunden war. Doch Emily wiederholte verzweifelt, dass sie sich an nichts erinnern könne, außer dem schaurigen Augenblick, als sie plötzlich zwischen den Gräbern erwachte.

Die beiden beschlossen, so schnell wie möglich den Friedhof zu verlassen und Emily in Sicherheit zu bringen. Doch als sie sich auf den Weg machten, sahen sie mit Entsetzen, dass die Friedhofsmauern zu wachsen schienen und das massive Eingangstor mit einem krachenden Geräusch zuschlug und sich nicht mehr öffnen ließ. Die einst vertraute Umgebung verwandelte sich vor ihren Augen in ein finsteres Labyrinth, das sie gefangen hielt. Panik ergriff sie, als sie fieberhaft nach einem Ausweg suchten. Ein eisiger Schauer lief ihnen über den Rücken, als sie merkten, dass sie nicht allein waren.

Der Friedhof schien ein Eigenleben zu entwickeln. Die Grabsteine setzten sich in Bewegung und bildeten unheimliche Barrieren, die ihren Fluchtweg versperrten. Die Bäume neigten sich bedrohlich, als ob sie nach ihnen greifen wollten. Eine beklemmende Stille lag über dem Ort, nur unterbrochen vom Flüstern der finsteren Schatten, die sich um sie herum bildeten. Marc, Herr Schneck und Emily versuchten vergeblich, sich gegen die wachsende Dunkelheit und die einengenden Mauern zu wehren. Sie rannten und irrten durch die verwinkelten Pfade, doch je weiter sie liefen, desto enger schienen sich die Mauern um sie zu schließen.

Ihre verzweifelten Schreie zerrissen die Stille, doch niemand hörte sie. Spöttisch starrten die Grabsteine auf sie herab, während der Friedhof sich um sie herum wie ein gnadenloses Gefängnis schloss. In diesem grausamen Spiel schien die Zeit sich zu dehnen, während die Dämmerung ihre dunklen Finger über den Friedhof ausstreckte. Die unheimlichen Schatten wurden immer länger und die Hoffnung schwand mit jedem Herzschlag. Der Gedanke an Rettung war nur noch ein ferner Traum und die Gewissheit, dass sie den Friedhof niemals lebend verlassen würden, erdrückte ihre Seelen.

In dieser ausweglosen Situation hatte Marc eine Idee. Gemeinsam bildeten die drei einen Kreis, umklammerten ihre Hände fest und begannen zu beten. Plötzlich durchbrach ein gleißendes Licht den Friedhof. Es strahlte aus ihren verbundenen Händen hervor und erfüllte den gesamten Ort mit einer blendenden Helligkeit. Die Mauern und Schatten wurden von dem Licht zerrissen und lösten sich auf. Das Eingangstor des Friedhofs öffnete sich und ein sanfter Wind strich über ihre Gesichter.

Die drei nutzten die Chance und rannten um ihr Leben, während das gleißende Licht sie beschützte. Als sie den Friedhof verließen, schlugen ihre Herzen wild und ihr Atem kam in hastigen, erleichterten Schüben. Die frische Luft erfüllte ihre Lungen und das Gefühl der Freiheit umhüllte sie wie eine warme Decke. Sie sanken auf den Boden nieder, erschöpft und glücklich, dass sie dem schaurigen Ort entkommen waren. Mit Herrn Schnecks Auto erreichten sie die nächste Polizeistation, wo sich eine Beamtin liebevoll um Emily kümmerte. Marc und Herr Schneck fuhren schweigend nach Hause. Die Nacht lag ruhig und still vor ihnen, aber beide spürten, dass etwas nicht stimmte.

Marc vertiefte sich in seine Leidenschaft für die Fotografie, aber er bemerkte, dass seine Bilder immer wieder seltsame Schatten und Gestalten zeigten, die er nicht erklären konnte. Herr Schneck kümmerte sich weiterhin um den Friedhof, aber er fühlte sich ständig beobachtet und bedroht von den Grabsteinen, als ob die Geister der Verstorbenen seine Anwesenheit missbilligten. Emily hatte das Gefühl, dass der Friedhof sie immer noch verfolgte und nicht mehr losließ. Ihre Nächte waren von albtraumhaften Visionen geprägt, in denen die Grabsteine ihren Namen flüsterten und sie unaufhörlich riefen.

Volker Liebelt, *geboren 1966 in Öhringen, ist Bankkaufmann und hat bereits über 40 Geschichten in verschiedenen Anthologien veröffentlicht. Dieses Mal präsentiert er mit „Emily" seine zweite Gruselgeschichte für die Reihe „Wo die wilden Geister wohnen", nachdem er bereits mit „Das Mädchen mit der Kerze" erfolgreich war. In dieser neuen Erzählung begegnen wir abermals Marc und Herrn Schneck, die ein schauriges Abenteuer auf dem Friedhof erleben. Doch lasst euch selbst von der spannenden Geschichte fesseln ...*

Der Bus der verlorenen Seelen

Annika stand im Regen. Nur der einsame Schein vom Bushäuschen beleuchtete sie von hinten, wie sie dastand, in ihre bunte Regenjacke gehüllt, die blonden Haare tropfnass, weil sie die Kapuze nicht überziehen mochte, die gelben Gummistiefel, die klitschnasse Jeans und den Rucksack mit den bunten Schmetterlingen auf dem Rücken. Es war so spät, sicher schon mitten in der Nacht. Eigentlich sollte Annika zu Hause im Bett liegen und schon längst schlafen, doch sie konnte nicht. Deshalb war sie aus dem Fenster geklettert, als sie hörte, wie ihre Eltern zu Bett gegangen waren, und war hergekommen. Nach Hause konnte sie nicht mehr zurück, nie mehr! Sie schniefte, dann gähnte sie und zog die Schultern hoch gegen den kalten Wind, der sie mit Eisesfingern liebkoste und in jede Ritze ihrer Kleidung zu kriechen versuchte.

Nein, nach Hause konnte sie nicht mehr. Nicht nach dem, was sie angerichtet hatte. Alles, was ihr blieb, war wegzulaufen und irgendwo weit, weit entfernt ein neues Leben anzufangen. Und darum wartete sie vor dem Bushäuschen auf den Nachtbus, der bald kommen musste. Es war doch schon so spät.

Annika gähnte, dann schniefte sie wieder und wischte sich mit der Hand über das regen- und tränennasse Gesicht. Sie konnte nicht mehr zurück nach Hause, nicht nach dem, was sie angerichtet hatte.

Aus dem Dunkel der Straße tauchten weiße Scheinwerfer auf. Annika richtete sich auf, wischte sich noch einmal über das Gesicht. Aber ihre Unterlippe bebte leicht, als sie das Motorengeräusch näherkommen hörte.

Nie wieder nach Hause. Nie wieder würde sie ihre Eltern sehen oder von ihnen in die Arme genommen werden. Nie wieder. Weil sie etwas Entsetzliches getan hatte, etwas Unentschuldbares.

Der Bus hielt ächzend und stöhnend vor ihr, die vorderen Türen sprangen auf. Annika holte tief Luft, dann stieg sie die in den Bus. Der Fahrer sah sie kaum an, wollte weder ihre Fahrkarte noch Geld sehen, sondern winkte sie einfach durch. Seltsam.

Annika ging den Gang nach hinten. Das Innere des Busses war warm, so warm, dass die Scheiben beschlagen waren und sie nicht hinaussehen konnte. Es musste die Heizung sein, denn Fahrgäste sah sie nur vier, die verteilt auf ihren Plätzen saßen und zu den beschlagenen Scheiben hinausstarrten. Sie setzte sich und der Bus fuhr wieder an. Annika schälte sich aus den Riemen ihres Rucksacks, den sie auf den Sitz neben sich stellte. Dann faltete sie die Hände im Schoss und kämpfte wieder mit den Tränen.

Nie wieder nach Hause!

In ihr drin war ein tiefer Schmerz, der gegen ihr Herz drückte und ihr übel werden ließ. Doch sie war tapfer, krallte die Finger in ihre Handballen, kniff die Lippen fest aufeinander und starrte auf die Rücklehne des vorderen Sitzes. Jemand hatte mit Edding dort etwas geschrieben, doch im wenigen Licht im Inneren konnte sie es nicht entziffern.

„Was tut denn eine junge Dame um die Uhrzeit in einem Bus?", fragte da plötzlich eine Stimme und Annika zuckte zusammen. Dann sah sie auf und fand auf der anderen Seite des Ganges eine ältere Frau mit weißen Haaren, die sie freundlich über ihre Brillengläser hinaus musterte. Warum war ihr diese Frau nicht vorher aufgefallen?

„Ich ... ich fahre weg", antwortete Annika leise und setzte noch leiser hinzu: „Weit weg."

Die Frau nickte verstehend. „Das tun wir alle", antwortete sie, „wir alle fahren weit, weit weg."

Überrascht blickte Annika die Frau an, dann drehte sie sich um und sah nach hinten, wo die anderen Fahrgäste saßen.

Das Mütterchen lächelte wieder. „Wir alle laufen weg", sagte sie, „wir haben schreckliche Dinge getan, vor denen wir davonlaufen."

Annika starrte die Frau mit großen Augen an. „Wirklich?", fragte sie.

Das Mütterchen nickte. „Grässliche Dinge", sagte sie mit Nachdruck, „das hier ist nämlich der Bus der verlorenen Seelen. Verloren, weil wir alle davongerannt sind." Sie neigte den Kopf. „So wie du. Du wirst eine von uns werden, meine Kleine, und für immer für die grässliche Tat büßen, die du getan hast." Plötzlich wirkte das Lächeln gar nicht mehr freundlich.

Annika erschauderte. Ja, es war schlimm, was sie getan hatte. Sie hatte auf Finn, ihren kleinen Bruder, aufpassen sollen. Das hatte sie auch – eine Weile. Aber dann hatte er sich in die Windeln gemacht und sie hatte versucht, sie ihm zu wechseln, und dabei ... dabei war er vom Wickeltisch geplumpst, einfach so. Er hatte geschrien und geschrien und geschrien und Annika hatte nicht gewusst, was sie tun sollte. Schließlich, nachdem sie ihn wieder auf den Tisch bugsiert hatte, war es ihr doch noch gelungen, die Windel zu wechseln. Und dann war Finn plötzlich ganz ruhig gewesen und Annika hatte Angst bekommen und war sicher gewesen, sie hätte ihrem kleinen Bruder wehgetan. Deshalb musste sie fort, denn wenn ihre Eltern herausfanden, dass ihr Finn vom Wickeltisch gefallen war, weil sie eben nicht richtig aufgepasst hatte ...

„Ich verstehe", sagte die Frau, als könne sie Annikas Gedanken lesen, „du hast also deinen Bruder auf dem Gewissen. Ein schweres Vergehen!"

Annika wurde es heiß und kalt zugleich. Aber Finn hatte doch noch gelebt! Er hatte geschrien wie am Spieß, hatte getreten und geboxt und es ihr wirklich schwer gemacht.

„Alles Ausreden", erklärte die Frau.

Finn war ruhig geworden, sie hatte ihn auf dem Arm gehalten, wie ihre Mutter es ihr gezeigt hatte, hatte ihn in sein Bettchen gelegt. Und dann war er still gewesen. Hatte sie ihn am Ende gar nicht verletzt?

„Tu das nicht. Es ist deine Schuld", warnte die Alte sie. Sie konnte wirklich Annikas Gedanken lesen, ging ihr auf. Und das war gruselig!

Und Annika fiel plötzlich noch eines auf: Die Frau war gar nicht richtig da. Sie konnte durch ihren Körper hindurch den Sitz sehen. Sie war ein Geist!

„Du bist schuld, Annika", wiederholte die Alte, „nur du allein. Und darum musst du fort von deinen Eltern, von deinem Bruder, von deinen Freunden. Weil du Schuld auf dich geladen hast!"

„Es war ein Unfall!", schrie Annika plötzlich. Es brach einfach aus ihr heraus und die Worte krachten gegen die alte, durchsichtige Frau mit einer Wucht, dass diese vom Sitz geschleudert wurde. Und Annika spürte, wie die Bremsen ansprangen, und kniff die Augen fest zusammen.

Als sie sie wieder öffnete, stand ein Bus vor ihr, die Türen geöffnet. Der Fahrer sah sie ungeduldig a an. „Mitfahren oder nicht?", fragte er.

Annika wischte sich über das Gesicht, wischte Tränen und Regen fort. Dann schüttelte sie den Kopf, drehte sich herum und lief zurück nach Hause.

Sie würde nicht mehr davonlaufen, nein! Sie würde sich stellen und ihren Eltern beichten, was passiert war, dass sie Finn hatte fallen lassen. Aber sie würde sicher nicht zurück in den Bus der verlorenen Seelen steigen.

Ramona Schroller *wurde 1971 in Nordrhein-Westfalen geboren und lebt heute in Schleswig-Holstein. Schon immer dachte sie sich Geschichten aus und begann im Alter von zehn Jahren, diese auch aufzuschreiben oder zu zeichnen. 1994 Mitherausgeberin von „Ich fasste mir ein Herz und fragte ..." einer Anthologie über Ausländerfeindlichkeit und gegen das Vergessen. Diverse Kurzgeschichten veröffentlicht zwischen 1995 und 2006 in verschiedenen Anthologien. Rezensentin für diverse Online-Portale (u. a. Fantasyguide.de) zwischen 2003 und 2007. Gutachterin für einen Kleinverlag im Jahre 2006 bis zu dessen Schließung. Danach Übersetzerin und Redakteurin für verschiedene Online-Portale, ab 2010 bis 2015 Onlineveröffentlichungen größtenteils in englischer Sprache. 2013 veröffentlichte sie ihren bisher einzigen Roman „Der Spuk im Rosen-Haus".*

Die Hexe vom Mühlbachtal

Im nördlichen Schwarzwald gab es vor langer Zeit ein Dorf, welches Finsternbrunnen hieß und im düsteren Mühlbachtal lag. Am Rande jener Ortschaft, in einer kleinen Hütte, lebte eine alte Frau, welche von den Dorfbewohnern gemieden wurde. Im Ort nannte man sie *die Kräuterhexe*, weil sie sich in der Pflanzenkunde auskannte und geheimnisvolle Tränke zusammenbrauen konnte. So manchen Dorfbewohner hatte sie zwar mit einem ihrer Säfte geheilt, doch verlangte sie niemals Geld dafür. Man munkelte, dass sie ihren Patienten deren Seelen zum Dank verpfänden ließe, um sie dann in deren Sterbestunde an den Teufel weiterzugeben. Dieser lohnte es der Alten jedes Mal mit 100 Golddukaten. Die Seelen der Verstorbenen, welche die Hexe in so schändlicher Weise verschacherte, fanden jedoch keine Ruhe und manchmal erschienen sie den Dorfbewohnern als klagevolle Geister.

Eines Tages saß die Hexe vor ihrer Hütte und erblickte die Frau des Dorfschulzen, welche an ihr vorüberging und sie keines Blickes würdigte. Die junge Frau trug ihr erstes Kind unter dem Herzen. Sie und ihr Mann freuten sich schon sehr auf die Geburt.

„Seid gegrüßt!", rief die Hexe zu der Frau. „Eitel seid Ihr gar wohl! Habt es offenbar nicht nötig, die Bewohner Eures Dorfes zu beachten!"

„Alle Bewohner, außer dir, du Hexe!", gab die Frau des Schulzen barsch zurück.

Da sprang die Alte wie eine Furie in die Höhe, lief zu der erschrockenen jungen Frau und packte sie am Kragen. „Ha, eine Hexe nennt Ihr mich? Passt nur gut auf, dass ich nicht wirklich als Hexe an Euch handle!"

Verstört lief die Frau des Dorfschulzen nach Hause und erzählte alles ihrem Mann. Doch der tat dies als leere Drohung ab.

Eine Woche später erwachte die junge Frau in der Nacht mit schrecklichen Schmerzen. Sie wollte ihren Mann wecken, doch die Schmerzen waren zu stark und sie verlor die Besinnung. Noch in derselben Nacht gebar sie einen Knaben. Er kam tot zur Welt. Der

Kummer über den Tod ihres Kindes zerriss der unglücklichen Frau das Herz. Kurz darauf erkrankte sie an einem tückischen Fieber und folgte kurz darauf ihrem Kinde in die Ewigkeit. Der Dorfschulze zerbrach an dem Unglück. Einen Monat später fand man ihn im Wald. Er hatte sich erhängt.

Die Menschen im Dorfe waren bestürzt und jeder glaubte, dass die böse Alte für dieses Unglück verantwortlich war. Der Müller des Dorfes wollte sich der Hexe entgegenstellen und dem Spuk ein Ende bereiten.

In einer mondhellen Nacht trafen sich etwa 20 Männer in der Mühle und der Müller sprach: „Freunde! Denkt an eure Frauen und Kinder! Wir müssen dieser Hexe Einhalt gebieten. Wer weiß, wie viel Böses sie sich noch ausdenkt."

Als die Geisterstunde vorüber war, schlichen sich die Männer zu dem Haus der Hexe. Die Hütte lag in tiefer Finsternis. Offenbar schlief die Alte. Die 20 Männer stellten sich im Kreis um die Hütte auf. In ihren Händen trugen sie brennende Fackeln, mit welchen sie das Haus der Hexe anzündeten. Nach kurzer Zeit stand die Hütte in lichterlohen Flammen.

Plötzlich vernahmen die Männer entsetzliche Schreie. Offenbar war die Alte aufgewacht und versuchte, den Flammen zu entkommen. Doch es gelang ihr nicht. Ihre Todesschreie vermischten sich mit den übelsten Verwünschungen und Flüchen, welche sie gegen ihre Henkersknechte ausstieß. Manch einer der Männer hielt sich vor Entsetzen die Ohren zu.

Mit einem Mal setzte ein heftiger Platzregen ein. So brannte die Hütte der Alten nicht vollständig nieder. Schwarze, rauchende Balken erinnerten wie Mahnmale des Grauens an das Hexenhaus und seine unheimliche Bewohnerin.

Man begrub die Leiche der Hexe außerhalb des Friedhofes in ungeweihter Erde. Damit, so glaubten die Männer, wäre der Spuk endgültig vorbei. Doch dies war ein verhängnisvoller Irrtum. Der Leib der Hexe war zwar zerstört worden, doch ihr böser Geist lebte weiter, denn die Männer hatten ihre Seele ja nicht durch ein christliches Ritual vernichtet.

Und noch etwas war schrecklich: Als die Männer die Reste der abgebrannten Hütte fortschaffften, standen diese am nächsten Morgen wieder am selben Platz! Und mochten es die Männer auch noch so oft versuchen, die Ruine endgültig zu beseitigen, so stand sie am nächsten Morgen wieder da. Bald traute sich niemand mehr, Hand an die unheimliche Hütte zu legen.

Nun folgten schreckliche Zeiten. An jedem Jahrestag, an welchem die Hexe verbrannt wurde, kam Unheil über das Dorf. Im ersten Jahr nach der unheilvollen Tat schlug ein Blitz in das Haus des Müllers ein. Er und seine ganze Familie kamen in den Flammen um. Im Jahr darauf ging ein so schrecklicher Regen über Finsternbrunnen nieder, dass drei Bewohner in den Fluten ertranken. An jedem dieser schrecklichen Jahrestage aber stand die Hütte der Hexe unzerstört an ihrer alten Stelle! Im Inneren des Gebäudes hörte man die Alte lachen und rumoren! Sie freute sich über das Unglück der Dorfbewohner und verspottete sie in ihrem Leid.

Vier Jahre waren seither ins Land gegangen und nur noch wenige Menschen wohnten im Dorf. Eines Tages kam, kurz vor dem nächsten unheilvollen Jahrestag, ein junger Student ins Wirtshaus des Dorfes und bat um ein Nachtlager. Man kam ins Gespräch und der junge Mann erfuhr vom Wirt die schreckliche Geschichte von der Hexe und ihren unheilvollen Taten.

„Ei, das trifft sich wohl“, rief der Student. „Ich studiere nicht nur die Rechtswissenschaften, ich interessiere mich auch für den Okkultismus.“ Er ließ sich die Ruine der Hexenhütte zeigen und alle Einzelheiten erzählen.

„Ich verspreche euch, dass ich die Hexe für immer vertreiben werden“, sagte der Bursche und ging unverzüglich ans Werk.

Dort, wo sich einst die Schwelle der Hütte befand, vergrub er Bergknoblauch und die Blüten des Aronstabes. Dies sollte die Hexe am Betreten ihres einstigen Zuhauses hindern. Dann besorgte er sich mehrere Büsche vom weißen Salbei sowie einige Wacholderbeersträuche und pflanzte sie vor die Ruine.

Auf die schwarzen Holzbalken zeichnete er jeweils einen Totenkopf und schrieb auf einen der Balken mit geweihter Kreide noch folgenden Spruch:

Hexe, sei auf ewig verbannt von dieser Stätte und aus diesem Dorf. Die Kraft Gottes soll deinen bösen Geist zerstören.

Darunter setzte er drei Kreuzzeichen und schrieb: *Amen*. Zum Schluss besprengte er den Fußboden der Ruine mit geweihtem Wasser.

Als der unheilvolle Jahrestag anbrach, wollte sich die Hexe erneut an den Dorfbewohnern rächen. Mit Abscheu erkannte sie die Wacholdersträucher und den weißen Salbei vor ihrer Hütte. Trotzdem gelang es ihr durch Aufbietung all ihrer Zauberkraft doch, in die Ruine zu gelangen. Als sie jedoch an einen der Holzbalken griff, schrie sie vor Schmerzen auf! Ihre Hand brannte wie Feuer und in Sekundenschnelle wurde sie ganz schwarz! Dann betrat sie den Boden, welcher mit dem geweihten Wasser getränkt worden war. Von unbändiger Wut und Qual erfasst, geriet die Alte in Raserei. Auch ihre Füße wurden in Windeseile kohlschwarz! Als sie nun auch noch die Kreuze und das Wort *Amen* erblickte, brüllte sie wie ein gepeinigtes Tier. Im gleichen Moment stand ihr Körper in hellen Flammen! Die elendige Hexe verbrannte ein zweites Mal – doch nun fiel auch endlich ihr böser Geist der Zerstörung anheim.

Seitdem wurde das Dorf Finsternbrunnen nie wieder von der Alten heimgesucht. Der Student ließ sich später in Nürnberg nieder, wo er so manchem Zeitgenossen mit übersinnlichem Rat zur Seite stand.

Klaus Enser-Schlag, *Hörspielautor beim SRF (Schweizer Radio und Fernsehen), bisher wurden 21 Hörspiele von ihm in Zürich und Basel produziert. Erster Rundfunkbeitrag für den SWR. Veröffentlichung von Gedichten, Kurzgeschichten, Songtexten und Internet-Artikeln sowie Erzählungen in Anthologien.*

Zwei Freunde in der Nacht

Hafenstädte haben immer ein Geheimnis. Am Tage herrscht viel Betriebsamkeit, doch am Abend kehrt Stille ein. Und die Nacht ist die Zeit der Geschichten.

Eines Abends saß ein junger Mann in einer Schankstube, als drei Männer sich zu ihm gesellten und hofften, eine neue Geschichte zu hören. Der jedoch griff mit der linken Hand nach dem Anhänger seiner Kette, die um seinen Hals hing. Es schien, als würde er ein leises Gebet sprechen.

„Geisterstunde", hallte seine Stimme. „Genau wie damals in dieser schwarzen Nacht. Kein Stern stand am Himmel. Die See hatte den Mond geschluckt." Neugierig geworden, wandten sich alle Anwesenden dem Erzähler zu und warteten auf die Fortsetzung der Schilderung.

„Tom Mac Fear kam mit seinen Eltern aus Schottland hierher", sprach der junge Mann. „Er fühlte sich fremd in dieser Stadt und in der Schule gab es ein paar Jungen, die ihn, so oft es ging, ärgerten. Sie lachten über seine roten Haare. Manchmal wurde Tom wütend, manchmal traurig und ab und zu hatte er auch Angst. Egal welches der Gefühle in ihm aufstieg, eines geschah immer, seine Wangen wurden rot und leuchteten wie zwei Glühbirnen. Das war Grund genug für die Jungen, deren Anführer Franz hieß, Tom noch ein bisschen mehr zu ärgern. Franz warf sogar mit Steinen nach ihm, trotzdem wehrte Tom sich nicht. Alles, was er fühlte, war Heimweh. Wenn die Sehnsucht nach Schottland zu groß wurde, schlich er zum Hafen und beobachtete die Schiffe. Natürlich entging dies Franz und seiner Bande nicht. Franz hielt die meisten Seeleute für Halunken, und er glaubte fest daran, dass es im grauen Haus hinter den Silos spukte.

Leider war er selbst nicht mutig genug, um sich das Leben im Hafenviertel mal aus der Nähe anzusehen, so entschied er sich irgendwann dazu, Steine gegen die letzten noch verbliebenen Fensterscheiben des grauen Hauses zu werfen. Das wiederum brachte ihm den Respekt seiner Bandenmitglieder ein, die glaubten nämlich, dass Franz zum Beweis seines Mutes so handelte. Erst als er eines Tages schmerzhaft merkte, dass das Haus sich wehrte, indem es ihm nämlich einen Stein zurück an den Kopf warf, entschied er, auch um das spukende graue Haus einen Bogen zu machen. Nun wollte Franz den Neuen auf die Probe stellen.

An einem Freitag legte er einen Zettel auf Toms Tisch. Der nahm das kleine Stück Papier und las die Zeilen.

In zwei Stunden am Hafen bei den alten Silos.
Ein Gespenst wartet auf dich.
Trau dich – und du bist einer von uns.
Nur Feiglinge kneifen!

Nahe der Kaimauer sah Tom die Jungen stehen. Sie waren wie immer zu sechst. Björn, Hannes, Otto, Frieder, Justus und Franz, der grinste: „Willst du einer von uns sein?"

„Mal sehen", antwortete Tom knapp.

„Dann geh da rein, Rotschopf", tönte Frieder und zeigte auf das graue Haus.

Dunkle Wolken zogen auf und schluckten das Tageslicht. Das Wasser hatte keine Wellen mehr. Die Möwen schwiegen.

„Beeil dich", sagte Franz, „und winke aus dem Fenster im ersten Stock."

Tom betrachtete das Haus, das bestimmt mal ein prachtvolles Gebäude gewesen sein musste. „Was soll daran besonders sein?", fragte er.

„Das wirst du schon sehen!", rief ihm Franz hinterher.

Tom betrat das Haus und spürte, dass sein Herz nun doch schneller schlug als gewöhnlich. Die Dielen knirschten unter seinen Füßen. Es war dunkel, aber er konnte die Treppe, die nach oben führte, gut erkennen. Tom war sich sicher, dass sein Kopf jetzt glühte wie eine rote Festtagslampe, so aufgeregt war er. Trotzdem lief er weiter. Als er im ersten Stockwerk ankam und zum Fenster sah, staunte er. Draußen war stockfinstere Nacht.

„Hui, hui, noch eine Lampe", säuselte da eine Stimme hinter ihm.

Tom drehte sich schnell um und sah ein mannsgroßes Ding, das einem milchigen Schleier glich. Das Tollste aber war, dass oben, wo der Kopf saß, zwei rote Wangen glühten.

„Lampe", flüsterte es.

„Nein, Tom ist mein Name", grinste Tom.

Das Gespenst rief noch dreimal ganz hysterisch „Hui", doch Tom war davon nicht beeindruckt. Da schluchzte das Gespenst laut los.

Vor dem Haus standen sechs Jungen und starrten mit weit aufgerissenen Augen zum Fenster in der ersten Etage. Deutlich sah man dort zwei Feuerbälle, die aufeinandertrafen. Die heulenden Töne klangen bis zur Kaimauer herab. Die Jungen starrten sich an, doch keiner von ihnen lief weg. In der Ferne hörten sie den Kirchturm zwölfmal schlagen. Geisterstunde!

Jetzt war Flut, trotzdem war nicht ein Wassertröpfchen im Hafenbecken zu sehen. Alles war schwarz. Franz ging in die Knie und schlug die Hände vor das Gesicht. Die anderen Jungen taten es ihm gleich. Die Angst, die durch ihre Glieder kroch, ließ ihre Zähne klappern und ihre Hände zittern. Quietschende, knarrende, helle und tiefe Laute tönten durch die Dunkelheit. Es schepperte und polterte, Ketten rasselten und die Haustür schlug krachend gegen die Wand, so heftig wurde sie geöffnet. Zwei rote Lichter schwebten durch die Luft. Sie kamen den sechs Jungen bedrohlich nahe, doch dann änderten sie die Richtung und steuerten gen Norden. Mit der Zeit wurde das Rot immer kleiner. Zum Schluss waren da nur noch zwei Pünktchen – und dann war wieder alles schwarz.

Tom konnte nicht glauben, dass er ausgerechnet hier ein echtes englisches Gespenst traf. Dieses war aber ein ganz besonderes Exemplar. Mister Smog hatte nämlich manchmal Angst und dann passierte etwas sehr Seltsames, jedenfalls für ein Gespenst. Ihm stieg die Röte in die Wangen, gerade so, wie es auch Tom passierte. Manchmal geschah das auch, wenn er aufgeregt war. Leider wurde auch Mister Smog deshalb gehänselt und so entschied er sich eines Tages, auszuwandern. Er verließ England und landete in diesem grauen Haus in einem Land, wo man an Gespenster nicht gewöhnt war. Mister Smog liebte es, für sich allein in diesen alten Mauern zu spuken. Am liebsten hätte er es auch dabei belassen, wenn nicht ab und zu diese Steine in seinem Wohnzimmer gelandet wären. Einmal warf er sogar einen Stein zurück!

Und nun endlich standen ein Junge und Gespenst sich gegenüber und beide bekamen vor Angst oder Aufregung rote Wangen. Das konnte doch nur der Beginn einer Freundschaft sein. Gemeinsam besuchten sie in jener schwarzen Nacht ihre Insel und kehrten erst im Morgengrauen zurück. Der Weg dorthin und wieder zurück war für das Gespenst ein Katzensprung. Tom erhielt eine Kette mit einem Quarzstein daran. Dieser war so milchig wie Mister Smog selbst und verlieh Tom einige der Fähigkeiten, die sonst nur Gespenster hatten. Als die beiden wieder zum grauen Haus zurückkehrten, warfen sie nur einen kurzen Blick auf die sechs Jungen, die immer noch zitterten.

Als Mister Smog sich von Tom verabschiedete, verblasste er Stück für Stück und das Rot seiner Wangen verschwand. Die schwarzen Wolken am Himmel lockerten sich auf, das Wasser plätscherte im Hafenbecken und die letzte Fähre lief mit der Flut aus.

Tom blickte aus dem Fenster, sah die Jungen und winkte ihnen zu, dann verließ er das Haus. Gemütlich schlenderte er an Franz und seiner Bande vorbei.

„Ich weiß noch nicht, ob ich zu euch gehören möchte"', sagte er im Vorübergehen. „Wohl eher nicht."

Tom und Mister Smog trafen sich noch sehr oft. Sie besuchten gemeinsam ihre Insel und spukten ein bisschen im Tower herum. Die beiden hatten viel Spaß zusammen."

In der Schankstube war es mucksmäuschenstill, als der junge Mann sich erhob, den Milchquarzanhänger seiner Kette losließ und sich kopfnickend verabschiedete.

Der Gastwirt blickte ihm nach und sprach: „Gute Nacht, Tom."

***Ramona Stolle** lebt und schreibt in ihrer Heimatstadt Berlin. Sie liebt Tiere und die Natur und ist natürlich ein „Bücherwurm." Das Schreiben von Geschichten sowie das Dichten und Reimen sind Leidenschaften aus Kindertagen, denen sie bis heute treu geblieben ist. Neben einigen Beiträgen in der Belletristik widmet sie sich doch hauptsächlich der Kinder- und Jugendliteratur. Zwischen Pippi Langstrumpf, Peter Pan und Charlie Bone fühlt sie sich zu Hause. www.ramonastolle.de.to.*

Aus heiterem Himmel

Draußen ist es dämmerig. Ein früher Nachmittag im Dezember macht das Licht vor meinem Fenster milchig grau. Nebel treibt um die Hausecken. Es ist kalt. Das sind Voraussetzungen dafür, dass ich mich traue, an das Furchtbare zu denken. Es ist mir widerfahren, als ich noch ein Kind war. Inzwischen bin ich Großmutter und habe nichts von dem Entsetzlichen vergessen. Es gibt nur einen Tag im Jahr, an dem ich mich traue, in Gedanken zurückzugehen. Es ist der Tag im Jahr, der am wenigsten dem Tag des Schreckens ähnelt. Am letzten Tag im Jahr wage ich mich daran zu erinnern. Der 31. Dezember ist ein sicherer Zeitpunkt. Dunkel und frostig.

Ganz anders als die lichten Sommertage. Im Sommer tue ich alles dafür, mich abzulenken. Ich verbarrikadiere mich im Haus und setzte mir eine riesige Sonnenbrille auf die Nase. Ich trage immer langarmige Pullover und Röcke, die bis zum Boden reichen.

Meine Enkelkinder nennen das schrullig. Sie kichern hinter der vorgehaltenen Hand über mich. Aber sie haben ja nicht gesehen, was ich gesehen habe. Als das Schreckliche mich heimgesucht hat, da war es heiß draußen. Das Schreckliche hat mich mit nackten Beinen und Armen erwischt. Ich war barfuß. Ungeschützt. Das möchte ich niemals mehr erleben. Daher hasse ich die Hitze. Ich hasse die Sonne, die erbarmungslos von einem blauen Himmel brennt. Niemals mehr habe ich danach ein Schwimmbad betreten.

Nun bin ich alt. Sehr alt. Da ich bald diese Welt verlassen werde, habe ich mich entschlossen aufzuschreiben, was ich erlebt habe. Als Warnung für alle, die sich bei Licht in falscher Sicherheit wiegen. Es sind nicht die Nacht und die Kälte, die das Schreckliche verbergen. Es sind die Helligkeit und die Hitze, die das Schreckliche offenbaren.

Ich zünde eine Kerze an und setze mich an meinem Schreibtisch. Gedankenverloren schaue ich in das beruhigende Dämmerlicht hinter der Fensterscheibe. Wo fange ich an? Wie kann ich das Grauen beschreiben, das an einem lichten Sommertag über mich hereinbrach?

Es war im Juli. Ich war mit meinem Bruder Felix im Schwimmbad. Ich weiß es noch, als wäre es gestern gewesen. Es lag etwas in der Luft. Die Schwüle machte uns reizbar. Wir stritten uns wegen Kleinigkeiten.

Wir hatten uns für diesen Tag vorgenommen, unseren ersten Sprung vom Dreimeterbrett zu schaffen. Aber wir hatten beide Angst davor. Wir hatten Angst, die Leiter hochzusteigen und auf demselben Weg wieder hinunterzusteigen.

„Heute ist es zu voll" ,sagte Felix, „da schauen zu viele Leute zu."

Wir lagen auf der Decke und starrten in den blauen Himmel. Eine Ameise lief über meinen Arm. Ich schnipste sie weg.

„Wir könnten uns echt wehtun, wenn wir unglücklich landen", murmelte ich. Was wusste ich damals schon von Unglück? Nichts wusste ich. Keine Ahnung hatte ich.

Nach einer Weile war es die Sonne, die uns aufstehen ließ. Es war die drückende Hitze, die uns lustlos zum Beckenrand trieb. Plötzlich sagte Felix: „Ich mach's!"

Als ob irgendjemand ihm einen Befehl erteilt hätte. Er sah unglücklich aus, als er sich widerwillig zum Sprungturm bewegte. Wie eine Marionette, ohne eigenen Willen. Ich beobachtete, wie er langsam die Leiter erklomm. Als er das Brett betrat, hielt er sich am Geländer fest und schaute nach unten. Dann ging er langsam weiter. Die Hände an dem Stahlgitter. Er war so klein und so weit weg. Ich konnte seinen Blick nicht deuten. War er furchtsam?

Am liebsten hätte ich laut geschrien: „Nicht, Felix! Nicht springen!" Aber ich rief nicht. Aus Scham vor den anderen Leuten. Ich wollte niemanden auf die einsame Gestalt in luftiger Höhe aufmerksam machen. Diese kleinliche Sorge tut mir noch heute leid. Hätte ich nur diesen Sprung verhindert. Hätte ich doch nur jemanden auf Felix aufmerksam gemacht. Vielleicht wäre dann alles anders gekommen. Vielleicht gäbe es Felix dann noch.

Felix sprang. Ich sah ihn drei Meter hinunterstürzen. Kerzengerade, wie ein Pfeil. Er kam unten nicht unglücklich auf. Im Gegenteil. Seine Fußspitzen berührten zuerst die Wasseroberfläche. Schon war sein ganzer Körper verschluckt. Einen Moment sah ich noch seine Silhouette unter Wasser. Dann nichts mehr.

Ich wartete. Ich wurde nervös. Ich rannte zum Beckenrand. Nichts. Ich rannte zum Bademeister. Ich schrie. Ich heulte. Dann musste ich ohnmächtig geworden sein.

Ich wachte im Krankenhaus auf. Hitzschlag, hieß es. Ich fragte nach Felix. Meine Eltern schauten mich verständnislos an. „Wer ist Felix?“, fragten sie.

Felix tauchte nicht auf. Er tauchte niemals wieder auf. Und das Schlimmste: Niemand erinnerte sich an Felix, meinen Bruder. Nur ich. Sie sagten, ich hätte eine lebhafte Fantasie. „Hirngespinste!“, sagten sie, wenn sie weniger freundlich über mich redeten.

Aber ich weiß, was ich weiß. Und manchmal sehe ich noch heute sein Gesicht im flackernden Licht der Kerze, schwach gespiegelt in der Fensterscheibe, die mich von der aufziehenden Nacht des neuen Jahres trennt.

Anne Jansen, *wohnhaft im Rheingau.*

Dünenghul

Hilflos sah Peron dabei zu, wie sein Opa in Richtung Meer gezerrt wurde. Der Ghul hatte sich fest in dessen Bein verbissen, während dieser versuchte, Halt im glitschigen Sand zu finden. Doch das Ungeheuer war stärker als Perons Opa. Es gab nichts, woran er sich hätte festklammern können, und niemanden, der ihm helfen konnte, denn Perons Pfoten wollten sich nicht bewegen. Starr vor Angst drückte er sich zu Boden und beobachtete aus der sicheren Entfernung, wie das Ungeheuer seinen Opa erbarmungslos zu den schäumenden Wellen zog.

Sie waren gemeinsam am Strand auf der Jagd gewesen, wohlwissend um die Gefahr, die seit geraumer Zeit dort lauerte. Aber sie hatten keine Wahl gehabt, denn nur in den Dünen fanden sie geeignete Beute für ihr Rudel, das bereits viel zu stark geschrumpft war. Nacht für Nacht hatte sich der Ghul einen von ihnen geschnappt. Das Ungeheuer selbst hatte keine eigene Form und erschien immer in der Gestalt seines letzten Opfers. Peron hatte vom Dünenkamm aus gesehen, wie es lautlos aus dem Meer gekommen war und mit der Schnelligkeit einer Schlange zugeschlagen hatte, noch bevor er einen Warnruf hatte ausstoßen können.

Perons Augen huschten über den Ghul, der die Gestalt ihres Rudelführers Kastor angenommen hatte. Braunes Fell klebte eng an seinem Leib. Sein Gesicht war zu einer Fratze verzerrt, die Schnauze tief im Bein seines Opas vergraben.

„Peron, hilf mir!“, krächzte dieser. Seine blinden Augen waren weit aufgerissen.

Peron rauschte das Blut in den Ohren. Verzweifelt versuchte er, seine Beine vom Boden zu lösen, doch sie wollten ihm nicht gehorchen. Hilflos sah er dabei zu, wie sein Opa von den Wellen des Meeres verschluckt wurde.

Luna hüpfte Peron fröhlich entgegen, als er zum Rudel zurückkehrte. „Wo ist Opa?“, piepste sie und strich mit ihrem zarten kleinen Körper um seine Beine.

Das Herz war ihm so schwer vor Kummer, dass er keinen Ton

herausbrachte. Mit mühevollen Schritten legte er seine gefangene Beute auf die Lichtung. Hinter einem Schleier aus Tränen erkannte er seine letzten Gefährten. Die Schwachen, Kranken und die Jungen waren alles, was ihnen der Ghul übrig gelassen hatte.

Luna, seine kleine Schwester, stupste ihn ungeduldig von der Seite an. „Peron, nun sag doch!"

Er brachte es nicht über die Schnauze. Mit einem unmerklichen Kopfschütteln gab er es dem Rudel zu verstehen. Die anderen senkten betroffen die Blicke. Von Schuld zerfressen schlurfte Peron in die Höhle und schlief sofort ein.

Peron schreckte hoch. Es war mitten in der Nacht, der Mond stand hoch am Himmel, doch etwas hatte ihn geweckt. Unruhig ließ er den Blick in der Höhle schweifen. Er erkannte die vertrauten Gestalten seiner Gefährten, doch jemand fehlte. Ein Schauer schoss durch Perons Glieder: Luna.

Das borstige Dünengras schnitt ihm in die Flanken, als er Richtung Ozean preschte, Lunas Geruchsspur folgend. Als Peron den letzten Hügelkamm überschritt, setzte sein Herz einen Schlag aus. Im hellen Mondschein sah er Luna vor den Wellen stehen. Doch sie war nicht allein. Der Ghul war gekommen in der Gestalt seines letzten Opfers.

„Opa!", quiekte seine Schwester vergnügt und sprang dem Ghul entgegen.

Peron schrie gepresst: „Luna, nicht!"

Sie warf einen irritierten Blick nach hinten, doch diesen kurzen Moment nutzte der Ghul. Er schnappte nach Luna, die panisch aufschrie. „Lass mich los, Opa! Du tust mir weh!"

Perons Pfoten waren zu Blei geworden. Als sei das ganze Gewicht der Welt auf seinen Schultern, konnte er sich kein bisschen bewegen.

„Peron!“

Die Stimme seiner Schwester rüttelte etwas in ihm wach. Wut verdrängte die lähmende Angst aus seinen Knochen. Als der Boden endlich seine Beine freigab, schoss Peron vorwärts. Ungebremst krachte er in den Ghul hinein, der nicht mehr rechtzeitig ausgewichen war. Luna landete unsanft im Sand, doch sie schien unversehrt. Drohend baute sich Peron vor dem Ghul auf. Mit seinem Schwanz schob er Luna hinter sich. „Bleib weg von ihm! Das ist nicht Opa!“

Doch ein nagender Zweifel blieb und schnürte seine Kehle zu. Sein Opa stand leibhaftig vor ihm mit seinem zotteligen Fell und der ergrauten Schnauze. Die blinden Augen starrten verständnislos durch ihn hindurch. Die Täuschung war beinahe perfekt, wäre da nicht das unnatürliche Wabern seines Körpers. Perons Blick sprang zwischen Luna und dem Ghul hin und her. Er konnte seine Schwester nicht im Stich lassen, selbst wenn es bedeutete, gegen die Gestalt seines geliebten Opas kämpfen zu müssen. Entschlossen stemmte Peron die Beine in den Sand und sträubte bedrohlich das Fell. „Du tust keiner Seele mehr was an!“, fauchte er und fletschte die Zähne. Dann sprang Peron, zielte auf die Kehle des Ghuls und schnappte zu. Seine Kiefer trafen nicht auf Fleisch, nein, es fühlte sich eher so an, als würde er in fest gewordenes Wasser beißen. Der schlüpfrige Körper entglitt ihm zwischen seinen Zähnen. Der Ghul stieß einen gurgelnden Laut aus, der Peron durch Mark und Bein ging.

Mit einer ruckartigen Bewegung schnappte der Ghul einmal in die Luft. Ein weiteres Mal verfehlte sein Kiefer das Ziel, bis er schließlich seine Zähne in Perons Flanke versenkte.

Ein stechender Schmerz raubte ihm die Luft zum Atmen. Verzweifelt grub er die Krallen in den Sand, doch der Ghul zog ihn gnadenlos zum Ozean.

Auf einmal schoss ein winziger Schatten nach vorne, sprang auf den Kopf des Ghuls und zerkratzt ihm das Gesicht. Ein wütendes Gurgeln ertönte. Mit aufgerissenen Augen sah Peron, wie Luna das Ungeheuer mit ihren winzigen Krallen bearbeitete. Unsanft wurde sie von dem Ghul abgeworfen. Er riss den Kopf herum und stellte suchend die Ohren auf. Doch obwohl Luna direkt vor ihm stand, bemerkte er sie nicht.

Peron fixierte die ausdruckslosen Augen des Ghuls. Das Ungeheuer hatte seinen ersten Fehler gemacht: Es hatte ein blindes Opfer gewählt. Ohne zu zögern, sprang Peron auf und zog dem Ghul die Krallen über die Flanke. Wasser spritzte aus dessen Leib und ergoss sich auf den Sand. „Luna, schnell!“, keuchte Peron und warf sich auf den wabernden Rücken des Ghuls. Er roch weder nach Perons Opa noch nach dem Ozean, als sei der Ghul eine glatte Fläche, an der nichts anhaften konnte. Beherzt biss Peron dem Ungeheuer in den Nacken und beobachtete erstaunt, wie mehr und mehr Wasser aus ihm herausschoss. Luna zerkratzte dem Ghul die Beine und erzeugte dadurch weitere Rinnsale. Peron spürte den Körper unter sich schrumpfen. Mit zitternden Gliedern drückte er den Ghul zu Boden, presste sämtliches Wasser aus ihm heraus, bis nur noch eine leere Hülle vor ihnen lag. Der Ghul ließ noch ein letztes gequältes Gurgeln verlauten, bevor er endgültig verstummte.

Peron und Luna sahen auf die verklebte nasse Fellhülle, aus der sämtliches Leben gewichen war. Aus der Kehle des Ungeheuers entwich eine Blase, die vor seiner eingefallenen Schnauze zu schweben begann. Auf einmal wuchs sie zu einem großen Ball heran, in welchem die Leiber ihrer verloren geglaubten Rudelgefährten schwammen. Mit einem Schmatzen entließ die Blase die gefangenen Seelen auf den feuchten Sand. Peron konnte es kaum fassen! Sie alle waren noch am Leben! Seine Eltern erhoben sich und sahen sich desorientiert um. Kastor, ihr Rudelführer, hustete gequält Wasser aus, doch auch er war unversehrt. Der Geruch nach Dünengras und Steinen drang in Perons Nase. Ein vertrauter zotteliger Leib presste sich eng an seine Flanke.

„Danke, Peron“, flüsterte sein Opa und leckte ihm liebevoll das Ohr. Und da er ihm verziehen hatte, schaffte es Peron auch endlich, sich selbst zu verzeihen.

__Clarissa Holder,__ geboren 1990, arbeitet und lebt im Landkreis Esslingen am Neckar. Sie trainiert seit über zehn Jahren Kung Fu und hat es mehrere Jahre unterrichtet. Ihre Liebe für die Kampfkunst prägt auch ihre Geschichten. Im Fantasy-Genre fühlt sie sich zu Hause und hat sich auf Animal-Fantasy und Romantasy spezialisiert. Sie schreibt regelmäßig Kurzgeschichten.

Von Angesicht zu Angesicht

Sehnsuchtsvoll beobachtete Ava ihren Freund Piet. Sie mochte beinahe alles an ihm: seinen feinen Humor, die dunklen, dichten Wimpern über den eisblauen Augen, die buschigen, manchmal spöttisch tanzenden Augenbrauen, seine lange, gebogene Nase, die pechschwarze Strubbelmähne.

An sich selbst ließ sie kein gutes Haar. Die eigene Nase fand sie zu breit, das warme Haselnussbraun ihrer Augen zu gewöhnlich, die lockigen, kastanienfarbenen Haare zu wirr. Außerdem störte sie das Übermaß an Sommersprossen auf ihren Wangen, die kleinen Blutschwämmchen unter den Augen, die Asymmetrie der Brauen darüber.

Auch Piet betrachtete Ava unauffällig, während er einen kleinen Wanderrucksack packte. Ihr wildes Haar federte bei jedem Schritt. In ihren dunklen Augen, die aus dem hellen Gesicht stachen, versank man, sobald man einen Moment zu lang hineinsah. Und wenn sich ihr breiter Mund zu einem Lächeln verzog, wenn die kleinen, niedlichen Fältchen um ihre Nase turnten, konnte man nicht anders, als glücklich zu sein.

Wie farblos waren dagegen seine Augen, beinahe wässrig wie ein Bergsee. Wie krumm war doch seine Nase, wie platt und stumpf sein Haar, das keine seiner Bewegungen mit vollzog. Dazu kamen noch der auffällige Leberfleck und die grässlichen Akne-Narben.

„Hast du deine Sachen schon? Auch die große Decke?“, fragte er Ava, die von Zimmer zu Zimmer tänzelte, alles einsammelte, was man für ein gemütliches Picknick benötigte.

„Mome...e...nt“, schallte es aus dem Wohnzimmer.

„Fix und fertig!“, verkündete sie nach fünf Minuten, stellte sich wie die Olympia-Sprinter zum Start auf.

Er grinste, warf sich den Rucksack über die Schultern. Knarzend fiel die wuchtige Tür Schloss, als wollte sie ihnen eine gute Reise wünschen ... oder eine Warnung mit auf den Weg geben. Doch Ava und Piet hörten gar nicht hin.

Zwei Stunden später stapften sie durchs Unterholz, Piet vorfreudig euphorisch, Ava vorsichtig auf ihre Schritte bedacht. Über ihren Köpfen wogte ein dichtes Blätterdach, das den Himmel beinahe vollständig verdeckte.

Als sie endlich auf die große Lichtung hinaustraten, war das Himmelsblau tiefschwarzen Wolken – noch schwärzer als Piets Haar – gewichen. Bevor Ava: „Lass uns lieber zurück", sagen konnte, brach das Wetter schon los. Regenschwaden gingen auf sie nieder, als heulten im Himmel hundert Giganten. Windstöße peitschten ihnen ins Gesicht, trieben Tränen in ihre Augen, sodass sie nicht mehr unterscheiden konnten, was gerade über ihre Wangen rann – Tränen oder Tropfen.

Piet schrie noch: „Wir müssen zur alten Scheune", doch er sah genauso wenig wie Ava, in welche Richtung ihre Füße stolperten.

Dann wehten die Böen so stark, dass sie sich an den Schultern fassten, um nicht voneinander getrennt zu werden. Sie mussten die Augen vor Wind und Regen verschließen, stemmten sich mit aller Kraft in den Boden, um nicht rücklings in einen Graben zu taumeln, von Vorwärtskommen gar nicht zu sprechen.

Keiner traute sich, die geschlossenen Lider zu öffnen, Ava fürchtete, der Wind könnte ihr die Augen aus dem Schädel pusten. Auf einmal ging ein Ruck durch beide, warf sie nieder. Ava wollte blinzeln, doch es gab nichts zu blinzeln, auch nichts zu sehen.

„Piet, ich bin blind", wollte sie schreien, doch auch ihre Stimme schien sich verflüchtigt zu haben. Sie riss eine Hand hoch und befühlte ihr ... wo war es?

„Piet?!", schoss das Grauen durch ihren Kopf, fuhr in ihren linken Arm, der Piets Schultern schmerzhaft zusammendrückte. „Wo ist mein Gesicht?", dachte sie, was auch Piet dachte, denn auch er sah und fühlte nichts, wo er definitiv etwas sehen und fühlen sollte.

Nur glatte Haut überspannte ihre Schädel, wo Mund, Nase, Augen und Ohren sitzen sollten.

„Der Wind hat sie davongetragen", überlegte Piet blitzgeschwind, was sonst sollte der unerwartete Ruck gewesen sein? „Vielleicht will der Geist der Lüfte sehen und hören, schmecken und riechen auf seiner wilden Jagd über das Himmelszelt", sinnierte er weiter. „Wir müssen unsere Gesichter zurückholen", versuchte er, Ava verständlich zu machen, umfasste ihren Arm wie eine Schraubzwinge und zog sie in die Richtung, aus der sie gekommen waren.

Gemeinsam rannten sie mit dem Wind im Rücken, wurden

schneller und schneller, bis ihre Füße nur noch alle fünf Meter den Boden berührten.

Dann drückte Ava sich mit beiden Beinen ab, wurde von einer Böe in die Luft katapultiert, riss Piet hinter sich her. Höher, immer höher flogen sie, blind, taub und stumm, doch sie spürten den leeren Raum unter ihren Schuhsohlen.

„Gib uns unsere Gesichter zurück", dachte Piet, so grimmig und laut er nur konnte, griff mit der freien Hand in die Wolken. Tatsächlich geriet ihm bald etwas zwischen die Finger, wabbelig wie eine Theatermaske. Er riss sie an sich, legte sie auf sein Gesicht und konnte – oh, er schrie vor Freude – wieder sehen.

Beim Seitenblick auf Avas leeres Gesicht, den glatten, formlosen Hautüberzug, erschrak er so sehr, dass er sie beinahe losließ. Umso entschlossener sah er dem Sturm ins Auge. „Dir werd' ich's zeigen", zischte er böse.

In hundert Kreisen wirbelten sie über dem düsteren Wäldchen auf und ab. Auch Ava streckte ihre freie Hand aus, nachdem sie Piets Gesicht befühlt und begriffen hatte. Gerade als sie etwas Weiches, Hautartiges in ihrer geöffneten Hand spürte, als sie es dem Geist der Luft entriss, ebbte der Sturm ab, überließ die beiden dem freien Fall.

Ihre Augenpaare richteten sich furchtsam auf die Lichtung, die Scheune, der sie sich rasend schnell näherten. Sie kreischten, dass sie taub wurden, ruderten hilflos mit dem jeweils freien Arm, doch sie ließen einander nicht los. Wie durch ein Wunder fielen sie durch eine Dachluke der Scheune, landeten im frischen, weichen Heu.

Das Erste, was sie hörten, war der flache Atem des Gegenübers.

„Das war knapp", flüsterte Ava.

„Das war ganz und gar unmöglich", flüsterte Piet.

Fahles Licht rieselte durch die kleine Luke, sie sahen auf, Piet in ein Paar eisblaue, Ava in ein Paar haselnussbraune Augen.

Nicht nur das ... Bis auf die kastanienfarbenen Locken sah Piet in sein Spiegelbild, jedoch richtig herum. Und auch Ava erkannte ihr eigenes Antlitz, gerahmt von der pechschwarzen Strubbelmähne ihres Freundes.

„D...du hast mein Gesicht!", riefen sie wie aus einem Mund, wussten nicht, ob sie entsetzt oder fasziniert sein sollten.

Ungläubig streckte Piet die Hand aus, berührte die lange, gebogene Nase, durch die früher sein eigener, nun Avas Atem floss.

Ava streichelte die breiten, vor Staunen verzogenen Lippen, über die früher ihre, nun Piets Worte in die Welt glitten.

„Wie schön du bist", wunderte sich Piet über sein Gesicht, denn zum ersten Mal sah er es durch die Augen seiner Geliebten.

„Wie schön wir sind", stimmte Ava ihm zu, denn auch sie betrachtete ihr Antlitz mit einem neuen Blick.

Rebekka Tünker, *geboren 2002, aus Duisburg, Studentin der Psychologie, hat mehrfach in Ausschreibungen des Kunst-Kultur-Literatur Magazins veröffentlicht, jüngstes Werk: „Antworten".*

Hinter der Tür

Es sind bereits viele Jahre vergangen, doch ich erinnere mich noch heute an die alte Villa meiner Tante, die ich seit jener Zeit nie wieder betreten habe.

Damals hatten wir gerade die letzten Umzugskartons mit der Speditionsfirma losgeschickt und wollten die restlichen Dinge aus unserer Mailänder Wohnung im Haus meiner Tante unterbringen, da meine Eltern für ein paar Tage nach Rom reisen mussten. An jenem Morgen setzten wir meinen Vater auf der Arbeit ab und fuhren mit dem voll beladenen Auto zur Villa meiner Tante, die abgelegen außerhalb der Stadt lag.

Es war ein nebliger Oktobertag und die alte Villa mit all ihren geschlossenen Läden wirkte kalt und abweisend, als wir auf das Grundstück fuhren. Meine Tante war an diesem Vormittag wie üblich bei der Physiotherapie und folglich nicht zu Hause. Sie hatte jedoch die Garage nicht abgeschlossen, sodass wir das Auto dort problemlos entladen konnten.

Als wir kurze Zeit später in der Garage waren, fiel mein Blick zufällig auf die Tür, die ins Innere des Hauses führte. Mein Atem stockte, als ich plötzlich sah, wie die Türklinke ganz langsam nach unten gedrückt wurde und die Tür sich einen Spalt breit öffnete. Dahinter sah ich nichts als absolute Dunkelheit. Mit bebender Stimme rief ich meine Mutter.

„Was ist denn?“, fragte sie, während sie einen weiteren Karton aus dem Kofferraum lud.

„Sieh doch“, stammelte ich, während ich mit zitternder Hand auf die Tür deutete, die sich in diesem Moment erneut verschloss.

„Was meinst du?“, wollte meine Mutter wissen, während sie endlich von dem Karton abließ.

„Das hast du nicht gesehen?“, fragte ich enttäuscht und berichtete ihr, was vorgefallen war.

„So ein Unsinn! Das hast du dir bestimmt nur eingebildet. Es ist schließlich niemand im Haus“, meinte meine Mutter, während sie eine weitere Kiste aus dem Auto hievte.

Den ganzen Tag musste ich an diese Tür denken. Ich war mir sicher, dass ich mir das nicht eingebildet hatte. Immer wieder versuchte ich vergebens, meine Eltern zu überreden, mich mit nach Rom zu nehmen, da ich keine Lust hatte, die nächsten zwei Nächte bei meiner Tante in diesem gruseligen Haus zu verbringen, doch es gelang mir nicht, sie umzustellen.

So saß ich schließlich an diesem Abend mit meiner Tante beim Abendessen. Mein Blick fiel irgendwann auf ein Foto, auf welchem meine Tante mit meinem Onkel und meiner Cousine zu sehen war.

„Vermisst du sie?"

Es fiel mir schwer, das Thema anzusprechen, schließlich waren mein Onkel und meine Cousine erst vor einem knappen Jahr verstorben. Es war ein tragischer Autounfall, der höchstwahrscheinlich dem dichten Nebel geschuldet war. Gemeinsam mit meiner Tante hatte mein Onkel meiner Cousine damals das Haus zeigen wollen. Sie hatten das Anwesen gerade erst verlassen, als ein Lkw den Wagen erfasste. Während meine Tante mit einer schweren Verletzung davonkam und seither überwiegend im Rollstuhl saß, waren mein Onkel und meine Cousine auf der Stelle tot.

„Wieso sollte ich? Sie sind doch hier bei mir und passen auf mich auf", erklärte meine Tante.

Normalerweise hätte ich dieser Aussage nicht viel Beachtung geschenkt, denn die Vorstellung, dass die Verstorbenen stets in unseren Herzen bleiben und über uns wachen, war eigentlich ein schöner und tröstender Gedanke. Dennoch störte mich etwas an den Worten meiner Tante und ich musste erneut an die Tür denken.

Später an diesem Abend lag ich in meinem Bett, doch an Schlaf war nicht zu denken. Nicht nur, dass ich hin und wieder einen kalten Luftzug verspürte, obwohl das Fenster geschlossen war. Es beunruhigte mich auch irgendwie, dass ich mich ganz allein in der oberen Etage dieses Hauses befand. Stufen konnte meine Tante noch nicht bewältigen, weshalb sie in einem der unteren Räume schlief. Der Gedanke, dass das Zimmer, in welchem ich mich befand, eigentlich für meine Cousine vorgesehen war, verlieh mir ein unbehagliches Gefühl.

Und dann waren da noch die Worte meiner Tante, die sie an mich gerichtet hatte, bevor ich zu Bett ging: „Sieh zu, dass du das Zimmer nicht verlässt. Das Haus ist alt und gerade nachts erwachen oft die Geister der Vergangenheit, die nicht immer harmlos sind."

Plötzlich horchte ich auf. Waren das Stimmen? Ich hielt den Atem an und lauschte. Ja, das war eindeutig die Stimme meiner Tante. Aber wem gehörte die andere Stimme? Sie war recht unscheinbar, eher ein leises Wispern. Ob jemand zu dieser späten Uhrzeit noch zu Besuch gekommen war?

Ich nahm schließlich all meinen Mut zusammen und glitt aus dem Bett. Mein Herz raste und ein kalter Schauer glitt über meinen Rücken, als ich leise zur Tür schlich und sie vorsichtig öffnete. Tief sog ich die Luft ein, bevor ich in die gähnende Dunkelheit des Flures trat.

Die leisen Stimmen schienen von unten zu kommen. Vorsichtig tastete ich mich den Flur entlang in Richtung Treppe. Ich hatte diese fast erreicht, als der Holzboden unter meinen Füßen laut knarzte. Wie angewurzelt blieb ich stehen. Die Stimmen waren mit einem Mal verstummt und eine unheimliche Stille machte sich im ganzen Haus breit. Sie hielt jedoch nur einen Augenblick an, denn plötzlich vernahm ich schnelle Schritte, die ohne Zweifel heraufkamen, und eines war sicher: Sie konnten unmöglich von meiner Tante sein.

Panik breitete sich in mir aus und ich begann zu rennen. Schnell erreichte ich mein Zimmer, stürmte hinein und verschloss die Tür. Nur einen Augenblick später polterte etwas schwer dagegen. Ich schloss die Augen und betete, dass dieses Etwas nicht ins Zimmer drang. Was immer es auch war, es war böse.

„Bleib in diesem Zimmer, hier kann ich dich beschützen“, vernahm ich plötzlich eine zarte, mir bekannte Stimme.

Ich spürte, dass es mit einem Mal noch weitaus kälter war als zuvor und ich traute mich nicht, die Augen zu öffnen. Ich lehnte an der Tür und hörte deutlich undefinierbare Geräusche, die von irgendwo aus dem Haus kamen. Leises Geflüster, ein Kratzen und das Quietschen einer Tür. Jemand lachte, kalt und boshaft, dass es mir das Blut in den Adern gefrieren ließ.

„Hör einfach nicht hin und geh zu Bett. Morgen früh ist alles wieder gut“, hörte ich abermals die leise Stimme sprechen.

Es dauerte einen Moment, doch dann öffnete ich vorsichtig die Augen. Für den Bruchteil einer Sekunde meinte ich, einen hellen Dunst zu sehen, der sich jedoch augenblicklich verzog. War das ...? Nein, ich konnte und wollte nicht darüber nachdenken und so huschte ich geschwind ins Bett und zog mir die Decke über den

Kopf. Irgendwie hatte ich das Gefühl, nicht allein zu sein, doch seltsamerweise beruhigte mich dieser Gedanke, sodass ich irgendwann einschlief.

Ich erwachte erst wieder am nächsten Morgen. Alles schien friedlich, das Erlebte der letzten Nacht glich lediglich der Erinnerung eines Albtraums. Dennoch verließ ich noch an diesem Tag die Villa meiner Tante, um spontan bei einer Freundin zu übernachten. Noch ein letztes Mal schaute ich mich um, bevor ich dem alten Haus den Rücken kehrte. Mein Blick fiel auf die Balkontür meines Zimmers – und da sah ich sie. Es war meine Cousine, die mir kurz zuwinkte, bevor sie einen Augenblick später verschwand.

Meine Eltern holten mich am darauffolgenden Tag bei meiner Freundin ab. Zu meiner Erleichterung waren sie bereits bei meiner Tante gewesen, um die restlichen Dinge abzuholen.

Ich habe die Villa seither nie wiedergesehen, doch ich bin mir sicher, dass es dort auch heute noch so manchen guten Geist gibt, der weiterhin auf meine Tante aufpasst.

Pamela Murtas *wurde 1975 in Frankfurt-Höchst geboren, lebte jedoch seit ihrem zehnten Lebensjahr in Italien, wo sie an der Deutschen Schule Mailand ihr Abitur absolvierte. Nach drei Jahren Moskauaufenthalt kehrte sie nach Italien zurück, um in Rom professionellen Reitsport zu betreiben. Seit 2007 wohnt sie erneut in Deutschland. Veröffentlicht hat sie bisher den vierteiligen Abenteuerroman „Destini“, außerdem weitere Kurzgeschichten und Gedichte in verschiedenen Anthologien.*

Die Wetter

Tom Bahns stolzierte selbstgefällig die Gänge der Midfield School entlang, immer auf der Suche nach neuen Opfern. Zufrieden bemerkte er, wie seine Mitschüler ihm ängstlich auswichen oder ihre Schritte, mit gesengtem Kopf, beschleunigten, nur um schnellstmöglich an ihm vorbeizukommen.

Gerade steuerte er auf Alex Johnson, einen kleinen, blonden, blassen Jungen mit O-Beinen und einer dicken Hornbrille zu, als sein Blick auf zwei neue Schüler fiel. Abrupt änderte Tom seinen Kurs und ging auf die Neulinge zu, um sie näher zu betrachten. Zuerst fiel ihm das dunkelblonde Mädchen in einer recht coolen, dunkelblauen Jacke ins Auge. Sie trug ihre Haare offen und zwirbelte lässig eine ihrer Haarsträhnen, während sie angeregt mit einem etwas größeren, brünetten Jungen sprach.

„Hey, ihr zwei Witzfiguren. Ihr kommt euch wohl besonders cool vor? Das ist mein Revier. Wer seid ihr und was habt ihr in meiner Schule zu suchen?", donnerte Tom den beiden Neulingen ohne Umschweife entgegen.

Das Mädchen schenkte ihm ein zuckersüßes Lächeln, als es antwortete: „Ich bin Abby Miller und das ist mein Kumpel Max Peters und wetten, wir sind ab jetzt hier die Coolsten?"

„Auf die Wette gehe ich ein. Was soll ich tun? Essensgeld erpressen, einem die Unterhose über den Kopf ziehen oder einen Lehrer zum Heulen bringen?", schlug Tom vor.

„Verbringe eine ganze Nacht allein in der Schule und du hast gewonnen!", forderte Max den großspurigen Jungen auf.

Siegessicher schlug Tom in die Wette ein.

Kurz vor Mitternacht kletterte Tom durch ein offenes Fenster in das leere Schulgebäude. Er war gerade dabei, ein Selfie im Flur zu machen, als er plötzlich ein seltsames Geräusch aus einem der Klassenzimmer hörte.

Neugierig schlich Tom zu dem Raum und späte in das dunkle Klassenzimmer. Niemand war zu sehen, trotzdem ertönte plötzlich wieder dieses schreckliche Geräusch, als würde jemand Fingernägel über eine Tafel ziehen. Tom erschrak, trotzdem wollte er der Sache auf den Grund gehen. Immerhin war er vieles, aber sicher nicht feige. Vorsichtig trat er in das Klassenzimmer.

„Ist hier jemand?"

Wieder ertönte dieses furchtbare Kratzen, diesmal ganz dicht neben ihm.

„Max, Abby?", fragte Tom unsicher in die Dunkelheit. „Ihr könnt mir keine Angst machen. Ihr gewinnt die Wette nicht," brüllte er wütend, als er im Augenwinkel eine Bewegung bemerkte.

Seine Augen weiteten sich vor Entsetzen, als er sah, wie der eben noch leblose Tafelschwamm sich in eine riesige dicke Spinne verwandelte, die zielstrebig auf ihn zulief. Wie erstarrt sah Tom zu, wie das Vieh mit seinem haarigen schwarzen Körper auf ihn zu krabbelte. Mit aller Kraft versuchte er, sich selbst zu beruhigen und den Spinnenschwamm nicht zu beachten, als er wieder und wieder murmelte: „Das muss ein Trick sein. Das kann nicht echt sein. So etwas gibt es doch gar nicht."

Noch einmal holte er tief Luft und brüllte wütend mit hochrotem Kopf in die gespenstische Stille: „Max! Abby! Ich weiß, dass ihr das seid. Kommt sofort raus, ihr Betrüger!"

Doch wieder antwortete ihm nur die nächtliche Stille der leeren Schule. Nur die Spinne, die locker die Größe einer Männerfaust hatte, setzte unbeirrt den Weg in Toms Richtung fort. Im hellen Licht des Vollmonds, der durch das Fenster schien, funkelten die acht Augen der Spinne wie kleine Edelsteine, die ihre Beute ins Visier nahmen. Erst als sie kurz vor ihm war und Tom ein unheimliches, rotes Feuer in den Augen des Tieres erkennen konnte, löste er sich aus seiner Schreckensstarre. Mit einem Aufschrei hechtete Tom zur noch immer offenstehenden Tür des Klassenzimmers – nur Sekunden, ehe das Monster zum Sprung ansetzte. Gerade noch rechtzeitig schaffte er es, den rettenden Flur zu erreichen und die Tür mit einem lauten Knall in Schloss zu werfen, ehe ihm die Spinne folgen konnte.

Erleichtert ließ er sich mit dem Rücken zur Tür auf den Boden sinken, als er vom Inneren des Klassenzimmers ein wiederwertiges Platschen hörte, als wäre die Spinne mit aller Kraft an die Tür gesprungen. Doch auch im Flur sollte Toms Erleichterung nur kurz anhalten, denn kaum hatte er sich wieder auf die Beine gekämpft, da brach im Schulflur die Hölle los. Mit einem Mal flogen alle Spindtüren in einer ohrenbetäubenden Lautstärke auf und wieder zu, als würden sie von einer unsichtbaren Macht dazu gezwungen. Es war, als wäre ein Konzert aus der Hölle losgebrochen. Immer wieder schlugen die Schranktüren auf und wieder zu, während sich der gesamte Inhalt der Schränke wie von Geisterhand auf dem Boden verteilte.

Mit zittrigen Schritten und vor Panik schreiend bahnte sich Tom einen Weg durch diesen Tumult.

„Hört auf! Bitte, hört auf", flehte er panisch mit tränenerstickter Stimme. „Ihr habt gewonnen! Ich gebe auf! Doch hört mit diesem Wahnsinn auf!"

Mit letzter Kraft erreichte er das offene Fenster, durch das er erst kurz zuvor die Schule betreten hatte, und schob sich wieder hindurch ins Freie. Er hatte es fast geschafft, als plötzlich etwas an seinem Fuß zog und drohte, in wieder ins Innere der Schule zu befördern. Tom spürte, wie ihm nun endgültig alles zu viel wurde. Heiße Tränen rannen ihm über die Wangen und ließen seine Stimme beben, als er erneut ins Dunkel flehte: „Bitte, aufhören. Ich habe es wirklich verstanden. Ich werde meinen Eltern alles gestehen, dass ich in die Schule eingebrochen bin, und ich werde die Strafe akzeptieren. Sogar diese furchtbaren, jämmerlichen Nerds werde ich in Ruhe lassen. Ich verspreche, dass ich nie wieder jemanden ärgern werde. Ich habe jetzt kapiert, dass es nicht cool ist, anderen Angst zu machen. Nur lasst mich jetzt bitte gehen."

Tom hatte kaum ausgesprochen, als er bemerkte, wie die seltsame Kraft von ihm abließ und der Tumult in der Schule aufhörte. Es war ihm, als hörte er irgendwo die Stimmen von Abby und Max, die ihn schadenfroh auslachten. Doch in diesem Moment war ihm das alles egal. Er wollte nur noch nach Hause und diese schreckliche Nacht vergessen. Alles, was er jetzt noch wollte, war sicher in sein Bett zu kommen.

Am nächsten Morgen weckte Tom die Stimme seiner Mutter, die energisch immer wieder auf ihn einredete. „Tom, steh jetzt bitte endlich auf. Wir kommen sonst zu spät zu deiner Schule."

„Aber, Mama, es ist Samstag", hörte er sich selbst verschlafen und etwas orientierungslos antworten.

„Ich weiß, aber heute ist die Gedenkfeier für diese beiden Kinder", antwortete seine Mutter etwas genervt, da Tom mal wieder kaum aus dem Bett zu bekommen war.

„Für was für Kinder?", fragte Tom und rieb sich noch immer verschlafen die Augen.

„Abby Miller und Max Peters. Die beiden Kinder, die vor 50 Jahren bei einem schlimmen Feuer in deiner Schule umgekommen sind, weil sie ihren Klassenkameraden geholfen hatten."

Abbygale Matthias *kam im niedersächsischen Hildesheim zur Welt, zog mit einem Jahr nach Sachsen-Anhalt. Dort lebt sie heute mit ihren drei Geschwistern, ihren Eltern, ihrem Hund und ihren beiden Katzen auf dem Land. Sie träumt davon, eines Tages Schriftstellerin zu werden.*

Halloween bei Spuki

Es ist richtiges Herbstwetter, der Wind treibt die Blätter vor sich her und zerrt an den Ästen, Regen prasselt vom Himmel, Blitze zucken, begleitet von lautem Donnergrollen, aus dunklen Wolken. Eigentlich ein Tag nach Spukis Geschmack. Aber nicht heute. Heute ist Halloween, aber ohne ihn.

Seine Eltern sind gerade abgeflogen, um sich sichtbar unter die Menschen zu mischen. Das ist Geistern nur an Halloween erlaubt. Allerdings erst nach ihrem 111. Geburtstag. Spuki ist gerade mal 100 geworden. Wenn es darum geht, das Revier zu verteidigen und Menschen zu vertreiben, ist es aber in jedem Alter erlaubt. Auch seine Hexenfreundin Nina kann ihn heute nicht besuchen, denn sie hat eine wichtige Prüfung in der Schule. Die Eltern wissen, dass er alt und vernünftig genug ist, um alleine zu bleiben, und so wollen sie diesen einen Tag im Jahr genießen.

Lustlos stromert Spuki durch die alte Burg im Wald. Diese ist schon seit vielem Jahren von Menschen verlassen. Spuki und seine Eltern waren froh, als sie hier einziehen konnten. Menschen kamen nur selten hierher und dann in der Regel nur, weil sie sich verirrt hatten. So auch im letzten Sommer, als Spuki den Menschen so richtig Angst machen konnte.

Spuki hatte sich gerade an den riesigen Kronleuchter in der Halle gehängt und ließ sein Laken im Wind flattern, als er ungewöhnliche Geräusche aus dem Wald hört. Neugierig flog er auf den Burgturm – oder das, was davon noch übrig war – und hielt Ausschau. Nanu, da kamen ja ein paar Autos mit Menschen an. Er erkannte den Mann, den er im Sommer in die Flucht geschlagen hatte. Laut schreiend war er weggerannt.

Spuki wunderte sich noch, als die Menschen anfingen, sonderbare Gegenstände aus den Autos zu holen. Mühsam gegen Wind und Regen ankämpfend, schleppten sie die Sachen in die Halle. Im hinteren Teil der großen Halle – dort, wo sie vor Wind und Regen geschützt waren – bauten sie komische Tische und Bänke auf, ganz anders als die Möbel in der Burg. Und auch anders als die Sachen

im Schloss, in dem Spuki mit seinen Eltern gelebt hatte, ehe sie in die alte Burg ziehen konnten.

Wäre Nina hier, sie hätte ihm erklärt, dass Menschen diese Art Möbel immer dann verwendeten, wenn sie irgendwo sitzen und essen wollten, wo sie es eigentlich nicht tun konnten und wo deshalb keine Möbel vorhanden waren. Interessiert schwebte Spuki – natürlich noch unsichtbar – in die Ecke und beobachtete die Menschen.

Komisch sahen sie aus, ganz anders als die Menschen, die er bisher gesehen hatte. Und das waren eine ganze Menge, denn das Schloss war für Menschen zugänglich, es hatte sogar mal regelmäßig Führungen gegeben. Aber Menschen, die so aussahen wie diese hier, waren ihm noch nie begegnet.

Der Mann vom Sommer hatte komische, zerrissene Kleidung an und setzte sich nun noch eine Maske auf. Andere sahen so ähnlich aus wie ein Skelett oder sie hatten sich mit schmutzigen Stoffstreifen eingewickelt. Ganz zu schweige von einigen, die wie ein Teufel aussahen, aber trotzdem Menschen waren, denn das konnte Spuki riechen. Was ihn ärgerte, waren die beiden Frauen, die wie Hexen aussehen. Oder besser gesagt so, wie Menschen sich Hexen vorstellten. Und sie benahmen sich aus so dumm und albern wie Hexen es nach Menschenmeinung eben taten.

Spuki wurde wütend. Er war froh, dass Nina nicht hier war, denn die wäre sicherlich gekränkt gewesen, wenn sie das hätte sehen müssen.

Nun verkleiden sich zwei der Menschen auch noch als Geister. Der Gipfel der Geschmacklosigkeit! Sie zogen sich alte Laken über den Kopf, sprangen wie irre herum und schrien: „Buh“ und „Huhu.“

Spuki war empört. Was wollten die Menschen hier? Und was sollte dieses alberne Benehmen? Den Gesprächen konnte er entnehmen, dass sie es für eine tolle Idee von Holger hielten, Halloween in diesem Jahr so richtig stilecht in dieser alten Bruchbude zu feiern. Weil das richtig gruselig war und ein tolles Ambiente. Was das nun schon wieder war, wusste Spuki zwar nicht, aber das er diesen frechen und dummen Menschen eine Lektion erteilen musste, stand für ihn fest.

Er flog auf den Dachboden, wo sein geliebtes Flatterinchen gewöhnlich den Tag verschlief. Aber als Spuki es weckte und ihm die Sachlager erklärte, war es sofort begeistert und fand seine Idee toll. Auch Flatterinchen war nicht besonders menschenfreundlich, weil es den Umgang der Menschen mit der Natur kannte. Zwar wusste es, dass es auch gute Menschen gab, die die Natur erhielten und den Tieren helfen wollten, aber diese hier gehörten definitiv nicht dazu. Erkennbar alleine schon daran, dass sie ohne Rücksicht auf Verluste mit ihren Autos (allesamt Geländewagen, was Spuki allerdings nicht wusste, weil er damit keine Erfahrung hatte) durch den Wald gefahren waren. Und dass sie nicht daran dachten, ihren Müll wieder mitzunehmen, das konnte man auch jetzt schon erkennen.

Flatterinchen und Spuki berieten kurz, dann flog Flatterinchen aus, um noch ein paar Fledermausfreunde aus der Umgebung zu holen. Nach kurzer Zeit kam es mit vielen tierischen Freunden zurück.

In der Burg war es laut geworden. Die Menschen tranken viel. Müll und leere Flaschen waren in der Halle verteilt, die Menschen benahmen sich immer dümmer und wurden immer lauter.

Eule Eusebius rümpfte den Schnabel. „Menschen, die habe ich schon öfter gesehen. Gut, dass wir Eulen mitgekommen sind, denen werden wir es zeigen!“

Eichhörnchen Flitz war eigentlich nur aus Neugierde mitgekommen, aber jetzt rannte er los, um noch ein paar Kumpel zu holen. Als er zurückkam, waren die anderen bereits dabei, einen Plan zu schmieden. Die Eichhörnchen wurden kurzerhand mit eingebunden und schnell kamen sie zur Sache.

Mit dumpfen Rufen flogen die Eulen durch die Halle und lenkten die Menschen ab. Nun kamen die Fledermäuse, die den Menschen um die Köpfe flogen und ihre Gesichter gekonnt mit den Flügeln streiften. Flitz und seine Kumpel hingegen rannten auf dem Boden umher, vorzugsweise zwischen die Füße der Menschen, die stolperten und teilweise sogar hinfielen. Andere Eichhörnchen rappelten mit der alten Rüstung, die am Fuß der Treppe stand und reichlich gruselig wirkte.

Die ersten Menschen verließen die Halle fluchtartig, sprangen in die Autos und rasten davon. Manche standen im Hof und schrien, weil die anderen einfach abgehauen waren und sie ihrem Schicksal überlassen hatten. Nur wenige waren noch zum Finale in der Halle.

Unter den Rufen der Eulen, flankiert von Fledermäusen, sauste Spuki sichtbar in die Halle und umflogt die Menschen. Die Eichhörnchen flitzten an den Hosenbeinen der Menschen hoch und huschten über Köpfe und Schultern, Spuki flog drohend auf die wenigen verbliebenen zu und stoppte erst unmittelbar vor ihnen, die Eulen lärmten, so laut sie konnten.

Fast alle Menschen hatten schon die Flucht ergriffen, einige sich mit ihren Autos gegenseitig angefahren, weil sie ohne Rücksicht auf Verlust nur noch weg wollten. Andere dagegen liefen in den Wald, weil ihr Auto schon von einem anderen Menschen weggefahren worden war. Die wenigen in der Halle verbliebenen Besucher waren wie zitternde Elendshäufchen, die schreiend die Flucht ergriffen, als Spuki sie mit seinem Laken streifte.

Lachend versammelten sich die Tiere und der kleine Geist schließlich bald darauf auf der Treppe. Das war vielleicht ein Spaß gewesen! Fast taten ihnen die Menschen sogar ein bisschen leid, aber eben nur fast.

Die Halle sah übel aus. Dass die Menschen ohnehin nicht vorhatten, ihren Müll wieder mitzunehmen, hatten sie ja schon deutlich gezeigt. Nun standen aber noch diese komischen Möbel in der Halle. Darüber machte Spuki sich aber keine Gedanken. Morgen kam ohnehin Nina, die würde das Zeug schon weghexen und sich ärgern, dass sie bei dieser Aktion nicht hatte mitmachen können, nachdem sie sich über die Geschichte köstlich amüsiert hatte. Da war Spuki sich sicher. Ein besseres Halloween konnte man eigentlich nicht haben. Da waren sich alle einige – Geist und Tiere.

Margit Günster, *Jahrgang 1963, ist Hauswirtschaftsmeisterin und in diesem Beruf seit über 40 Jahren tätig. Seit über 30 Jahren diverse Veröffentlichungen (Gedichte, Geschichten und Fotos) in Büchern, Zeitungen, Zeitschriften, Fachzeitschriften und Kalendern, zum Teil als Peter Pony, meist mit Geschichten ihrer Ponys und anderer Tiere. Lebt in Boden, einem kleinen Ort im Westerwald.*

Harzer Wesen

Maya lag im Gras und beobachtete, wie eine Ameisenkolonne eine Raupe davontrug. Marvin zeichnete Strichmännchen in den Grund. Ein Migräneanfall hatte ihre Mutter mitten auf ihrer Harzwanderung erwischt und jetzt warteten sie an einer Schutzhütte, bis es ihr besser ging.

„Mir ist so langweilig“, stöhnte Marvin. „Lass uns doch zu den Samsonsteinen gehen. Das ist nur einen Kilometer weit weg“, deutete er auf den Wegweiser.

Die Raupe wand sich, aber Maya wusste, dass der Kampf verloren war und nur ein Wunder sie retten konnte. Sie langweilte sich ebenfalls. „In einer Stunde sind wir wieder zurück“, überlegte sie laut. „Gut, aber sag Papa Bescheid.“

Die beiden Geschwister liefen los, froh, der Langeweile entkommen zu sein. Maya zählte die vom Borkenkäfer bis aufs Skelett abgenagten Fichten, während Marvin in den Rindenresten und verknoteten Ästen Figuren suchte.

„Schau mal, das sieht aus wie ein kleines Kind, das vom Ast klettert. Und das wie ein kleiner Drache. Das könnte eine Eule sein“, deutete er auf den Strunk einer in der Mitte umgekippten Birke.

„Vielleicht ist es ja eine echte Eule?“, wurde Maya hellhörig, schüttelte aber gleich den Kopf.

„Ne, du siehst wieder Geister.“

Jetzt standen sie vor einer Kreuzung, an der der Wegweiser sie nach rechts schickte. Es waren noch zweihundert Meter bis zu den Steinen.

„Wir sind gleich da. Und hoffentlich noch rechtzeitig, um vor dem Gewitter wieder bei der Hütte zu sein“, schätzte Maya mit einem besorgten Blick zum Himmel. Die Vögel waren ruhig geworden, der letzte Sonnenstrahl verschwand hinter der düsteren Wolke. Der Weg machte einen Bogen, dann standen sie wieder vor einer Weggabelung. Diesmal zeigte das Schild nach links.

„Es sind ja immer noch zweihundert Meter“, seufzte Marvin.

„Ja, diesen Wegweisern darf man nicht allzu sehr trauen. Es kann aber trotzdem nicht mehr weit weg sein“, versuchte Maya, ihren Bruder aufzumuntern. Rechts schrie plötzlich eine aufgeschreckte Amsel auf und kreuzte im Tiefflug vor den beiden den Weg.

Sie liefen noch eine Weile, bis sie wieder vor einem Wegweiser standen, der sie wieder nach rechts schickte. Es waren immer noch zweihundert Meter zum Ziel.

„Das ist doch ein schlechter Scherz“, kratzte sich Marvin am Kopf.

„Oder wir sind irgendwo falsch abgebogen und sind im Kreis gelaufen“, mutmaßte Maya. Sie betrachtete aufmerksam den Weg, der in eine finstere Fichtengruppe einbog. Der Wald war an der Stelle undurchsichtig: Blaubeersträucher wucherten zwischen umgekippten Baumstämmen, der Rest des Baumstumpfes versank zwischen Brennnesseln in einem milchig angehauchten Brombeergebüsch. Maya stutzte. War es etwa eine Nebelschwade, die vom Baum gespalten wurde? Sie rieb sich die Augen, doch tatsächlich schob sich Nebel auf den Weg und verbarg die Kurve hinter einem tiefen Vorhang.

„Komm jetzt, das Gewitter kommt immer näher. Wenn die Steine nicht gleich hinter der nächsten Kurve sind, müssen wir umkehren, sonst wird es richtig ungemütlich.“

Ein tiefes Grummeln in den grau-lila Wolken gab dem Mädchen recht. Die beiden liefen los und spähten, wo es nur möglich war, aufmerksam ins Dickicht. Die Steine mussten schließlich irgendwo in der Nähe sein.

„Maya, wir laufen im Kreis. Diesen Drachen und die Eule habe ich dir doch schon gezeigt“, deutete Marvin auf die markanten Borkenreste.

„Gut, dann lass uns zurück zur Hütte gehen, ehe wir uns ganz verlaufen.“

Die beiden drehten sich um und Marvin japste vor Staunen nach Luft. Eine dicke Nebelschwade hatte sich auf dem Weg ausgebreitet, auf den sie gerade gekommen waren. Der milchige Dunst war so dicht, dass sich die Bäume dahinter kaum erkennen ließen. Oben ging der Nebel konturlos in den wolkenbehangenen Himmel über, der sich bloß durch den dunkleren Ton ausmachen ließ. Eine zottelige Fichte breitete ihre Äste wie zur Umarmung aus, als würde sie Maya und Marvin am liebsten festhalten wollen.

„Ich habe ja schon von raschen Wetterumschwüngen auf dem Brocken gehört, aber es selbst so schnell zu erleben …“ Maya blickte neugierig in die Wolke. „Zum Glück müssen wir bloß den Weg zurücklaufen."

„Du weißt schon, dass wir uns auf dem einen Weg offenbar verirrt haben?"

Jetzt war es an Maya, Gleichgültigkeit vorzuspielen. „Na und? Wir kommen schon zurück, ob mit diesem seltsamen Schlenker oder ohne." Der Nebel war bereits so dicht, dass sie in ihn wie in eine milchige Suppe treten musste. Ihr Fuß schien sich merkwürdig aufzulösen. „Gib mir deine Hand", sagte sie zu Marvin, der bereitwillig gehorchte. „Fehlt noch, dass wir uns gegenseitig verlieren!" Sie räusperte sich, denn ihre Stimme klang höher als gewöhnlich.

„Au, mein Knie", schrie Marvin plötzlich auf. Erst jetzt erkannte er einen großen Felsbrocken, der sich plötzlich des Nebelvorhangs entkleidete. „Ich glaube, wir haben den ollen Samsonstein gefunden."

Bis auf die Steinwand war der Rest des Waldes in dichten Nebelschwaden verhüllt und von oben ertönte pausenlos das Donnergrollen, das zu einem einzigen, lang gezogenen Dröhnen verschmolz.

„Hier ist eine Höhle", zog ihn Maya hinter einen Felsvorsprung. „Wenn es gleich richtig gewittert, haben wir einen Unterschlupf."

Die ersten Tropfen fielen bereits schwer auf den Boden. Marvin hielt leicht dagegen. Der schmale Höhleneingang machte ihm Angst, ihm war, als verschwände Maya im Maul eines gefräßigen Monsters. Die herabhängenden Wurzeln über dem Spalt wirkten wie halb verfaulte Zähne.

Drinnen war es dunkel und roch muffig und gleichzeitig sauer. Marvin rümpfte die Nase. „Hier verwest doch irgendetwas", sagte er schließlich froh, in der Dunkelheit nichts sehen zu können.

„Pssst", zischte Maya leise. Ihr Bauch grummelte.

Marvin meinte, Blätterrascheln gehört zu haben, ehe es das Grummeln übertönte. Diesmal war es lauter und ertönte direkt hinter Maya. Ihre Hand drückte ihm die Fingerknochen zusammen, doch Marvin ignorierte den Schmerz. In einer Ecke blitzten zwei Funken auf und wieder ertönte ein tiefes Grummeln, das im lang gezogenen Bogen an Höhe gewann. Marvins Herz klopfte in seinen Ohren, dennoch meinte er, ein Rascheln von der anderen Seite zu vernehmen. Etwas schlich um sie herum und nahm sie in die Zange.

„Maya“, flüsterte Marvin seiner Schwester zu, doch das Flüstern hallte gespenstisch laut von den Wänden der Höhle zurück. Marvin schluckte mit Gewalt den Kloß herunter, der ihm im Halse stand. „Lass uns verschwinden.“

Maya rührte sich nicht. Ein hoher Schrei erschütterte die Höhle, dass es den beiden in den Ohren schmerzte. Ein Windhauch kitzelte Marvins Nackenhaare und brachte den fauligen Gestank alten Fisches mit sich. Der Junge riss an Mayas Hand und zerrte sie aus der Höhle nach draußen, ins gleißende Licht, das sich seinen Weg durch die Wolkendecke und den schmalen Höhleneingang kämpfte. Etwas Spitzes streifte sein Hosenbein und jagte ihm scharfe Nadeln durch den Stoff. Maya schrie auf, hielt aber weiterhin seine Hand fest. Die beiden stürmten aus der Höhle, kreuzten eine blumenreiche Wiese und blieben erst stehen, als sie wieder den Wanderweg erreicht hatten. Der Nebel war verschwunden, alles schien wieder normal zu sein.

„Was war denn das?“, fragte Marvin entsetzt, der noch immer mit einer Knochenkälte zu kämpfen hatte.

Maya zuckte mit den Schultern. „Eine Wildkatzenfamilie oder Luchse? Ich konnte leider nichts erkennen. Du denn?“

Marvin schüttelte den Kopf. „Und der Nebel?“

„Das ist halt der Harz. Hier passieren schon mal merkwürdige Dinge. Ist ja nicht umsonst der Treffpunkt für Hexen“, grinste Maya und lief zurück zur Hütte.

Ele Kver, *geboren 1980 in Moskau, seit 1987 in Deutschland (BRD). Studierte Biologie und Informatik, promovierte in Biochemie. Erarbeitet Vorhersagemodelle für Erkrankungen und Zellvorgänge, doziert vor Studierenden und betreibt Wissenspopularisierung auf verschiedenen Blogplattformen. Spezielles Interesse gilt Science-Fiction, Ornithologie und allen Wissenschaften, die unsere Welt und unsere Gesellschaft zu erklären versuchen.*

Der Geist der Kathedrale

Es roch modrig und nach Mottenkugeln. Draußen herrschte Hochsommer mit Temperaturen, die weit über dreißig Grad geklettert waren, mit einer Sonne, die alles versengte, aber hier drinnen war es kühl wie in einer Höhle. Wahrscheinlich hatten die Mauern die Feuchtigkeit der nassen Jahreszeit wie ein Schwamm aufgezogen und trockneten nie gänzlich. Gab es um uns herum Ratten oder Mäuse? Ich hoffte, dass regelmäßig ein Kammerjäger beauftragt wurde, um alle Sorten von Ungeziefer zu entfernen. Ungemütlich war es in dem stockdunklen Raum und ich fröstelte.

Auf dem Display des Handys sah ich, dass es kurz nach neun Uhr war. Die Tore der Kirche waren inzwischen geschlossen, die letzten Touristen verschwunden. Also mussten wir ungefähr eine weitere Viertelstunde warten, bis auch Kirchendiener und Wärter das Gotteshaus verlassen hatten.

Seit einer knappen Stunde hockten wir hier in der Kammer. Endlich konnten wir unser lang geplantes Vorhaben umsetzen: Eine Nacht wollten wir uns in der Kirche aufhalten. Uns einschließen lassen. Zum einen, glaubten wir, wäre es furchtbar spannend, im Kerzenschein durch das mittelalterliche Gebäude zu wandeln, um einen Eindruck zu gewinnen, wie es damals auf die Menschen gewirkt hatte. Wie viel imposanter, beeindruckender musste alles im Licht der Kerzen erscheinen ... Zum anderen war Paulo, mein portugiesischer Freund, überzeugt, es gäbe hier Geister. Geister der Ritter, Kirchen- und Edelmänner, deren Gebeine unter dicken marmornen Platten ruhten. Angeblich hatte jeder in der Stadt bei der großen Kirche schon einmal eine weiße Gestalt gesehen.

Und da waren wir nun, versteckt in einer der zahlreichen vergessenen Kammern, die Paulo im Vorfeld ausgekundschaftet und als tauglich für unser Unternehmen befunden hatte. Ich war mir sicher, wir würden nichts von dem, was sich Paulo vorstellte, zu Gesicht bekommen. Aber bei Nacht in der großen Kirche zu sein, erwies sich auch in meinen Augen als ein vielversprechendes Abenteuer. Ein kleiner Nervenkitzel. Was mir allerdings weniger behagte, war die Tatsache, dass wir tatsächlich eingeschlossen waren. Paulo hatte für einen frischen Laib Brot ebenso gesorgt wie für zwei Flaschen Wasser und mit einem unbekümmerten Schulterzucken hinzugefügt, er wisse, wo sich die Toilette befände und außerdem ließe sich im Zweifel bestimmt irgendwo irgendwie eine Tür nach draußen öffnen.

Ich tastete im Dunklen nach meinem Rucksack, in dem sich eine kleine Laterne mit Kerze befand. Weitere Kerzen hatte Paulo in seinem Rucksack. Meine Finger tasteten weiter über den rauen, unverputzten Stein, der uns umgab. Weder warm noch kalt fühlte er sich an. Neutral, körperwarm. Und ich wusste, direkt über meinem Kopf befand sich ein Steinmetzzeichen. Mehrere Male war ich die aus dem Mittelalter stammenden Linien, die sich kreuzten, mit meinem Zeigefinger nachgefahren.

Gleich würden wir unseren Platz verlassen, unsere kleine Expedition beginnen. Das, was ich mir in Gedanken hundert Mal vorgestellt hatte, würde nun in Wirklichkeit stattfinden. Es real werden zu lassen, fühlte sich auf einmal ganz anders an, als es sich in der Fantasie auszumalen. Irgendwie weniger erstrebenswert ...

Paulo zückte abermals sein Handy und als die Uhrzeit auf seinem Display auf 21:15 umsprang, stupste er mich an. „Es geht los!“, sagte er überflüssigerweise.

Langsam entfaltete ich meine Glieder, eine Wohltat nach dem langen Sitzen, während Paulo nach einer Kerze griff, um sie mit dem Feuerzeug anzuzünden. Der Schein des einzelnen Lichts umhüllte uns wie eine warme Blase. Neugierig sah ich mich um. Ja, das war das Steinmetzzeichen. Wie ein lang gezogenes Kreuz sah es aus, das vor mehr als fünfhundert Jahren jemand in den Stein geschlagen hatte. Im Kerzenlicht schien es mir, als reisten wir in die Zeit seiner Entstehung zurück. Paulo tastete sich mit dem Licht vor, fuhr an den Wänden entlang, die allesamt grau und abweisend um uns lagen. Bis ...

Der Schrei, der in mein Ohr drang, war schauerlich. Vor Schreck krallte ich mich an Paulo fest, der die Kerze fallen ließ. Sie verlosch umgehend, die Schwärze stülpte sich über uns wie eine dicke Decke. Als sich meine Nägel in seine Unterarme gruben, schrie Paulo erneut. Und gleichzeitig merkte ich, wie kleine, ruckartige Bewegungen durch seinen Körper gingen.

Paulo zitterte. Er zitterte am ganzen Leib.

„Was hast du?“

„Da war was …“ Genauso wie sein Körper zitterte auch Paulos Stimme.

Ich konnte mir denken, was das WAS war. Aber ich war mir doch sicher, so etwas gab es hier nicht. „Ruhig Blut!“, flüsterte ich. „Du hast dich getäuscht.“

Mühsam suchte ich nach der Kerze, dem Feuerzeug und der Laterne in meinem Rucksack. Als die Laterne leuchtete, machte ich Anstalten, in den äußersten Winkel vorzudringen, in dem Paulo wohl etwas entdeckt hatte.

„Nein! Tu es nicht!“ Jetzt war Panik in seiner Stimme.

Manchmal war es besser, nicht auf seinen Freund zu hören. Ich schwenkte meine Laterne in die eine Ecke und sah es, das WAS. Es war ein Skelett, geradezu winzig, das einen weißen Stofffetzen trug. Sicherlich kauerte es, zwar etwas unbequem, aber gewiss seit langer Zeit in dieser ungemütlichen Ecke. Es ruhte, ja, es bewegte sich nicht.

Kein Geist.

„Siehst du“, wisperte ich Paulo zu. „Es sind nur Knochen, nichts Besorgniserregendes!“ Woher ich den Mut nahm, so cool zu klingen, war mir selbst nicht klar.

Aber es beruhigte Paulo. Wenig später zogen wir beide mit unseren Kerzen in den Kreuzgang, der in der Dunkelheit lag, vorbei an alten Gräbern, Inschriften, während um uns herum in der lauen Sommernacht die Grillen in dem Grün des Hofes zirpten. Schön war es hier draußen und absolut friedlich. Kurz darauf öffneten wir eine der riesigen Türen, die in das Gotteshaus führten. Schrecklich aufregend fanden wir es, die Kerzen durch die gruselig schwankenden Schatten im Hauptschiff tragen zu dürfen. Wir kamen uns mutig, verwegen und ungeheuerlich lässig vor. Großartig und eindrucksvoll war es obendrein. Und während ich mir die Inschriften, Pfeiler, die sich in der Höhe im Dunklen verloren, Taufbecken und Altare sehr genau anschaute, trieb mich Paulo weiter. „Wir sind hier nicht zum Sightseeing!“, flüsterte er.

Andächtig schritten wir nebeneinander in Richtung des Hauptaltars.

Paulo und ich sahen es im selben Moment: Etwas Weißes, das sich in den Stuhlreihen vor dem Hauptaltar befand.

„Da hat jemand eine Decke vergessen“, wisperte ich.

Paulo nickte stumm.

Je weiter wir uns der weißen Decke näherten, desto mehr kribbelte es in mir. Ich konnte das Blut in meinen Ohren rauschen hören, mein Mund war staubtrocken. Zur Sicherheit legte ich meine Hand auf Paulos Arm.

Was ich als Nächstes sah, nahm mir die Luft.

Die Decke bewegte sich, als atmete sie.

Wir schrien gleichzeitig, als das Weiße sich aufbäumte. „Paulo hatte recht", schoss es mir durch den Kopf. Das war die weiße Gestalt, von der alle sprachen.

Ein Geist.

Es muss eine Weile gedauert haben, bis wir das laute „Schschsch" hörten.

Der Geist konnte sprechen. Und er besaß ein Gesicht. Das Gesicht einer alten Frau. Das war ...

„... eine Nonne", hauchte Paulo. Im weißen Gewand.

Sie bat uns, leise zu sein, damit sie ihren Gebeten nachgehen könne. Sie käme immer extra erst nach der offiziellen Schließung der Kirche, um alleine zu sein, weswegen sie einen eigenen Schlüssel zur Kirche habe ...

„Haben Sie die Geister gesehen?", platzte es aus Paulo heraus.

„Die Geister?", fragte sie zurück und eines ihrer Augen funkelte merkwürdig dunkel. „Geister gibt es nicht!"

Bettina Schneider, *Jahrgang 1968, lebt in Berlin, verheiratet, zwei Kinder, Studium der Betriebswirtschaftslehre, im Anschluss zehn abwechslungsreiche Jahre im Rechnungswesen in der Privatwirtschaft, heute Freiraum für kreative Tätigkeit. Sie schreibt mit Begeisterung Kurzprosa, einiges davon ist veröffentlicht. Sie ist eine Leseratte, liebt Sonne und blauen Himmel und mag Wald-Spaziergänge.*

Ein letzter Blick

Ich schlug die Augen auf. Über mir sah ich einen brüchigen Dachgiebel. Der Staub hing in den Spinnweben, als sei hier schon ewig niemand mehr gewesen. Wo war ich? Ein stechender Schmerz brannte in meinem Hinterkopf und eine weitere Frage schlich sich in meine Gedanken: Was war passiert?

Ächzend richtete ich mich auf. Vor meinen Augen verschwamm alles, was mich umgab, als sei das alles nicht mehr als ein Traum. Doch mein Kopf, der kurz davor war zu bersten, überzeugte mich vom Gegenteil. Langsam formte sich aus den verschwommenen Bildern ein Raum. Wenn ich bloß eine Idee hätte, um hier wieder herauszukommen! Aber das Einzige, was ich sah, war ein kleiner Tisch. Er stand am anderen Ende des Raumes. Spärliches Licht fiel durch die Decke auf die Steinplatte hinab. Nur weil der Tisch so niedrig war, konnte ich sehen, dass etwas darauf lag. Es sah aus wie eine kleine Schatztruhe voller Geheimnisse. Sollte ich nähertreten?

Die dicken Wände beobachteten mich förmlich mit ihren Adleraugen. Hierbleiben wollte ich aber genauso wenig. Was wäre, wenn es irgendjemand auf mich abgesehen hatte? Nein, ihre Blicke berührten mich und ich musste schnell vor ihnen hinter eine Säule flüchten. Meine Hände streiften den kalten Stein. Ich presste meine Körper dagegen und spürte meinen eigenen Herzschlag. Wie ein Vogel im Käfig fühlte ich mich, über den jemand ein ascheschwarzes Tuch gehangen hatte. Ständig wurden die Wände von dunklen Schatten heimgesucht und mein Atem beschleunigte sich bei jeder Bewegung. Nach einiger Zeit versuchte ich, meine Angst und das Flackern zu ignorieren, wenigstens hatten meine Augen sich jetzt an die Dunkelheit gewöhnt. War das hier vielleicht eine Art Keller?

Nun sah ich es auch – das Kästchen auf dem Tisch war tatsächlich ein dickes Buch. Ich trat näher heran und hörte ein Flüstern, das bei jedem Schritt lauter wurde, als näherte ich mich einem Lautsprecher. Das Flüstern drang durch jeden meiner Knochen und das dabei mitschwingende Flüstern kitzelte eine Gänsehaut aus mir heraus. Mir war, als riefe jemand nach mir, aber vielleicht hatte mich die flüsternde Stimme auch so sehr betört, dass ich keinen klaren Gedanken mehr fassen konnte. Schweiß lief über meine Stirn und meine Hände hinterließen einen feuchten Fleck auf der Steinsäule, als ich sie berührte.

Wie konnte ich hier nur wieder herauskommen, wenn ich nicht einmal ahnte, wo und wie ich hier hineingelangt war? Ich zitterte, obwohl ich zugleich nur so vor Schweiß triefte. War das das Ende? Würde ich je wieder etwas anderes sehen als schmutzige Wände und die webenden Spinnen? Im Gegensatz zu diesem Raum war mein Kopf mit allerlei Gedanken gefüllt und doch hatte ich so vieles vergessen. Ich wusste gar nicht mehr, ob es noch etwas zu wissen gab. Die Ahnungslosigkeit verschlang mich wie ein tiefer Abgrund, der mich aus dem dunklen Kellerraum in die Hölle führen würde. Nun wirkte der Raum gleich viel einladender, auch wenn meine Beine sich wie zwei Felsen anfühlten. Ich stand wie ein verwurzelter Baum inmitten des kalten Raums, das alte Buch mit seinen vergilbten Seiten im Visier. Ich war überrascht, wie sehr ich davon überzeugt war, dass es mir helfen würde.

In diesem Moment konnte ich nicht sagen, ob es reine Intuition war oder ob es etwas in diesem Raum gab, das mir zu dieser Ahnung verhalf. Ich spürte, dass dies hier noch nicht das Ende sein konnte. Ich durfte jetzt nicht einfach so aufgeben. Es gab so viele Dinge, die ich noch nicht ausprobiert hatte, um den Fesseln des Kellers zu entkommen. Doch da wurde meine Hoffnung auf einen schnellen Ausgang wieder zerstört – hinter mir knackte etwas. Ein grauenhaftes Geräusch, als zerbräche jemand einen Knochen, das mir einen kalten Schauer über den Rücken jagte. Zuerst hoffte ich, es mir vielleicht nur eingebildet zu haben, womöglich war ich selbst auch nur auf einen Stock getreten? Ich fasste mir ein Herz, drehte mich um, riss die Augen weit auf und mein Herz setzte ein paar Schläge aus.

Vor mir stand ein menschenähnliches Wesen. Die schleimweiche Schneckenhaut sah aus wie der Eiter und das Blut, die aus meinem aufgeschlagenen Ellenbogen flossen, mit dem ich auf den harten Boden aufgeprallt war. Die Kreatur besaß einen großen Mund mit Haifischzähnen, die aus der entsetzlichen Fratze hervorstachen, und die verquollenen Augen waren so verdreht, als seien sie hypnotisiert. Die von Blasen besetzen Extremitäten standen wie Äste ab, und ich wollte gar nicht wissen, wie es aussehen würde, wenn es einen Schritt auf mich zukommen würde. Es war ganz klar, dass ich hier wieder rauskommen musste, aber würde ich dem Tod, dem ich hier gegenüberstand, entrinnen können?

Die Spinnen flitzten zügig über ihre Netze, so viel konnte ich aus dem Augenwinkel erkennen, als würden sie die Flucht vor der Gestalt ergreifen. Diese bewegte sich langsam und schwankend, als könnte ihr jeden Moment ein Knochen brechen, den sie vielleicht gar nicht besaß. Jetzt begann sie auch noch zu schnaufen ... oder war das ich? Ich spürte nichts mehr außer meiner großen Angst, als hätte sie alles mit einem großen schwarzen Tuch bedeckt. Mir schnürte sich die Kehle zu. Hatte die Kreatur ein Seil um meinen Hals geschlungen? Ich bekam keine Luft mehr. Alles wurde auf einmal dunkel, so wie in dem Moment, in dem ich aufgewacht war. Ich wusste nicht, ob ich erleichtert darüber sein sollte, dass ich wieder etwas fühlte, aber mein Herz pochte gegen meine Brust, als wollte es raus aus mir und sich retten, bevor die Kreatur es ergriff.

Mein ganzer Körper zitterte und schließlich strich etwas Kaltes, Schmales über meine Haut. Es war schlimmer als der Stich eines Messers. Hatte die Gestalt mich etwa berührt? Mein Blick wich dem der Kreatur aus, doch da, wo meine Hand hätte sein müssen, war nur ein dunkler Fleck. Ich meinte, etwas Silbernes zu erkennen, das wie ein roter Rubin schimmerte, als würde der blutenden Gestalt das Körperteil gehören. In der nächsten Sekunde erstarrten meine Augen und mein Herzschlag gleichzeitig, denn jenes Kalte, das mich an der Hand berührt hatte, schnürte sich nun eng um meinen Hals. Ich hatte eigentlich gedacht, dass dieser kurze Moment schlimm genug war, doch ich wurde eines Besseren belehrt. Ich keuchte und sah, erstickt von meinem eigenen Schweiß und dem Blut, das auf mich herabtropfte, die hässliche Fratze über mir. Und das Letzte, was ich je zu Gesicht bekam, war mein von Angst durchtränktes Gesicht, das sich in den leeren, farblosen Augen widerspiegelte.

Annabel Stenger, *dreizehn Jahre, will Autorin werden und schreibt seit Jahren Geschichten und Bücher verschiedener Genre.*

Sweetheart

Maggie und John Baker waren zwei ganz gewöhnliche Grundschüler. Sie liebten es, Unfug zu treiben und an Halloween Süßigkeiten zu sammeln. Maggie klaute heimlich den anderen Kindern Bonbons und Schokoladenriegel aus ihren Jutebeuteln. So sammelte sie immer mehr Naschkram als ihr jüngerer Bruder John und gab jedes Mal damit an, dass sie von allen Kindern am meisten gesammelt hatte. Aber danach teilte Maggie immer mit ihrem Bruder und hob sich einen Großteil der Süßigkeiten auf, während John sie noch am selben Tag hinunterschlang und dann ganz schlimme Bauchschmerzen bekam.

Die Baker-Kinder liebten Naschkram. Ob nun Schokolade, Weingummi, Lakritze oder Lutschpastillen – nicht zu vergessen: Kekse –, die kleine Maggie und der pummelige John mussten sie haben. Ganz egal ob am Stiel, als verpacktes Bonbon, Konfekt oder sogar in gegossener Form, allein die Menge machte es. Doch am liebsten mochten sie Glasiertes und Naschkram mit Füllungen, denn das war wie mehrere Süßigkeiten in einer. Jeder solcher kleinen Schätze, wie Maggie sie immer nannte, versprachen ein aromatisches Geschmackserlebnis, nach dem das zehnjährige Mädchen süchtig war.

Doch eines Halloweentages bemerkten die beiden Geschwister ein Haus, das ihnen noch an keinem anderen Tag zuvor aufgefallen war. Es war alt und heruntergekommen. Maggie wollte auch dort an der Tür klingeln, um sich Süßigkeiten zu erbeuten.

John hatte kein gutes Gefühl bei der Sache. „Komm, Maggie, lass uns nach Hause gehen. Auf das Grundstück traut sich bestimmt nicht einmal der Postbote“, sagte der kleine, pummelige Junge unter seiner Halloween-Maske.

„Ich bin aber kein Postbote, sondern eine Hexe“, lachte Maggie, da sie ein Hexenkostüm trug. „Komm mit, du Feigling, sonst fressen dich die Raben!“

Gemeinsam gingen die beiden Kinder auf das Grundstück des unheimlichen Hauses. Der Vorgarten war verlottert und lange nicht mehr gemäht worden. Das Haus war alt und an vielen Stellen kaputt. Maggie ging auf die Veranda und klingelte an der Haustür. Es läutete, doch es machte keiner auf. Maggie klingelte erneut, doch noch immer öffnete ihr niemand die Tür.

„Vielleicht ist ja niemand zu Hause", jammerte John, um seine Schwester zum Gehen zu bewegen.

„Ach, Quatsch!", sagte Maggie. „Da oben brennt doch Licht!"

Das Haus war stockfinster, doch in einem Fenster im oberen Stockwerk flackerte blaues Licht. Maggie nahm ihren kleinen Bruder an die Hand und ging mit ihm auf die Rückseite des Hauses. Dort fanden sie Kellerfenster, von denen Maggie eines mit einem Stein einschlug.

„Kommen wir dafür nicht ins Gefängnis?", fragte der kleine John verunsichert seine große Schwester.

„Natürlich nicht!", antwortete sie. „Kinder kommen nicht ins Gefängnis. Oder hast du schon einmal Kinder in einem Gefängnis gesehen?"

John nahm an, dass seine Schwester recht hatte, und fragte nicht weiter nach. Doch dann verlangte sie von ihrem kleinen Bruder, dass er durch das eingeschlagene Fenster in den Keller einstiege. Er wollte das nicht tun, aber Maggie erklärte ihm, dass sie es ja selbst tun würde, doch sie wäre viel zu groß und würde nicht durchs Fenster passen. Also kletterte John in den Keller und öffnete von drinnen die Haustür, damit auch Maggie hineinkommen konnte.

Drinnen war alles verstaubt und voller Spinnweben. Als die Kinder die Treppe im Eingangsbereich hinaufschauten, sahen sie das flackernde Licht und laute Geräusche im oberen Flur aus einem verborgenen Zimmer kommen. Es klang so, als würde jemand laut Fernsehen gucken.

Gemeinsam gingen die Geschwister in die Küche und fanden dort eine Schale voll mit bunten Süßigkeiten. Schnell stopften sich die beiden etwas davon in den Mund und in ihre Jutebeutel. Als diese voll waren, steckten sie sich die Bonbons und Pralinen in die Taschen. Es schien, als würde die Schale niemals leer werden. Plötzlich fiel John auf, dass an jedem kunstvoll verpackten Stück ein kleiner Zettel hing, auf dem ein Name stand.

„Ob da auch unsere Namen dabei sind?", fragte Maggie und fing sogleich an, in der Schale herumzuwühlen.

John machte mit und die Kinder lachten vergnügt, während sie nach Pralinen mit ihren Namen darauf suchten. Doch schon bald wurde John sehr schlecht und sein Bauch tat ihm weh. Er wollte nur noch nach Hause, aber als er seine Schwester bat, mit ihm zu kommen, sagte sie ihm, dass er leise sein solle.

Plötzlich waren knarzende Schritte über ihnen zu hören. Der Bewohner des Hauses machte sich auf dem Weg nach unten. Maggie packte ihren Sack voll Süßigkeiten und lief zur Haustür zurück. Doch der Ausgang war verschwunden. Schnell versteckte sich das kleine Mädchen in einem Wandschrank unterhalb der Treppe, während der Hausherr die Stufen hinunterschritt. Maggie spähte durch den Spalt in der Schranktür und sah die krumme Gestalt mit schlurfenden Schritten zur Küche gehen.

„Oh nein, ich habe John vergessen!", wurde sich Maggie bewusst.

John lag mittlerweile auf dem Küchenboden. Er hatte so große Bauchschmerzen, dass er gar nicht mehr aufrecht stehen konnte. Doch als er die herannahenden Schritte hörte, kroch er in einen Küchenschrank neben dem Herd.

Der Hausherr schaute sich um und sah all die auf dem Boden verteilten Bonbons herumliegen. Er sammelte sie auf und legte sie behutsam in die Schale zurück. Aber dann fiel ihm eine kleine Plastikmaske auf, die neben dem Herd vor einem Schrank lag. Die krumme Gestalt streckte ihren langen, dürren Arm nach der Schranktür aus und öffnete sie mit einem Ruck. Doch im Innern war niemand zu finden. Nur ein kleines hübsch verpacktes Bonbon lag darin. Der Bewohner des Hauses hob die Praline auf und legte sie zu den anderen in die Schale.

Maggie wurde ganz heiß und sie fing an zu schwitzen. Ihr Bauch grummelte und zwickte.

„Was ist denn los? Waren die Süßigkeiten etwa verdorben?", jammerte das Mädchen. Maggie wollte weglaufen, doch ihre Füße hafteten am Boden. Maggie versuchte, um Hilfe zu rufen, aber ihre Lippen klebten fest zusammen. Sie wollte sich die klebrige Masse vom Mund kratzen, doch mit jedem Mal hinterließen ihre Finger nur braune Spuren geschmolzener Schokolade und wurden immer kürze, bis nur noch kleine Stummel übrig waren.

Die Schritte kamen nun auf den Wandschrank zu. Maggie fing an zu schrumpfen und ihr Hexenkostüm verwandelte sich langsam in buntes Bonbonpapier. Das kleine Mädchen kämpfte gegen das laut knisternde Papier an, aber ihre Arme und Beine waren bereits verschwunden. Sie wollte all das nicht, doch das half ihr am Ende nicht, als sie sich in eine kleine braune Praline verwandelte.

Der Herr des Hauses öffnete gemächlich die Schranktür. Auf dem Boden vor ihm lag ein kleines, fein verpacktes Bonbon mit einem Namensschild, auf dem man *Maggie* las. Die krumme Gestalt hob die Praline vorsichtig mit ihren dürren Fingern vom Boden auf und legte sie zu den anderen, direkt neben das Bonbon mit der Aufschrift *John*.

Maggie, John und die vielen anderen Bonbons, die einst Kinder gewesen waren, schrien um Hilfe. Doch niemand hörte sie, da sie nur kleine, süß schmeckende Köstlichkeiten waren und nicht länger über Münder verfügten. Hunderte nicht vorhandene Kinderstimmen schrien, weinten und flehten und waren doch leiser als die Stille selbst.

Der Hausheer füllte die Süßigkeiten aus den Jutebeuteln zurück in die Schale und sobald alles wieder aufgeräumt war, nahm er den Topf voll Süßem, löschte die Beleuchtung in der Küche und ging wieder die Treppe hinauf ins Zimmer mit dem blauen Licht.

P. James Coobs *wurde 1991 in Schleswig-Holstein geboren und lebt zurzeit in Hamburg. Seit Kindertagen liebt er es, Geschichten zu schreiben und zu erzählen. Seine erste Veröffentlichung war ein Gedicht mit dem Titel „Das Pfefferkuchenhaus" in einer internen Zeitung der Mensa e. V., das er als Schüler geschrieben hatte.*

Geisterglück

Tip. Tap.

„Was war das?"

Tap. Tip.

„Da läuft doch wer!" Angestrengt lauschte Leo in die Dunkelheit.

Tip, tap, tip, tap.

„Da! Schon wieder! Und schneller!" Mit einem Male saß Leo im Bett. „Mein Gott! Wer kann das sein? Kurz vor Mitternacht?"

Tap, tip, tap, tip. „Hi, hi, hi."

„Jetzt lacht dieses Etwas auch noch!", schimpfte Leo. „Das reicht!" Blitzschnell warf er die Bettdecke von sich, setzte seine Füße lautlos auf, schoss in die Höhe und – lauschte wiederum.

„Aaah, das geht guuut", murmelte es. „Heute Nacht komme ich bestens voran. Keine Selbstverständlichkeit mit zweihundert Jahren."

„Zweihundert!?" Verblüfft schlich Leo zur Tür, drückte behutsam die Klinke hinunter, zwängte sich durch den Türspalt, spähte zur Haustreppe hin. „Da! Am Treppenabsatz! Da steht es. Ein Geist!", flüsterte Leo entsetzt. „Mitten im Mondlicht. Um Mitternacht. Ich glaub, ich träume."

„Nein, Leo, du träumst keineswegs", gab der Geist lachend zurück. „Ich stehe leibhaftig hier – in deinem Haus, um Mitternacht."

Leo zuckte zusammen. „Jetzt spricht der Geist mich auch noch mit meinem Namen an!", entfuhr es ihm.

„Ja, Leo." Langsam drehte der Geist seinen apfelgroßen Kopf um neunzig Grad. „Ich kenne dich bereits neun Jahre lang." Zwei kirschrote Augen lächelten Leo verschmitzt an.

Leo war sprachlos.

„Grüß dich, Leo", hauchte der kleine Geist zwischen zitronengelben Lippen hervor. „Ich bin Umbra, der kleine Geist. Bin hier zu Hause, seit zweihundert Jahren schon."

„Aber ich habe dich ja noch nie hier gesehen! Dabei wohne ich doch bereits neun Jahre hier", wunderte sich Leo. „Da hätten wir uns wohl einmal begegnen müssen."

„Nein, nein, keinesfalls", klärte ihn Umbra auf. Bisher warst du zu jung dafür. Aber bald wirst du zehn. Höchste Zeit, uns endlich einmal kennenzulernen."

„Toll", rief Leo. „Das klingt nach Abenteuer."

„Genau", flüsterte der Geist. „Und ein Abenteuer beginnt seit Urzeiten mit einem freundschaftlichen Handschlag", meinte der kleine Geist, streckte Leo seine gebleichte Knochenhand entgegen und rief: „Umbra mag Leo, Leo mag Umbra. Wiederhole."

Tapfer legte Leo seine Hand in Umbras Rechte und wiederholte: „Umbra mag Leo. Leo mag Umbra."

„Dufte, Leo", freute sich der kleine Geist und sein Lachen legte zwei heuschreckengrüne Zahnreihen frei. „Unser Erkundungsgang kann beginnen." Entschlossen strich sich Umbra sein dunkles Wollhaar aus der Stirn, zog sich seinen rubinroten Umgang zurecht, rief: „Folge mir, Leo", und tapste auf seinen moosbewachsenen Tellerfüßen treppab.

Neugierig kam Leo hinterdrein. Stufe um Stufe ging es hinab zum Treppenabsatz, in den Flur, vorbei an der Schlafzimmertür seiner Eltern. Leo traute sich kaum, Luft zu holen. „Hoffentlich hört uns keiner, das hätte gerade noch gefehlt", bangte er.

Der kleine Geist konnte Gedanken lesen. „Nur keine Sorge", wisperte er. „Uns hört keiner. Uns sieht keiner. Mit einem Geist an der Seite ist man unhörbar, unsichtbar, glaube mir."

„Aber ich sehe dich doch, Umbra!", flüsterte Leo.

„Ja, du mich. Und ich dich. Aber wir beide zusammen sind unsichtbar für die anderen", beruhigte ihn der kleine Geist. „Ich habe uns nämlich mit Geisterhauch umgeben." Und lachte.

„Wundervoll", bedankte sich Leo. „Was du alles kannst."

Stolz wackelte Umbra mit seinem apfelgroßen Kopf. Auch er ließ sich gern einmal loben. „Gleich sind wir da", verkündete er. „Nur noch die Kellertreppe hinunter – und du wirst staunen."

„Staunen? Im Keller?", wunderte sich Leo. „Die Konserven, Getränkekisten, Skischuhe, den Schuhschrank, die Werkzeugkiste – das kenne ich doch alles! Wenig interessant."

„Das denkst du", gab der kleine Geist zurück. „Warte mal ab. Man soll die Nacht nicht vor dem Morgen loben." Und rasch hielt Umbra auf den großen Kellerraum zu. „Geradeaus. Noch einmal nach rechts. Nun nach links abgeschwenkt. Da wären wir, Leo."

Mit einem Mal standen sie beide vor dem Rumpelraum.

„Das wird spannend“, verkündete Umbra frohgemut.

Im schwachen Mondlicht erkannte Leo mühelos die Umrisse von Pappkartons, von Schneeschuhen. „Na und!?“, dachte er bei sich. „Was soll denn daran spannend sein? Gewöhnliches Gerümpel nur.“

„So! Aufgepasst!“ Erfreut wedelte der kleine Geist mit seinem rubinroten Gewand viel Staub von einer riesigen Holzkiste. Alsdann zog er einen kleinen silbernen Schlüssel aus seiner linken Ohrmuschel und drückte ihn Leo in die Hand. „Schließ auf, es wird sich lohnen.“

Hastig riss Leo Umbra den Schlüssel aus dessen gebleichten Knochenhänden. „Hineinstecken, zweimal herumdrehen“, flüsterte Leo. *Klack.* Schon sprang das Schloss auf.

„Komm. Heb den Deckel hoch“, rief der kleine Geist. „Forsche nach.“

Das ließ sich Leo nicht zweimal sagen. „Oha!“, stieß er aus. „Was sind denn das für Sachen!?“

„Ja, da staunst du, was?“, frohlockte Umbra. „Was du hier alles finden kannst. Grab nur. Such nur.“

„Heee! Mein Bilderbuch vom Eichhörnchen Fridolin! Und meine kleine Kinderuhr! Das gibt's doch nicht!“, schrie Leo auf. Jetzt kam er aber in Fahrt. Seine Hände flogen beinahe durch die riesige Holzkiste. „Und hier! Was ist das denn? Haha! Meine alte Pudelmütze, die mit der Riesenbommel. Und das hier – mein geliebter Holzbaukasten!“ Flink hob Leo ihn in die Höhe. „Der sieht ja noch richtig gut aus. Sogar die Skizzen liegen noch drin! Ich werd nicht wieder!“

Erfreut verfolgten die kirschroten Augen des kleinen Geistes Leos Treiben. „Hättest du deinen Eltern wohl nicht zugetraut, hm? Die haben alles aufgehoben.“

„Einfach klasse!“, rief Leo.

„Wohl, wohl“, stimmte Umbra zu. „Nur geht es noch besser, Leo.“ Hurtig schnürte der kleine Geist seinen Sack aus Baumrinde auf und begann, all diese Schätze einzufüllen.

„Was machst du da!? Umbra!“, rief Leo entsetzt. „Das sind doch alles meine Sachen.“

„Bist du dir da so sicher?“, fragte Umbra zurück. „Es waren einmal deine Sachen, Leo.“ Und ein weiteres Mal griff er mehr als entschlossen in die riesige Schatztruhe. „Sieh. Diese Spielkarten brauchst du nicht mehr. Auch nicht diese Kinderflöte." Und schon verschwanden all diese Kostbarkeiten gleichfalls in Umbras Baumrindensack.

„Diese schönen Dinge", entfuhr es Leo.

„Ja, eben", nickte der kleine Geist. „Gerade deshalb packe ich sie ja ein. Weil sie alle noch so schön sind!"

Leo wusste nicht: Sollte er sich freuen? Sollte er traurig sein?

„Du bist längst aus allem rausgewachsen", ließ sich Umbra da vernehmen. „Und nun kannst du vielleicht anderen Kindern damit eine Freude bereiten." Versehentlich trat der kleine Geist Leo dabei mit seinen moosbewachsenen Tellerfüßen auf den rechten Fuß.

Nun dämmerte es Leo. „Klar doch", rief er begeistert. „All das kann ich verschenken. Sehr gern sogar."

Erleichtert klatschte Umbra in seine zweihundert Jahre alten ausgeblichenen Knochenhände. Das klapperte ganz schön. „Du wirst tatsächlich bald zehn. So ist es recht. Verschenke, verschenke", rief der kleine Geist voller Freude durch den mitternächtlichen Keller. „Ein größeres Geschenk kannst auch du dir nicht machen, Leo."

Vor Freude über das Lob des getreuen Umbra wuschelte Leo ihm durch sein dunkles Wollhaar. „Hab tausend Dank, Umbra. Du bist ein wirklich guter Geist."

Glücklich schwenkte Umbra einen seiner moosgrünen Tellerfüße, pfiff genüsslich durch seine zitronengelben Lippen. „Na dann – gutes Gelingen!"

„Und du hilfst mir dabei!" Erwartungsvoll zupfte Leo an Umbras rubinrotem Gewand.

„Wo denkst du hin?" Ablehnend schüttelte Umbra seinen apfelgroßen Kopf. „Dazu brauchst du mich nicht mehr, Leo. Du hast Verstand und Mut genug hierfür. Bist ja auch bald nicht mehr neun." So entschwand der kleine Geist. Wie vom Erdboden verschluckt.

Heike Haltenhoff, *geboren im September 1964 in Dresden, Lehrerin am Gymnasium in Dresden. Hobbys: Schreiben von Gedichten, Geschichten und Märchen für Kinder, Ornithologie. Einige Veröffentlichungen.*

Das Mädchen von Moorland Manor

„DAS ist Großtante Ursels Haus?“ Aufgeregt drückte Linda die Nase gegen die Autoscheibe. Sie versuchte, durch wabernde Nebelschwaden mehr von dem alten Anwesen zu erkennen, dessen verwilderte Einfahrt sie hinaufrumpelten.

Ihr zehnjähriger Bruder Tim schüttelte missmutig dem Kopf. „Kaum zu fassen, dass Mama uns einfach so hier ablädt.“

„Das stimmt nicht, Timmy.“ Linda ärgerte sich über ihren zwei Jahre älteren Bruder. Mama war im Krankenhaus und konnte sich nicht um sie kümmern. Darum würden sie einige Zeit bei der Großtante wohnen. Linda fand das aufregend. Ihr Bruder dagegen war furchtbar wütend darüber. So wunderte es Linda nicht, dass er mit verschränkten Armen neben ihr saß und das Haus mit keinem Blick würdigte.

Beim Aussteigen blickte Linda sich um. Das Anwesen war alt. Es hatte ein schiefes Dach und ein kleines Türmchen mit einem großen, runden Fenster. Eine gebeugte, grauhaarige Frau trat heraus.

„Großtante Ursel.“ Linda streckte die Hand zur Begrüßung aus und fand sich in einer herzlichen Umarmung wieder.

„Willkommen auf Moorland Manor, Kinder.“ Die Alte lächelte.

„Das Haus hat einen Namen?“, fragte Linda neugierig.

„Und eine gruselige Geschichte. Ich erzähle sie euch nach dem Abendessen.“

„Das ist ja ein richtiges Prinzessinnenzimmer!“ Linda hüpfte begeistert in das berüschte Himmelbett. Tante Ursel hatte ihnen ihr Zimmer gezeigt und sie zum Auspacken allein gelassen. Tim hatte seinen Koffer unter sein Klappbett an der gegenüberliegenden Wand geschoben und lümmelt nun mit dem Handy in den flauschigen Kissen. Wahrscheinlich schrieb er wieder mit seinen Freunden oder spielte doofe Spiele.

„Timmy, jetzt guck doch mal.“

„Nein Linda, ich gucke nicht. Keine Ahnung, wie du das toll finden kannst, aber ich will nicht hier sein. Jetzt lass mich in Ruhe.“ Ihr Bruder konnte ein richtiges Ekel sein. Früher war das anders gewesen. Niedergeschlagen dachte Linda an die Zeit, als Tim und sie noch unzertrennlich waren.

Nach dem Essen saßen sie vor einem gemütlich prasselnden Kaminfeuer zusammen. „Ihr wolltet doch die Legende von Moorland Manor hören", begann Großtante Ursel. Linda warf einen Blick zu Tim, der mit den Augen rollte und weiter auf seinem Handy tippte.

Die alte Frau begann zu erzählen: „Vor langer Zeit lebte ein junges Mädchen im Dorf, das zu diesem Haus gehörte. Es war so schön, dass der Sohn des Fürsten es zur Frau nehmen wollte. Doch das Mädchen weigerte sich, da bezichtigte der Fürst es der Hexerei. Auf der Flucht vor seinen Soldaten ertrank es im Moor. Vor seinem Tod verfluchte es das Dorf. Seitdem erscheint es des Nachts als weiß gekleidete Gestalt und lockt Wanderer in den Sumpf."

„Ist das wirklich passiert?", wisperte Linda. Ein eisiger Windhauch streifte sie und ließ sie frösteln.

Die Großtante nickte. „Ich habe das Geistermädchen durch den Garten streifen sehen, als ich noch ein Kind war."

Linda spürte ein unangenehmes Kribbeln im Nacken. War das möglich oder schwindelte Tante Ursel?

Das Mädchen zuckte zusammen, als Tim unvermittelt laut lachte. „Du solltest dein Gesicht sehen", prustete er. „Du bist selbst weiß wie ein Gespenst."

Linda ärgerte sich. Wieso musste ihr Bruder sich immer über sie lustig machen? Sie dachte an früher. Wie gerne sie zusammengespielt hatten. Doch seit er auf die andere Schule gekommen war, gab es nur noch sein Handy. Und wenn er sie mal beachtet, dann nur um sie zu ärgern.

„Du hast die Geschichte wirklich geglaubt, oder?", spottete Tim noch, als sie in den Betten lagen.

Linda antwortet nicht. Unruhig drehte sie sich in ihrem Kissen von einer Seite zur anderen. Ja, sie glaubte die Geschichte. So wie sie an die Feen glaubte, die des Nachts unter dem Apfelbaum in ihrem Garten tanzten.

„Aber der Geist ist böse", dachte sie ängstlich.

Tim konnte sie ihre Sorgen nicht erzählen. Er würde nur lachen. Er sei ein Mann der Wissenschaft, sagte er immer und glaube nur, was er sehe.

Ein Knarzen an der Türe. Linda blickte hin, konnte aber im Halbdunkel nichts erkennen. Sicher hatte sie sich das nur eingebildet.

Vorsichtshalber zog sie sich die Bettdecke bis über die Nase.

Pock. Raschel.

Was war das? Linda wagte nicht, sich zu bewegen. „Timmy, da ist was", wisperte sie.

Ein Seufzen. „Linda, das sind Zweige vom Baum vor dem Fenster. Schlaf jetzt."

Das Haus war voller Geräusche. Es knackte, klopfte und Linda meinte sogar, düsteres Gemurmel zu hören. Wie sollte sie da einschlafen?

Ihr Riesenkissen war gemütlich. Angenehme Wärme stieg in ihr auf. Das Mädchen gähnte.

Huu.

Linda schreckte hoch.

„Timmy, hat du das gehört?"

Keine Antwort.

„Timmy?"

Stille.

Hastig schlüpfte Linda aus den Laken und eilte zum Bett ihres Bruders. Der Vollmond schien durchs Fenster und beleuchtete die leere Matratze. Wo war Tim nur? Die Zimmertüre war angelehnt. Hatte Linda sie nicht beim Reinkommen geschlossen?

Im Flur herrschte Finsternis. Vergeblich suchte Linda nach einem Lichtschalter. So tastete sie sich an der Holzvertäfelung der Wand entlang. Die alten Dielen knackten bei jedem Schritt. Der Gang kam ihr viel länger vor als bei Tageslicht.

Huu.

Linda erstarrte. Das Geräusch klang näher als noch in ihrem Zimmer. Dann ein Lichtschimmer. Eine leichenblasse, schimmernde Gestalt schwebte die Treppe hinauf. Sie trug ein verschlissenes, altertümliches Gewand. Linda wurde hinter eine große Pflanze gezogen. Sie wollte schreien, doch jemand hielt ihr den Mund zu. Erleichtert erkannte sie Tim. Das Gespenst hatte ihn nicht ins Moor verschleppt.

Linda fiel ihm um den Hals. „Was sollen wir tun?", flüsterte sie in sein Ohr.

„Wir müssen uns verstecken. Komm."

Hand in Hand eilten sie so leise wie möglich den Flur zurück. Sie öffneten eine Türe und fanden sich in einem vom Mondlicht beschienenen Raum voller verstaubter Dinge wieder.

Falsches Zimmer.

Da bog der Geist um die Ecke.

Die Kinder duckten sich unter einen Tisch. Dabei stieß Linda gegen ein großes Spinnennetz. Staub fiel ihr ins Gesicht. Ihre Nase kitzelte schrecklich. Oh nein. *Hatschi.* Erschrocken hielt sich Linda die Hand vor den Mund.

Der Geist verharrte auf der Stelle. Lauschte. Und kam zu ihrem Tisch geschwebt. Jetzt waren sie verloren. Linda klammerte sich an ihren Bruder.

Ein freundliches, von transparenten Locken umgebenes Gesicht beugte sich zu ihnen herunter. „Hallo, ich bin Genoveva", stellte sich die Gestalt vor. „Tut mir leid, wenn ich euch erschreckt habe."

„Bringst du uns jetzt ins Moor?", fragte Linda bibbernd.

Das Geistermädchen runzelte die Stirn und schüttelte vehement den Kopf. „Natürlich nicht."

„Wieso hast du uns dann verfolgt?", bohrte Tim nach.

Eine glitzernde Träne kullerte über Genovevas Wange. „Ich wollte nur Gesellschaft. Es ist furchtbar einsam hier."

Linda wusste genau, wie sich der Geist fühlte. Seit Tim sich nur noch für sein Handy interessierte, war sie auch oft allein. Sie krabbelte unter dem Tisch hervor. „Möchtest du vielleicht mit uns spielen?", fragte sie das Gespenst.

Das Geistermädchen wischte sich über das Gesicht und nickte heftig. „Ich kann euch die Geheimgänge im Haus zeigen."

„Es gibt hier Geheimgänge?", fragte Tim erstaunt.

Linda bemerkte das Funkeln in seinen Augen. So interessiert war er lange nicht mehr gewesen.

Genoveva lachte ein helles Lachen, ihre Trauer schien wie weggeblasen. „Natürlich. Ich kenne sie alle." Sie reckte stolz das Kinn in die Höhe. „Ich hatte genug Zeit, jeden Winkel zu erkunden." Glücklich betrachtete Linda ihren Bruder und die schimmernde Gestalt. Sie würden eine unvergessliche Zeit auf Moorland Manor haben und noch viel wichtiger, sie hatte ihren großen Bruder zurück.

***Dominique Goreßen**, Jahrgang 1986, lebt mit zwei Söhnen, Lebensgefährte und Katerchen im Westzipfel Nordrhein-Westfalens. Hauptberuflich betreut und fördert sie Kindergartenkinder.*

Ein Kuss, der nicht aus dieser Dimension stammte

Es war am 9.9.1991, als die Frau von Jake Maker ihren schweren Autounfall in der Innenstadt von Network hatte, der leider zu ihrem Tod führte. Nachdem sie schwere innere Blutungen und mehrere Rippenbrüche erlitten hatte, ertrank sie förmlich innerlich an ihrem eigenen Blut.

Jake Maker war Chirurg und konnte den Tod seiner Frau Marianna nicht verkraften. Er beschloss, eine perfekte Nachbildung seiner Frau so in das Gesicht einer fremden Frau zu operieren, dass diese Frau aussah wie seine verstorbene Frau. Er hätte es auch fast geschafft, wenn die Polizei ihn nicht aufgehalten hätte. Er wurde in die Forensische Psychiatrie eingewiesen, die weit von der Innenstadt Networks entfernt war.

Nach acht Jahren in dieser Anstalt durfte er entlassen werden – am Dienstag, 3.1.1999. Er wusste jetzt, wie er mit diesen Gefühlen wie Wut und Trauer umgehen sollte. Er versuchte, sein Leben normal zu leben, nachdem er wieder in die Innenstadt von Network gekommen war. Er versuchte, sich in den ersten paar Tagen an die Menschenmassen zu gewöhnen. Und er mied die Unfallstelle seiner Frau, weil er wusste, dass es ihn fast umbringen würde, die Stelle zu sehen, an der seine Frau getötet wurde.

Er hatte keine Wohnung und kein Haus. Jake musste auf der Straße neben den Mülltonnen schlafen. Als er einen relativ sauberen Platz neben zwei Mülltonnen gefunden hatte, legte er sich dort hin. Er hatte so Hunger und durchsuchte die zwei Mülltonnen, um etwas zu essen zu suchen. Er fand kein Essen, dafür aber eine spitze Glasscherbe, die von einer Bierflasche abgesplittert war. Er überlegte kurz und ritzte sich damit. Das Blut tropfte nun von seinem Arm und er war so durstig, dass er das Blut und die offene Wunde einfach ableckte. Er riss mit Mühe ein kleines Stück seines T-Shirts ab und verband damit die aufgeschnittene Wunde und legte sich schlafen.

Als Jake am 4.1.1999 aufwachte, sah er, dass jemand 2,50 Dollar vor ihm hatte fallen lassen. Er hatte das im Dunklen am Abend zuvor gar nicht gesehen. Er nahm das Geld auf und ging in den ersten Dolly Markt, den er fand. Er wollte sich einen Apfel und ein Snickers für genau 2,50 Dollar kaufen. Doch als er an der Kasse stand, um die zwei kleinen Snacks zu bezahlen, sah er, dass vor ihm eine Frau stand, die dieselbe Kleidung trug wie Jake Makers Frau einen Tag, bevor sie ihren Unfall hatte. Er strich der fremden Frau sanft über die Schulter, sodass sie sich umdrehte. Jake Maker konnte seinen Augen nicht trauen, ob das echt oder nur eine schmerzhafte Illusion war – diese wunderschöne, blonde, dünne, blauäugige Frau, die dieselbe Kleidung trug wie Jakes Frau. Diese Frau war die perfekte Nachbildung von Marianna Maker. Jake stotterte nur vor sich hin. Sein Traum war wahr geworden. Er sah seine Frau wieder.

„Kann ich Ihnen helfen“, fragte die schöne Kopie.

„Wie ist ihr Name?“, wollte Jake aufdringlich wissen.

„Mein Name ist Marilin Mager.“

„Sie heißen fast so wie ... wie eine alte Bekannte von mir.“

„Das ist ja ein Zufall.“

Jake legte unauffällig den Apfel und den Schokoladenriegel zurück, während er Marilin Mager zu einem Café einlud, gleich nebenan in dem Café. Die wunderschöne Dame war entzückt und stimmte dem Angebot dankend zu. Sie beide gingen ins Café und lernten sich besser kennen und beschlossen am Ende des Tages, sich wiederzusehen. Jake war aufgefallen, dass Marilin und Marianna fast ein und dieselbe Person waren, sie hatten nur einen anderen Familienstammbaum und es gab ein paar weitere Lücken, die nicht zusammenpassten. Doch die zwei hatten mehr Gleichheiten als Unterschiede.

Am nächsten Tag ging Jake mit Marilin wieder in dasselbe Café, das ging tagelang so. Sie trafen sich genau neun Tage, bis Jake merkte, dass er sich zum zweiten Mal in seine Frau verliebt hatte, und küsste Marilin Mager. Tollerweise erwiderte sie seinen Kuss. Sie waren also ineinander verliebt und redeten den ganzen Tag weiter. Sie blieben so lange, bis das Café schloss. Dann gaben sie sich noch einen kleinen Abschiedskuss und gingen nach Hause.

Jake ging wieder zu seinem Schlafplatz an den Mülltonnen. Er freute sich sehr auf den nächsten Tag, weil er auf diese Art und Weise seine Frau wiedersehen konnte. Er wollte nur mit seiner Frau reden und mit ihr zusammen sein. Jake schlief hocherfreut ein.

Am nächsten Tag, Freitag, der 13.1.1999, wachte Jake sehr gut gelaunt auf, doch er fühlte sich etwas krank. Er dachte sich nichts dabei und ging in sein Café, setzte sich an den Platz, wo er sich, seit zehn Tagen immer hinsetzte, und wartete auf Marilin. Nach mehreren Stunden der Warterei wurde Jake ungeduldig. Doch er ließ sich nicht davon abbringen, noch länger auf die Kopie seiner Frau zu warten. Er wartete so lange, bis das Café schloss.

Gerade als er mit betrübtem Blick aus dem Café gehen wollte, sah er, wie Marilin zu ihm hingelaufen kam. Er lächelte, doch er merkte, wie ihm schwarz vor Augen wurde. Er fiel um, als sie bei ihm ankam, doch er konnte noch schnell sagen: „Ich liebe dich, meine Prinzessin." Das waren auch seine letzten Worte.

Alle Leute, die um die beiden herumstanden, waren geschockt. Doch komischerweise starrte Marilin nur grinsend auf den verstorbenen Jake. Ein Mann rief: „Jemand muss Hilfe holen, schnell." Marilin interessiert das gar nicht, sie hörte dem Mann auch gar nicht, drehte sich einfach um und ging weg.

Bevor Hilfe kam, bildeten sich schwarze Flecken in Jakes Gesicht. Sie verteilten sich auf seinem ganzen Körper und kleine Hautfitzel flogen hoch in die Luft. Es lösten sich immer mehr und mehr Hautteile und nach wenigen Sekunden waren nur noch einzelne Staubteilchen an der Stelle zu sehen, wo Jake gelegen hatte.

Marilin dagegen lief zu einem alten, abgelegenen Garten. Sie setzte sich und erhob ihre Hände. Sie formte Kreise mit ihnen. Der Himmel wurde grau und schwarz. Die schwarzen Hautfitzel, die von Jake abfielen, formten so einen Schlüssel und Marilin Mager schickte sie in die graue Wolke. Eine kleine Tornadokrone bildete sich, die zu einem anderen Dimensionseingang führte. Marilin wurde dort hineingesogen. Sie lächelte zum Abschluss und verformte sich zu einem monsterartigen Geschöpf.

Aber die Krone des Tornados schloss sich nicht wieder, sondern es kamen mehrere andere Gestalten dort hinaus. Es waren Vampire, Zombies, Geister und steinförmige Menschenwesen. Sie liefen alle los in die Stadt. Die Menschen dort erschraken und liefen weg. Sie waren in Panik und hatten Angst, denn die monströsen Kreaturen zerstörten und massakrierten alles. Es war ein sehr großes Tohuwabohu. Die Menschen liefen auf das höchste Gebäude, das sie finden konnten, weil sie dachten, dass die Monster nicht klettern könnten. Ihre These war allerdings falsch. Auch diese Wesen kletterten auf das Gebäude und verletzten die Menschen, die auf dem Gebäude waren. Es war ein jahrelanger Krieg, der sich über neun Jahre lang hinwegzog. Die Menschen wussten, dass sie ihn nicht gewinnen konnten. Nach neun Jahren und 295 Tagen war der letzte Mensch im Krieg gefallen. Die Welt war nun von Monstern bevölkert. Die menschliche Rasse war ausgestorben. Die Population bestand nun aus Monstern und Wesen, die wir bisher nur aus unserer Fantasie kannten. Menschen waren ein ausgestorbenes Fußvolk. Nun regierten die Monster.

Marla Hahn, *7. Jahrgang der Alexander-Coppel-Gesamtschule.*

Die Kuschelkatze

Elenas Herz klopfte wie wild. Sie konnte es noch gar nicht richtig fassen. Okay, zugegeben. Die kleine Tierhandlung sah etwas runtergekommen aus. Die Farbe blätterte langsam von den Wänden ab und das verwitterte Holzschild, auf dem in roten Buchstaben *Goldsteins Tierparadies* prangte, hing traurig und schief im Wind. Ihre besten Jahre hatte diese Tierhandlung definitiv bereits hinter sich. Doch das war Elena in diesem Moment völlig egal. Jahrelang hatte sie ihre Eltern genervt und nun war es so weit. Heute würde sie endlich ihre heiß ersehnte Katze bekommen.

Mit einem breiten Grinsen im Gesicht schnappte sie die Hand ihres Vaters und zog ihn hinein. Ein Schwall heißer, abgestandener Luft kam ihnen entgegen, als sie den Laden betraten. Ein kleiner, alter Mann sah hinter seinem Tresen von der Tageszeitung auf und blickte sie neugierig an.

„Kann ich helfen?", fragte er mit schnarrender Stimme und kam auf sie zu.

„Ja, wir möchten uns ihre Katzen ansehen", antwortete Elenas Vater, während er sich in dem völlig überfüllten Laden umsah.

In das runzlige Gesicht des alten Mannes zog ein seltsames Grinsen, als er in den hinteren, dunkleren Teil des Ladens zeigte. „Kommen Sie, ich zeige Ihnen meine pelzigen Schätze." Ächzend erhob er sich von seinem Stuhl und ging schnaufend voran. Beim Gehen zog der Alte sein rechtes Bein immer etwas nach, was das Tempo der Gruppe erheblich verlangsamte.

Es schien eine kleine Ewigkeit zu dauern, bis sie endlich einen Vorhang erreichten, den der Alte mit einem beachtlichen Schwung zur Seite zog. Hinter dem Sichtschutz befanden sich etwas zwanzig Käfige mit den verschiedensten Katzen, die die Gruppe maunzend begrüßten.

Ohne auf die anderen beiden zu warten, stürmte Elena auf die Käfige zu und sah sich die Katzen an. Die kleinen Pelzknäule drückten sich neugierig und schnurrend an die Gitter. Doch Elena hatte kaum einen Blick für sie übrig. Sie wurde wie magisch von einem der Käfige in der hintersten Ecke angezogen. Darin lag eine kleinere Katze. Ihr Fell war komplett schwarz, bis auf eine puschelige, strahlend weiße Haarsträhne, die ihr wie eine große Locke über den Kopf fiel und ihr leicht in die Augen hing. Ihr oberer rechter Fangzahn schien etwas länger als die Restlichen zu sein und schaute vorwitzig aus ihrem Mäulchen.

„Diese hier, Papa! Diese möchte ich", rief Elena begeistert, während sie ihre Finger durch das Gitter steckte und das Kätzchen zu streicheln begann.

„Elena, Papa und ich fahren jetzt zu dem Elternabend. Lilie schläft schon. Wenn sie weinen sollte, dann mach ihr bitte noch ein Fläschchen. Und pass bitte auf, dass deine Katze nicht in ihr Zimmer geht", sagte Elenas Mutter und gab Elena noch einen Kuss. „Es dauert nicht allzu lange. Bis nachher!"

Mit einem kleinen Seufzer ließ sich Elena in einen der bequemen Sessel im Wohnzimmer fallen und schloss für einen Moment die Augen. Auch wenn es einer der schönsten Tage in ihrem Leben war, war sie doch froh, wenn er endlich vorbei war. Sie war so glücklich gewesen, als sie mit ihrer Katze Mila nach Hause gekommen war. Doch kaum hatte ihre Schwester die Katze entdeckt, da ging das Theater auch schon los. Okay, Lilie war erst elf Monate alt und wusste nicht wirklich, was sie tat, da konnte man ihr kaum böse sein. Trotzdem war Elena irgendwann genauso genervt wie Mila. Die kleine Katze hatte sich irgendwann fauchend verzogen, als Lilie zum x-ten Mal auf sie zugekrabbelt war und ihr herzhaft mit ihren neuen Zähnchen in den Schwanz gebissen hatte.

Gerade als Elena den Fernseher einschalten wollte, glaubte sie, aus den Babyfonen ein Flüstern zu hören. Irgendwie klang es wie: „Jetzt zahle ich es dir heim." Kopfschüttelnd betrachtete Elena das Babyfone, das jetzt wieder schwieg. Sie musste doch müder sein, als sie selbst glaubte, denn natürlich konnte Lilie noch nicht reden und außer ihnen war niemand zu Hause.

Erst das plötzliche lautstarke Weinen ihrer Schwester riss Elena aus ihren Gedanken.

Als sie das Zimmer ihrer kleinen Schwester erreichte, war die Tür einen Spalt breit auf und Mila stand über das Baby gebeugt. Von ihren Fangzähnen tropfte etwas Blut, während das Baby herzzerreißend weinte. „

Das solltest du jetzt aber nicht sehen", murmelte die kleine Katze und sprang mit ihren rot glühenden Augen aus dem Babybett. „Aber gut, dann kümmere ich mich jetzt erst mal um dich!"

Elenas Augen wurden groß vor Schreck. „Was tust du da? Was bist du und warum kannst du reden?", stotterte sie, als die Katze von ihrer kleinen Schwester abließ und auf sie zukam.

„Ich bin eine Vampirkatze und du hast mich reingelassen", antwortete Mila mit einem schadenfrohen Grinsen. „Und jetzt werdet ihr zwei mein Abendessen!" Mit diesen Worten setzte Mila zum Sprung an und ließ Elena keine Zeit, ihre Worte zu verarbeiten.

Sie verfehlte das Mädchen nur knapp. Denn in dieser Sekunde gelang es Elena, sich aus ihrer Schreckensstarre zu lösen. So schnell sie konnte, drehte sie sich um und rannte aus der Tür. Sie musste die Monsterkatze von Lilie weglocken.

Wie eine Verrückte rannte sie durch die Wohnung und überlegte fieberhaft, was sie über Vampire wusste. Mila war ihr dicht auf den Fersen, als sie einen Geistesblitz hatte. Keuchend vor Anstrengung rannte sie in die Küche, direkt gefolgt von Mila.

„Hab dich", rief Mila und leckte sich gierig die Lippen, während sie Elena mit den Rücken vor den Küchentresen drängte.

Verzweifelt versuchte Elena, nach der Katze zu treten, doch diese lachte nur und wich geschickt aus.

Elena traute ihren Augen nicht, als Mila in die Luft sprang und dabei plötzlich schwarze Fledermausflügel ihren Rücken zierten. Wie ein schrecklicher Vogel aus ihren schlimmsten Albträumen flatterte die Katzenfledermaus nur wenige Zentimeter vor ihr und schlug mit ihren scharfen Krallen nach Elenas Gesicht, wobei ihre rot glühenden Augen sie fixierten.

Verzweifelt versuchte Elena, auszuweichen, doch diesmal gelang es ihr nicht. Milas Krallen zogen eine blutige Spur über ihre Wangen und ließen bittere Tränen in Elenas Augen steigen.

„Du schmeckst köstlich", maunzte Mila und leckte sich die Pfote.

Diesen Moment der Ablenkung nutzte Elena. Sie tastete hinter ihrem Rücken nach einer Knoblauchknolle, die noch vom Abendessen auf dem Tresen lag, und warf sie in das Maul der Vampirkatze.

Milas Augen weiteten sich vor Schreck. Sie brachte nur noch ein leises: „Oh oh", hervor, während sie in der Luft taumelte und sich plötzlich mit einem Zischen in einer riesigen Staubwolke auflöste.

Erleichtert atmete Elena auf. Obwohl ihre Knie sich immer noch wie Wackelpudding anfühlten, rannte sie zurück zu ihrer Schwester.

Lilie hatte inzwischen aufgehört, zu weinen, und stand in ihrem Bettchen. Als sie Elena sah, begann sie fröhlich zu glucksen. „Zum Glück ist dir nichts weiter passiert", sagte Elena und nahm ihre kleine Schwester fest in den Arm. Wie ein Affe klammerte sich das kleine Mädchen an ihr fest. Glücklich streichelte Elena Lilies Rücken. Dabei bemerkte sie jedoch nicht, wie Lilies Augen rot zu glühen begannen und sich ein winziger, spitzer Fangzahn unter ihrer Oberlippe hervorschob.

Elena Matthias *wurde 2014 im schönen Hildesheim geboren. Heute lebt sie mit ihrer Familie und ihren Tieren in Sachsen-Anhalt und besucht die dritte Klasse der Grundschule. Schon als Kleinkind liebte Elena Geschichten und Märchen und begann sich eigene Geschichten auszudenken.*

Nachttreiben

Der sehr betagte, mit seinen 93 Jahren bereits sehr alte Herr Wolters wohnt ganz alleine auf einem uralten, mittlerweile sehr heruntergekommenen Bauernhof. Der längst stillgelegte Bauernbetrieb befindet sich in einer sehr abgelegenen, von Menschen verlassenen Gegend nahe eines großen Waldgebiets, mehrere Kilometer entfernt vom nächstgelegenen Dorf. Eine recht gespenstische Wohnumgebung in der Einsamkeit der Natur. Ein bisschen Gänsehautgefühl. Etwas mulmig wird einem da zumute. Aber der alte Herr Wolters kennt es ja nicht anders. Er hat fast sein ganzes Leben hier verbracht. Seine über alles geliebte Ehefrau ist schon vor etlichen Jahren verstorben. Kinder hat er keine. Fast niemand kommt zu ihm zu Besuch. Nur seine Haushälterin kommt regelmäßig zur Mittagszeit nach ihm schauen. Ansonsten ist er in der Regel ganz alleine. Darunter leidet er sehr. Obwohl er ein sehr anhängliches Haustier hat. Sein treuer und über alles geliebter Kater Bobby ist immer bei ihm, aber dennoch fühlt der alte Herr Wolters sich so entsetzlich alleine in seinem uralten, sehr heruntergekommenen Bauernhaus ... Vor allem nachts ...

Um zehn Uhr abends geht der alte Herr Wolters wie immer zu Bett. Sein Kater Bobby, ein schwarzer Kater, liegt bereits in seinem Körbchen. Er schläft schon längst und schnarcht lautstark. Der alte Herr Wolters schließt das noch gekippte Fenster oben in seinem Schlafzimmer. Ein kurzer Blick noch nach draußen: Es ist fast stockdunkel. Nur spärlicher Mondschein. Der Mond sieht wie eine Sichel aus, spendet kaum Licht. Schlechte Sicht. Nichts zu sehen. Aber alles still, alles ruhig. Also kann man davon ausgehen, dass alles so weit in Ordnung ist beziehungsweise sein dürfte. Aber dennoch ist es eine etwas gespenstische Atmosphäre ... So alleine zu sein in dunkler Nacht, mutet doch etwas mulmig an. Daher verschafft sich der alte Herr Wolters vor dem Schlafengehen immer noch einen kurzen Überblick über die Lage draußen.

Nachdem er dies getan hat, zieht er nun die Vorhänge zu. Er dreht sich rum und geht zu seinem Schlafgemach. Ihm fällt auf:

Neben seinem Kleiderständer am Rande des Zimmers steht zwar wie üblich ein Stuhl. Aber über seiner Lehne hängt ein frisch gewaschenes, ordentlich glattgebügeltes und gefaltetes, weißes Bettlaken. Anscheinend hat seine Haushälterin vergessen, es im Kleiderschrank abzulegen. Aber egal ... nicht seine Aufgabe. Dafür hat er ja eine Haushälterin! Er zieht jetzt seine Tageskleidung aus, hängt sie an seinen Kleiderständer und zieht seine Nachtkleidung an, seinen uralten Pyjama mit kariertem Muster. Dann nimmt er noch sein Gebiss aus seinem Mund und legt es in ein Glas Wasser auf dem Nachttisch. Daneben platziert er seine Brille mit den riesengroßen, dicken Gläsern. Nun legt er sich todmüde in sein Bett und macht das Licht aus. Wie üblich betet er ein kurzes Nachtgebet. Kurz darauf schläft er ein. Er schläft sehr tief und fest. Lautstarke Schnarchgeräusche ertönen im Schlafzimmer ... Der schwarze Kater schreckt auf. Bobby ist plötzlich hellwach und springt aus seinem Körbchen. Er setzt sich auf die Bettkante. Er beobachtet und begutachtet nun sein schlafendes, stark schnarchendes Herrchen ...

Doch dann um Mitternacht – ein Gong. Erst einer, dann zwei, dann drei ... Zwölf Gongschläge erschreckend laut! Die Fenster gehen auf! Vorhänge wehen ... Geister plötzlich hereinwehen. Huuh! Huhu! Huuh! Weiße, nahezu gestaltlose Gespenster mit großen schwarzen Augen durchs Zimmer wehen, über dem Bett hin und her fliegen. Wie Bettlaken, gar wie Leichentücher schweben sie über ihm. Wie Totengeister! Totengeister, die kommen, um ihn mit zu holen? Jedenfalls äußerst vage Geistgestalten. Man will sie greifen und greift doch durch sie hindurch ... Auch klappernde Gebisse fliegen ganz wild durch den Raum. Sie klappern und klappern ... Aber es sind keine richtigen Gesichter zu erkennen. Außer ein übergroßes, schmerzverzerrtes Gesicht einer Zombie-Katze mit aufgestellten Fellhaaren wie nach einem Stromschlag. Ein entsetzlicher Miau-Aufschrei ist zu hören. Starke, intensive Geräusche dominieren das Geschehen. Denn dort, wo die wild gewordenen Geister wohnen, da rumpelt und pumpelt es. Da poltert es nur so! Das ist bei dem uralten Herrn Wolters immer so. Da findet niemand seine Ruh. Da werden Angsthasen nicht mehr froh ... Das ist nichts für Scheue! Nichts für schwache Nerven! Das ist nur etwas für Abenteuerlustige, Aufgeweckte und ganz Mutige!

Äußerst unheimliche, sehr unangenehme Geräusche. Ganz komische Laute ... Alles sehr unheimlich und geisterhaft anmutend!

Sehr gruselig! Äußerst furchterregend! Richtig Gänsehaut machend. Ein Zittern am ganzen Körper auslösend. Auch die Zähne klappern. Ein kalter Schauer läuft den Rücken runter. Denn der Wind pfeift und pfeift ... richtig gespenstisch! Es raschelt. Es klickt und klimpert. Ein klirrendes Geräusch. Es rasselt irgendetwas. Es knistert, es knackt und knattert ... Es rattert, es kracht und knallt! In der Stille der tiefdunklen Nacht jedes kleinste Geräusch extrem laut schallt. Es klopft, es hämmert. Es klappert irgendetwas. Türen knarren, Holz knarrt und knarzt.

Ein krachendes Geräusch oben im Dachstuhl. Außerdem starke Kratzgeräusche, ein intensives Scharren auf dem Dachboden. Geräusche wie Stühlerücken, gar Möbelrücken. Ein Quietschen. Dachgebälk knarrt und knarrt ... Ein extremes Gepoltere oben auf dem Dach! Auch Geräusche wie Schrittgeräusche auf dem Dachboden, gar ein Trampeln. Da geht doch jemand! Da geht wer! Aber wer? Fürchterlich gespenstische Geräusche ... Sehr geisterhaft! Äußerst angsteinflößend! Herzrasen auslösend! Heftige Schweißausbrüche verursachend. Wie nass geduscht ... Der Stuhl am Rande des Zimmers bewegt sich auch noch. Schranktüren gehen wie von Geisterhand auf. Auch Zimmertüren, die nur angelehnt sind, bewegen sich mal mehr, mal weniger weit auf.

Eine Zimmertür nebenan im Obergeschoss fällt lautstark ins Schloss. Aus der Richtung des Schlafzimmerfensters kommen ganz sonderbare Geräusche. Einige sehr kräftige Flügelschläge sind zu hören. Und ein ganz wildes Flattern. Ein fürchterlich wildes Geistertreiben! Auch ein Piepsen und Fiepsen ist im Haus zu vernehmen sowie ein wildes Fauchen und Miauen. Schrille Schreie, ein ohrenbetäubendes Gekreische. Sogar ein Bellen und Grunzen von draußen ... Dazu irgendein Stimmengewirr? Jetzt heult der Wind auch noch entsetzlich auf. Richtig markerschütternd! Es rappelt und scheppert gewaltig. Es wird immer doller und doller bei dem alten Herrn Wolters! Ein Schreck folgt auf den nächsten ... Man wird von den wilden Geistern ganz genarrt. In tiefdunkelster Nacht. Stundenlang ganz allein mit dem Spuk der Nacht. Megagruselige, verrückte Nächte! Total irre! Entsetzliche Geisterzeit! Schlimmste Geisterstunden! Alles immer nur zur Schlafenszeit, in den dunkelsten Stunden der Nacht. Zur besten Ruhezeit die allergrößte Unruhe! Und das ausgerechnet immer nur in seinem Gemach ...

Die Holztreppe vom Erdgeschoss zum Obergeschoss wird zur

Ziehharmonika. Sie spielt knatterndes, sehr krachendes Piano in sehr tiefen Tönen. Schwergewichtige Geister hopsen auf ihr herum: Sie purzeln runter, sie springen rauf und runter, wieder hoch und runter, wieder hinauf und hinunter und wieder hoch ... bis das ganze Treppenhaus in sich zusammenbricht. Und es so keine Verbindung mehr vom Obergeschoss zum Erdgeschoss gibt. Auf einmal kracht doch auch noch das ganze Haus in sich zusammen. Eine riesengroße Staubwolke ... Unter den Trümmern sieht der uralte Herr Wolters sich selbst begraben. Eine dicke, schwarze Katze sitzt auf den Trümmerteilen über ihm und sieht ihn ganz besorgt an ...

Der alte Herr Wolters wacht langsam auf, blinzelt ein bisschen mit den Augen. Er ist noch ziemlich schläfrig und sieht alles ein wenig verschwommen ... Aber auf der Bettkante sieht er eine fette, schwarze Katze sitzen: seinen treuen Kater Bobby! War alles nur geträumt? Ist doch alles in Ordnung? Ist alles wieder gut?

Aber da ist noch ein ganz starkes Geräusch von draußen zu hören: Ein Auto fährt über den Schotterweg in der Nähe des Hauses. Viel zu schnell fährt es über den furztrockenen, etwas sandigen Schotterweg. Es rattert richtig. Eine große Staubwolke kommt auf. Vielleicht ist es ein Jäger, der nachts unterwegs und auf Geisterjagd ist.

Dann zieht auch noch ein kleines Gewitter in einiger Entfernung auf. Es ist noch sehr weit weg. Der Wind pfeift immer stärker und heult richtig auf. Einige kleinere Sturmböen fegen über den Bauernhof nur so hinweg. Es donnert immer wieder lautstark schallend, sehr unheimlich anmutend. Gelegentlich blitzt es auch. Einige sehr hell aufleuchtende Blitze erhellen ganz kurz die sehr dunkle Nacht. Plötzlich: aufleuchtende Augen im Garten hinterm Haus. Und siehe da! Mehrere Schatten an der Hauswand! Sie bewegen sich auch noch ... Schatten wie von Lebewesen ... Extrem gespenstisch! Sehr geisterhaft! Äußerst furchterregend ... Angstschweiß austreibend! Die Schweißperlen laufen dem alten Herrn Wolters das Gesicht nur so herunter ...

Denn dunkle Gestalten scheinen sich doch wirklich da unten im Garten zu bewegen. Schmale Gestalten, sanfte dunkle Schatten wandern an der Hauswand entlang. Aber auch kleine, dicke, schwarze Schatten mitten im Garten. Und dann auch noch diese komischen Geräusche wie Gebelle und Gegrunze. Aber man sieht niemanden wirklich ... Eine riesengroße Staubwolke! Neblige Sicht

... Geistergestalten im Garten? Das Herz rutscht fast in die Hose ... Kommen sie ins Haus hinein? Der arme, alte Herr Wolters ist ganz außer sich und äußerst entsetzt. Sein Gesicht ist vor Angst bleich geworden. Er seufzt nur noch: „Oh, Gott ...“ Und er fleht: „Bitte, lass alles nur einen Traum sein, nur einen böser Albtraum im Schlaf! Lass mich aufwachen und alles wieder gut sein! Bitte, bitte, bitte!“

Es ist eine sehr schaurige Nacht. Plötzlich beginnt es heftig zu regnen. Der Regen prasselt schallend laut. Richtig gespenstisch anmutend in der tiefdunklen Nacht. Aber es ist nur ein kurzer, heftiger Gewitterschauer. Das Gewitter ist alsbald vorbei und schon wieder abgezogen. Es ist alles wieder recht still für einen Moment und immer noch fast stockdunkel draußen. Nur spärlicher Mondschein und eine erst langsam einsetzende Morgendämmerung. Der arme, alte Herr Wolters ist total fix und fertig und schläft völlig erschöpft ein. Er schläft sehr tief und fest. Und schnarcht ...

Und die Geister? Die Geister nehmen plötzlich Reißaus! Es wird nämlich langsam hell draußen. Bei anbrechendem Tageslicht fliegen die Gespenster nach ihrem ausgiebigen Unfug schnell wieder aus dem Fenster heraus. Sie wehen wie Luft aus dem Fenster. Und verwehen mit dem Wind. Als wären sie nie gesehen ...

Frühmorgens ist der Spuk dann also endlich vorbei. Doch das Fenster ist weit geöffnet ... Der Vorhang weht im Wind. Frische, kühle Luft kommt ins Zimmer hineingeströmt ... Sauerstoff einatmen. Durchatmen ... Der Morgen graut. Es wird hell. Dicke Nebelschwaden liegen über der Landschaft. Eine ziemlich gespenstische Atmosphäre ... Es ist noch sehr still in aller Frühe.

Ein paar schwarze Rabenvögel fliegen übers Haus. Es sind Krähen. Sie krächzen sehr lautstark im Vorbeiflug. Sie krächzen und krächzen. Sehr schaurige Laute am frühen Morgen in der Einsamkeit der Natur. Eine gespenstische Stimmung! Da läuft einem der kalte Schweiß nur so über den Rücken.

Auf dem Fensterbrett sitzt eine schwarze Katze. Es ist Bobby, der schwarze Kater des alten Herrn Wolters. Er sieht sehr verängstigt, regelrecht eingeschüchtert aus. Er miaut kurz leise auf und schaut aufmerksam den vorbeifliegenden Krähen hinterher ... Folgt ein rabenschwarzer Tag auf solch eine Nacht? Jedenfalls ist es erst mal ein sehr mulmiger Morgen. Gar kein gutes Gefühl ... Ein kurzer Blick nach unten zum Abchecken der Gesamtlage muss übrigens auch noch sein. Und da unten der Garten? Der große Garten hinterm Haus sieht ja verwüstet aus ... Wildschweine müssen heute Nacht dagewesen sein und ihr Unwesen getrieben haben ... Das muss eine Staubwolke gewesen sein ... Und eine Grunzerei ... Irgendwie alles gespenstisch bei dem alten Herrn Wolters.

Und der arme, alte Herr Wolters? Er liegt schweißgebadet und durchnässt in seinem Bett. Langsam wacht er auf. Er kommt erst allmählich zu sich. Er beginnt ein bisschen nachzudenken. War alles vielleicht nur geträumt? Doch nur ein Albtraum? Keine Ahnung ... Oder war es die Katze, die nachts Unfug im Haus getrieben hat? Und nur so herumgepoltert hat? Einfach aus Langeweile? Ein vierbeiniger Poltergeist, dem es nachts immer langweilig ist, weil er tagsüber viel zu viel schläft? Keine Ahnung ... Aber möglich!

Plötzlich fällt dem alten Herrn Wolters auf: Das Fenster steht ja auf! Hat er es etwa selbst vielleicht schlafwandelnd im Halbschlaf noch ganz früh am Morgen in der Morgendämmerung geöffnet, um frische Luft zu schnappen? Keine Erinnerung mehr. Aber von alleine geht es ja nicht auf! Außerdem fällt ihm noch etwas auf: Gestern Abend hing doch noch über dem Stuhl, der am Rande des Zimmers neben seinem Kleiderständer steht, ein ordentlich gebügeltes und gefaltetes, weißes Bettlaken. Das Bettlaken liegt nun ganz zerknittert auf dem Boden. Und es ist auch noch mit ein bisschen Blut verschmiert ... Was für ein Anblick bietet sich ihm da! Er schaut ganz verdutzt. Hat die Katze sich bei ihrem nächtlichen Treiben verletzt und ihr Blut ans Laken geschmiert? Anscheinend! Und der Stuhl selbst steht ein bisschen verrückt da. Hat die Katze ihn ein bisschen verrückt? Oder ist er selbst noch im Halbschlaf gegen ihn gestolpert? Keine Ahnung ... Von alleine hat der Stuhl sich jedenfalls nicht bewegt. Bewegt er sich jetzt denn schon wieder? Sind schon wieder Geister am Werk? Oder ist es doch nur die Katze?

Rumms ... Der Stuhl liegt umgeworfen da. Kater Bobby kann es einfach nicht lassen, in der Wohnung herumzutollen. Der sehr alte Herr Wolters ist ziemlich mitgenommen von dem Anblick seines Schlafzimmers. Aber wenigstens sein Gebiss liegt noch ordnungsgemäß und unversehrt in dem Glas Wasser auf dem Nachttisch neben seiner Brille mit den riesengroßen, dicken Gläsern. Er setzt sich auf die Bettkante. Er holt das Gebiss aus dem Glas Wasser und zieht es wieder an. Auch seine Brille zieht er nun auf. Als Nächstes will er aufstehen. Doch der arme, sehr alte Herr Wolters ist von der Nacht so sehr geschafft und erschöpft, dass er sich wieder zurück ins Bett legt und im Laufe des Morgens sanft einschläft und gegen mittags zwölf Uhr erst wieder erwacht. Angenehm warme Sonnenstrahlen dringen nun in sein Zimmer. Draußen: blauer Himmel und Sonnenschein. Vögel zwitschern. Rotkehlchen und Meisen tanzen auf dem Fensterbrett ...

Der schwarze Kater liegt in seinem Körbchen. Faul und vollgefressen. Er ist ganz mit sich selbst beschäftigt. Er leckt sich sehr intensiv eines seiner Pfötchen, augenscheinlich ein verletztes Pfötchen. Er hat sich im Laufe der vergangenen Nacht anscheinend ein wenig verletzt. Nach einiger Zeit döst er ganz teilnahmslos vor sich hin. Er ist jetzt viel zu müde, um noch nach den Vögeln auf dem Fensterbrett zu jagen. Anscheinend will er jetzt nur noch schlafen.

Unten an der Haustür klingelt es. Es ist die Haushälterin des alten Herrn Wolters. Sie kommt gerade vom Einkaufen und bringt ihm, wie üblich, eine warme Mahlzeit mit. Im Beilagensalat ist übrigens auch eine kleine Knoblauchzehe mit enthalten für das gesundheitliche Wohlbefinden des alten Herrn. Die Haushälterin schaut sich bei dem alten Herrn Wolters um und überlegt: „Alles in Ordnung?! Wie immer?! Jedenfalls nahezu alles so wie sonst auch ..."

Der arme, alte Herr Wolters hat sich mittlerweile wieder gefangen und aufgerafft. Er ist froh, dass jetzt jemand bei ihm ist und er nicht mehr ganz so alleine sein muss. Wenigstens für ein paar Stunden. Alles wieder normal?! Als wenn nie etwas gewesen und geschehen wäre ... Oder zumindest fast nichts gewesen und geschehen wäre ...

Der sehr alte Herr Wolters hat mittlerweile aber eine dunkle Ahnung ... ein ganz komisches Gefühl! Er scheint auf seinem Bauernhof gar nicht so alleine zu leben, wie er immer gedacht hat. Ganz still und heimlich scheint das ein oder andere Tier in seinem uralten Bauernhaus Unterschlupf, gar ein richtiges Zuhause gefunden zu haben und seinen jeweiligen Unarten zu frönen. Und dies vor allem nachts ... Tiere, die jede Nacht oben im Dachstuhl ihr Unwesen treiben: Fledermäuse sowie Mäuse und Ratten, aber auch ein Marder und möglicherweise sogar ein Waschbär. Fledermäuse, die nachts wie wild auf dem Dachstuhl hin und her fliegen und so starke Flattergeräusche machen. Sogar ein Uhu, der nachts immer wieder mal draußen am Fenster vorbeifliegt. Er wirft dabei schnell wandelnde und mit seiner recht großen Flügelspannweite ziemlich große Schatten. Zudem erregt er mit einigen sehr kraftvollen Flügelschlägen sowie ein paar lautstarken Rufen Aufmerksamkeit. Anscheinend hat auch er, zur großen Überraschung, oben auf dem Scheunendach ein neues Zuhause gefunden. Des Weiteren kleine Mäuse und große Ratten, die nachts ihr Unwesen durchs ganze Haus treiben, vom Keller bis zum Dachgeschoss. Außerdem irrt nachts mindestens noch ein Marder oder vielleicht sogar auch noch ein Waschbär wie wild durch die miteinander verbundenen Dachgeschosse von Wohnhaus, Stall und Scheune, sodass die uralten, morschen, vom Holzwurm längst angefressenen Dachbalken nur so knarren und sogar auch mal ein Dachbalken bricht. Ein Revierkampf unter den Tieren auf dem Dachstuhl ist durchaus auch möglich, und dies Nacht für Nacht ...

Und in der Wohnung – natürlich nicht zu vergessen – Bobby, der Revierkönig des Hauses! Das offizielle und einzige Haustier, die Katze beziehungsweise der schwarze Kater im Zimmer, ein anscheinend etwas zwielichtiges, gar nicht so braves Tier. Der schwarze Kater, der sich nämlich nicht nur im Schlafzimmer aufhält, sondern nachts auch stündlich einen Hausrundgang macht und die uralte, etwas marode Holztreppe rauf- und runterspringt und sprintet. Er hetzt zwischen der verschlossenen Kellertür unten und dem verschlossenen Zugang zum Dachgeschoss oben immer wieder hin und her. Bobby würde so gern auf Geisterjagd gehen, vor allem oben im Dachgeschoss! Aber er bekommt die Dachbodenöffnung beziehungsweise den Zugang zum Dachstuhl nicht geöffnet und rennt dann wie wild geworden im Obergeschoss hin und her ...

Außerdem draußen im Garten auch noch zu beachten: die Wildschweine. Richtig fette, schwarze Wildschweine. Eine ziemlich große Rotte. Die Wildschweine kommen zwar nur gelegentlich vorbei. Aber sie genießen es in vollen Zügen, den Boden im Garten aufzuwühlen und den Garten im Nu umzugraben beziehungsweise umzupflügen. Dabei bellen und grunzen sie ausgiebig ...

Auch Rehe kommen regelmäßig nach Nahrung suchend in den Garten. Ein Fuchs schleicht stets morgens gegen halb fünf durch den Garten. Fuchs und Rehe vergnügen sich nahezu geräuschlos im Garten. Aber wehe, der eher scheue Fuchs und die friedlichen Rehe treffen auf die Wildschweine! Dann werden die Schweine so richtig wild, sehr aggressiv. Dann ist Revierkampf angesagt!

Ein fürchterliches Gebelle und Gegrunze ... Eine Staubwolke nach der nächsten ... Ein sehr extremes Nachtleben! Nahezu Nacht für Nacht ... In der gespenstischen Dunkelheit.

Doch ganz anders als die Nächte sind die Tage auf dem Bauernhof. Tagsüber erscheint alles so still und friedlich. Denn dann schlafen all die vielen Tiere tief und fest. Aber wehe, die Nacht beginnt! Dann ist wieder Tohuwabohu! Äußerst irre und wirre Nächte ... Undurchschaubares wie unvorhersehbares Nachtgeschehen. Äußerst unheimliche Nächte in der vermeintlichen Einsamkeit der Natur. Äußerst furchterregend! Extrem gespenstisch ... Dem sehr wilden Spuktreiben absolut hilflos ausgeliefert ... Das dubiose Geistertreiben macht ganz wirre und schüchtert einen sehr stark ein. Das ist nichts für schwache Nerven! Und schon gar nichts für Herzkranke! Ein sehr exzessives Nachtleben auf dem Bauernhof! Extrem abenteuerlich! Mit Spuk-Garantie! Äußerst spannende Nächte ... Aber auch sehr anspannende Nächte voller Angstschweiß! Schweißperlen auf der Stirn allein schon beim Gedanken an die Nacht ...

Juliane Barth, *Jahrgang 1982, lebt im Südwesten Deutschlands. Sie schreibt als Hobby seit jeher sehr gerne, u. a. Gedichte, Kurzgeschichten und Sachtexte. Veröffentlichungen in diversen Anthologien: https://sacrydecs.hpage.com.*

Märchenhafter Bodensee

Von Trollen, Klabautermännern und Kobolden

Während in Lindau Kobolde ihr Unwesen treiben, ist die Blumen-Insel Mainau das Zuhause von Feen und Elfen. Sie leben dort zwischen prächtigen Blumen und Tausenden von Schmetterlingen. Doch wenn es dunkel wird, schleichen sich die Elfen aus ihrem Versteck und beherrschen die Welt der Menschen. Dabei müssen sie sich vor den kleinen Kobolden stets in Acht nehmen, die immer wieder mal aufbrechen, um ihr Unwesen auf der Insel Reichenau, der Mainau, in Konstanz oder Friedrichshafen zu treiben.

Das glaubt ihr uns nicht? Aber wir müssen es wissen, denn das Papierfresserchen wohnt am Bodensee. Und wir schwören, dass uns diese vorwitzigen Kobolde auch schon in Langenargen begegnet sind.

Einsendeschluss ist der 15. November 2023

Eins, zwei, drei

Erziehung ist doch keine Hexerei

Kinder zu erziehen, ist nicht immer eine leichte Sache. Schließlich möchte man für den eigenen Nachwuchs ja nur das Beste. Da ist es doch toll, wenn man den ein oder anderen wohlmeinenden Erziehungstipp erhält.

Immer sinnvoll? Mitnichten!

Immer hilfreich? Ganz bestimmt nicht.

Und wenn man dann noch Nachwuchs hat, der seinen so ganz eigenen Kopf hat, dann muss man als Eltern, Vater, Mutter ... schon mal gute Nerven haben. Wir sind gespannt auf Ihre Geschichten rund um das Thema Kindererziehung. Eingereicht werden können wie immer Erzählungen und Gedichte, humorvolle Berichte, Märchen oder Haikus ... Wir setzen gerne auf Vielfalt bei den Texten. Das Buch soll im Winter 2023 erscheinen.

Einsendeschluss ist der 15. September 2023